CAMBRIDGE LIBRARY COLLECTION

Books of enduring scholarly value

Rolls Series

Rerum Britannicarum Medii Aevi Scriptores, or The Chronicles and Memorials of Great Britain and Ireland during the Middle Ages, usually referred to as the 'Rolls Series', was an ambitious project first proposed to the British Treasury in 1857 by Sir John Romilly, the Master of the Rolls, and quickly approved for public funding. Its purpose was to publish historical source material covering the period from the arrival of the Romans to the reign of Henry VIII, 'without mutilation or abridgement', starting with the 'most scarce and valuable' texts. A 'correct text' of each work would be established by collating 'the best manuscripts', and information was to be included in every case about the manuscripts used, the life and times of the author, and the work's 'historical credibility', but there would be no additional annotation. The first books were published in 1858, and by the time it was completed in 1896 the series contained 99 titles and 255 volumes. Although many of the works have since been re-edited by modern scholars, the enterprise as a whole stands as a testament to the Victorian revival of interest in the middle ages.

Liber qui Dicitur Flores Historiarum ab Anno Domini MCLIV Annoque Henrici Anglorum Regis Secundi Primo

A former prior of Belvoir, Roger of Wendover (d. 1236) established himself as a chronicler at St Albans. This three-volume work, edited by Henry G. Hewlett (1832–97) and published between 1886 and 1889, comprises the latter part of the larger *Flores* opus and the part of the Latin text for which Wendover can claim direct responsibility. Volume 3 includes the introductory matter, glossary and index to all three volumes. Hewlett's introduction discusses the little we know of Roger of Wendover's life as well as his shortcomings and merits as an annalist – namely that he was unreasoningly credulous yet invariably candid. His true importance, however, is as a key influence on his historiographical successor, Matthew Paris, whose political outlook and interests he helped to shape. A comparison is drawn between this work and that of Paris, the more gifted chronicler, who 'complemented the deficiencies of Wendover's narrative by substantial additions'.

Liber qui Dicitur Flores Historiarum ab Anno Domini MCLIV Annoque Henrici Anglorum Regis Secundi Primo

VOLUME 3

ROGER OF WENDOVER
EDITED BY HENRY G. HEWLETT

CAMBRIDGE
UNIVERSITY PRESS

CAMBRIDGE UNIVERSITY PRESS

Cambridge, New York, Melbourne, Madrid, Cape Town,
Singapore, São Paolo, Delhi, Mexico City

Published in the United States of America by Cambridge University Press, New York

www.cambridge.org
Information on this title: www.cambridge.org/9781108052344

© in this compilation Cambridge University Press 2012

This edition first published 1889
This digitally printed version 2012

ISBN 978-1-108-05234-4 Paperback

RERUM BRITANNICARUM MEDII ÆVI SCRIPTORES,

OR

CHRONICLES AND MEMORIALS OF GREAT BRITAIN AND IRELAND

DURING

THE MIDDLE AGES.

THE CHRONICLES AND MEMORIALS

OF

GREAT BRITAIN AND IRELAND

DURING THE MIDDLE AGES.

PUBLISHED BY THE AUTHORITY OF HER MAJESTY'S TREASURY, UNDER
THE DIRECTION OF THE MASTER OF THE ROLLS.

On the 26th of January 1857, the Master of the Rolls submitted to the Treasury a proposal for the publication of materials for the History of this Country from the Invasion of the Romans to the reign of Henry VIII.

The Master of the Rolls suggested that these materials should be selected for publication under competent editors without reference to periodical or chronological arrangement, without mutilation or abridgment, preference being given, in the first instance, to such materials as were most scarce and valuable.

He proposed that each chronicle or historical document to be edited should be treated in the same way as if the editor were engaged on an Editio Princeps; and for this purpose the most correct text should be formed from an accurate collation of the best MSS.

To render the work more generally useful, the Master of the Rolls suggested that the editor should give an account of the MSS. employed by him, of their age and their peculiarities; that he should add to the work a brief account of the life and times of the author, and any remarks necessary to explain the chronology; but no other note or comment was to be allowed, except what might be necessary to establish the correctness of the text.

The works to be published in octavo, separately, as they were finished; the whole responsibility of the task resting upon the editors, who were to be chosen by the Master of the Rolls with the sanction of the Treasury.

The Lords of Her Majesty's Treasury, after a careful consideration of the subject, expressed their opinion in a Treasury Minute, dated February 9, 1857, that the plan recommended by the Master of the Rolls "was well calculated for the accomplishment of this important national object, in an effectual and satisfactory manner, within a reasonable time, and provided proper attention be paid to economy, in making the detailed arrangements, without unnecessary expense."

They expressed their approbation of the proposal that each Chronicle and historical document should be edited in such a manner as to represent with all possible correctness the text of each writer, derived from a collation of the best MSS., and that no notes should be added, except such as were illustrative of the various readings. They suggested, however, that the preface to each work should contain, in addition to the particulars proposed by the Master of the Rolls, a biographical account of the author, so far as authentic materials existed for that purpose, and an estimate of his historical credibility and value.

Rolls House,
  December 1857.

ROGERI DE WENDOVER LIBER QUI DICITUR FLORES HISTORIARUM AB ANNO DOMINI MCLIV. ANNOQUE HENRICI ANGLORUM REGIS SECUNDI PRIMO.

THE FLOWERS OF HISTORY

BY

ROGER DE WENDOVER:

FROM THE YEAR OF OUR LORD 1154, AND THE FIRST YEAR OF HENRY THE SECOND, KING OF THE ENGLISH.

EDITED FROM THE ORIGINAL MANUSCRIPTS

BY

HENRY G. HEWLETT,

KEEPER OF THE RECORDS OF THE LAND REVENUE.

VOLUME III.

PUBLISHED BY THE AUTHORITY OF THE LORDS COMMISSIONERS OF HER MAJESTY'S TREASURY, UNDER THE DIRECTION OF THE MASTER OF THE ROLLS.

LONDON:
PRINTED FOR HER MAJESTY'S STATIONERY OFFICE,
BY EYRE AND SPOTTISWOODE,
PRINTERS TO THE QUEEN'S MOST EXCELLENT MAJESTY.

And to be purchased, either directly or through any Bookseller, from
EYRE AND SPOTTISWOODE, EAST HARDING STREET, FLEET STREET, E.C.; or
ADAM AND CHARLES BLACK, 6, NORTH BRIDGE, EDINBURGH; or
HODGES, FIGGIS, & Co., 104, GRAFTON STREET, DUBLIN.

1889.

Printed by
EYRE and SPOTTISWOODE, Her Majesty's Printers.
For Her Majesty's Stationery Office.

TABLE OF CONTENTS.

INTRODUCTION.

INTRODUCTION.

THE extent of our knowledge respecting the life of Roger de Wendover, author of the *Flores Historiarum*, is confined to the meagre notices of him preserved by Matthew Paris, who succeeded him in the office of historiographer to the Convent of St. Albans; (*Vitæ Viginti trium Abbatum Sancti Albani;* Ed. Wats, 1640). The later references made to him by Thomas Walsingham, who filled the same office in the reign of Richard II., and compiled the *Gesta Abbatum Monasterii Sancti Albani* (Ed. Riley, 1867, Vol. I., pp. 270, 274), are substantially identical with those of the *Vitæ*.

These memorials furnish no information concerning Wendover's parentage, nor the several dates of his birth, his admission to priest's orders, his enrolment as a member of the Convent, and preferment to the post of Prior of the Cell of Belvoir in Lincolnshire, which he is found to be holding at the time when the first mention of his name occurs. The Cottonian Codex of the *Flores*, which Wats inspected when its condition was unimpaired, bore a superscription (now effaced) attributing its authorship to "Rogerus Wendovre de Wendovre, Prior de Bealvair." " Nomen illi Rogerus " Wendovre de Wendovre, ut in MS. Cottoniano diserte " reperii. Quod arguit illum generosa familia fuisse pro- " creatum. Quia scilicet agnomen traxerat gentilitium " (ut moris est nostralibus) ab agro sive oppido rurali " progenitoribus suis ab olim hæreditario. . . . . . " Ad Prioratum Cellæ de Bealvoir in districtu Lin- " colniensis est promotus. Ita enim MS. prædicto " inscribitur Rogerus Wendovre de Wendovre, Prior " de Bealvair." (Pref. to Hist. Major of M. Paris,

1684, p. 2.) From this description it may undoubtedly be inferred that he was a native of the little
town of the same name in Buckinghamshire, but the
evidence appears quite inadequate to warrant the further
inference drawn by Wats that he was of gentle blood.
The *agnomen* in question was far from uncommon in
the XIIIth century, as will be seen by the references
collected by Coxe; (Preface to his edition of the *Flores*,
1841, Publications of English Historical Society, Vol. I.,
pp. vii., viii.).

It may be reasonably presumed that Wendover was a
man of mature age when appointed to be Prior of Belvoir,
and that he must have filled that office for some time
to have justly incurred the censure for prodigal expendi-
ture of the monastic property which led to his deposition.
The scanty notices which form our sole biographical
material even leave the precise date of this event uncertain.

It is only known to have occurred during the reign of
William de Trumpington, who was chosen to be twenty-
second Abbot of St. Albans in 1214, and died in 1235.
After recording, as the most momentous incidents of that
period, the death of John, the coronation of Henry III.,
and the settlement of the kingdom in a state of peace,
which proved to be transient, the compiler of the *Gesta
Abbatum* proceeds to narrate the acts of the Abbot's
official life, beginning with his visitation of the several
cells affiliated to the Abbey in different parts of England.
The following passage describes his visit to Belvoir.

" Abbas igitur, Willelmus . . . . . . mente alacer,
Thinemuam et alias cellas suas gratia visitationis ut
reformanda reformaret, adire disposuit, et ut moris est
(sicut prædicitur) *tempore guerræ*, accepta ac Rege
licentia, versus plagam tetendit borealem. Et cum
visitasset Cellam de Bealvair, audivit arcanas querelas
de Priore illius domus, Domino Rogero de Wendovere,
quasi dissipasset bona ecclesiæ in prodigalitate incircum-
specta, sequens per omnia vestigia sui prædecessoris

Magistri videlicet Radulphi Simplicis, qui pro manifesta dilapidatione cunctis reprehensibilis habebatur. Correptus igitur hoc ab Abbate, Prior se promisit talia profecto correcturum. Tamen Abbas ad horam dissimulans observabat omnia, hæc conferens in corde sua " (Riley, *ut supra*, I., 270).

As the country was disturbed by successive internal commotions in 1224, 1227, and 1231-4, either of which might answer to the description of war, the reference "tempore guerræ" is too indefinite to fix the date of this visitation. No such disturbance took place in 1219, the year to which Wats and Coxe appear to refer it.[1] As the incident next recorded by the compiler of the *Gesta Abbatum* is a fire which occurred at the Cell of Hatfield in March, 1231, and the acts of the Abbot on returning from his visitation are narrated immediately afterwards, Sir Thomas Hardy takes that year to be the limiting date before which the charges brought against Wendover, and after which the sentence of deprivation founded upon them must at all events be fixed (Descript. Catal. of Materials, III., Pref., p. xxxvii.). The order, however, in which the events recorded in the *Gesta* are entered does not prove upon examination to correspond with their succession in point of time. The entry relating to the deposition of the Priors is followed by an account of two disputes between the Convent of St. Albans and the Bishops of Lincoln and Norwich concerning their several jurisdictions over its cells, both of which the Abbot succeeded in settling by deeds of composition, respectively dated 1219 and 1228 (Riley I., pp. 275, 278). These official proceedings are introduced together by an indefinite statement that they occurred "ejus quoque tempore," so that it is

---

[1] The latter, however, (Pref. to *Flores* I., p. vi.) adopts it only tentatively : "These events would seem to have happened about the year 1219 ;" referring to a passage in Wats' Preface to Matthew Paris, but without giving the page. I have been unable to find the passage referred to in the editions of 1640 or 1684.

doubtful if the compiler intended to observe any strict order of chronological sequence.

In default of more precise evidence, it may suffice to refer the visitation to one of the seven years between 1224, when the kingdom was first seriously disturbed after the departure of Louis, and 1231, the date of the fire at Hatfield. How long the Abbot's tour lasted is uncertain, but it was presumably soon after his return that he formally deposed the Priors of Hatfield, Wymondham, Belvoir, and others who had incurred his censure, and appointed their successors. The infliction of this sentence upon Wendover is thus briefly noted in the *Gesta* : " Loco igitur Rogeri de Wendovre Prioris de " Bealvero, Martinum de Bodekesham Cellararium " substituit." Wendover may be supposed to have thereupon resumed his former position as a simple monk in the Convent of St. Albans.

The now effaced superscription of the Cottonian Codex of the *Flores*, as has been shewn, described it as the work of Roger de Wendover, " Prior de Bealvair." Whether this should be regarded as a mere reference to his having once held that office, or be taken to mean that he began to compose his Chronicle during the time he filled it, cannot be determined. It is scarcely probable, however, that a cell such as Belvoir should have possessed a library of much size, or that before his return to St. Albans he could have obtained access to the extensive historical materials of which he made use in the *Flores*. To allow time for the composition of his Chronicle between 1231 (if that was the date of his return) and May 1236, when he died, he must have commenced it almost immediately, and as it brings the record of events down to May in the year preceding, he was probably employed upon it nearly to the last. His death is thus registered by Matthew Paris in an obituary list among the *Additamenta* of the *Chronica Majora* : " 1236 ; II. nonas Maii, Rogerus de Wendovre sacerdos." (Ed. Luard, Vol. VI., p. 274.)

According to the tradition preserved in his own convent, Wendover was credited with the authorship of the *Flores* from its inception. This appears from an incidental reference made to him by Thomas Walsingham in one of the series of compilations which he made from the St. Albans records towards the end of the fourteenth century :—"Consequenter in nostro " monasterio floruit Rogerus de Wendover, noster " monachus, cui pæne debent totius regni cronographi " quicquid habent. Nam plane et perlucide ab initio " mundi per annorum distinctionem digessit cronica sua " usque ad tempora Regis Henrici a Conquestu secundi " [tertii] (*De fundatione et meritis Mon. S. Alb.,App. E.,* " *Annal. Joh. de Amundesham,* Ed. Riley, II., 303)."[1]

Modern scholars, however, are generally agreed that the first half of the *Flores* is the compilation of an earlier hand than Wendover's. By whom it was made and to what extent Wendover adopted and modified it, are questions upon which there is some difference of opinion. Pits, in his "De Illustribus Scriptoribus Angliæ " (p. 845), states (but without reference to any authority) that a monk of St. Albans named Walter compiled a Chronicle of English history after the year 1180. No trace of this compilation remains, but assuming that it once existed, Sir Thomas Hardy (Descr. Catal., III. Pref., p. xxxvi.) surmises that it was this which Wendover probably " found prepared to his " hand when he became historiographer of his Abbey " and dealt with according to his own fashion." Dr. Luard, the latest editor of Matthew Paris (Vol. II., Preface, pp. x–xi.), is disposed to attribute the com-

---

[1] I agree with Mr. Coxe in assuming *secundi* in this passage to be a mistake for *tertii* (Pref., p. xxx.) ; notwithstanding the doubt entertained on the point by Sir T. D. Hardy (Descr. Catal. III., Pref., p. xliii.) which he founds upon a marginal entry in the Corpus Christi MS. of Paris, wherein that chronicler is credited with the authorship after 1188. In other codices both of Paris and Wendover the latter is distinctly acknowledged to have brought the *Flores* down to the year 1235.

pilation in question to the hand of John de Cella, who was Abbot of St. Albans from 1195 to 1214; grounding this supposition upon the following reference to the Chronicle of an Abbot John, which occurs in two marginal entries of the Douce Codex of the *Flores* at the end of the year 1188. "Huc usque in Lib. Chronic. Johannis Abbatis" (written·on one margin); "Usque hoc Cronica Johannis Abbatis, et hic finis" (on the opposite margin). Both these entries are admittedly in a later hand than that of the MS. text, and the second in a later hand than the first.[1] The only memorialist of Abbot John de Cella is Matthew Paris, who in the *Vitæ* praises him for his learning, and mentions that in his time the *Historia Scholastica* of Peter Comestor and other valuable MSS. were introduced into the Library of St. Albans, but makes no reference to any chronicle compiled by him.

It appears to me impossible upon such slender and conjectural evidence as the foregoing to credit either the monk Walter or Abbot John with the authorship of the compilation which Wendover employed. That one existed ready to his hand seems to be an unquestionable inference from the diversity of style apparent between that portion of the *Flores* which is prior to the middle of the twelfth century, and that which relates to events nearer to his own time. The entire work, which is in two books, begins with the Creation, and the compilation for which, by general consent, Wendover has only a divided responsibility, extends from that date down to the death of Stephen in 1154; comprising the whole of Book I., part I. of Book II., and a section of Part 2. As this period does not fall within the scope of the present edition, the compilation is excluded from any criticisms of my own, and I shall

---

[1] In Vol. VII. (Pref. p. x.), Dr. Luard adduces in confirmation a third marginal reference to Abbot John from another of the St. Albans MSS., but in the absence of evidence to show when it was written, it scarcely seems entitled to much additional weight.

be content to quote the opinions of three scholars far more competent to estimate its value; Sir Thomas Hardy, Mr. Coxe, and Dr. Luard. Although differing from each other with respect to the part which Wendover took in its formation, they substantially agree in their analysis of its merits.

"From the Creation of the World," says Sir Thomas Hardy, "down to the Nativity of Our Lord, it is taken from the Old Testament, with occasional extracts from Beda's Chronicle, Methodius, Orosius, Geoffrey of Monmouth, St. Augustine de Civitate Dei, Lactantius, &c. From the birth of Jesus Christ down to 1066 (the end of Book I.) it is taken from the New Testament, Geoffrey of Monmouth, Beda's Ecclesiastical History, William of St. Albans, Henry of Huntingdon, Gildas, Nennius, Florence of Worcester, Sigebert of Gemblours, William of Malmesbury, Felix's Life of Guthlac, Symeon of Durham, Abbo and Ailred of Rievaulx. At times he [the compiler] abridges, at others he transcribes his authors, making slight additions to their narratives, which occasionally alter the sense. The chronology of the work, being derived from many sources, is necessarily liable to great uncertainty. He sometimes commences the year on the 25th of December, sometimes on the 25th March, according to the author he is following; and when copying Florence of Worcester he frequently differs from him a whole year, at other times several years, probably having been misled by Florence's twofold chronology, that according to the usually received calculation, and that according to the Dionysian era, which is nearly twenty-two years later than the true date. As he writes in the form of annals, he assigns determinate dates to the fables of Geoffrey of Monmouth and to the wonderful stories in Malmesbury, which that writer's better judgment had left undated. In more than one instance he states the same event in successive years, and even twice in the same year; which would not have been the case if he were abridging one author only.

"From 1067 to 1154 the 'Flores' is taken from William of Poitiers, Ordericus Vitalis, Symeon of Durham, Florence of Worcester, William of Malmesbury, Henry of Huntingdon, John of Hexham, William of Tyre, Ailred of Rievaulx, and the Anglo-Saxon Chronicle.

"The same remarks, as to dealing with his authorities, chronology, &c., are also applicable to this portion of his work." (Descript. Catal., Vol. III., pp. 322–3.)

"Of the second subdivision above mentioned [of Book II.], the portion reaching to about 1200 is derived chiefly from Robert de Monte, William of Malmesbury, Henry of Huntingdon, Florence of Worcester, Ailred of Rievaulx, William of Tyre, Ralph de Diceto, Baldericus Dolensis, Chronicon Terræ Sanctæ, Benedict of Peterborough, Roger Hoveden, and the lives of Becket by his various biographers, &c." (Ib., p. 81.)

That the compilation was made subsequent to the year 1215, Sir T. Hardy infers both from its including extracts from the *Historia Scholastica* of Peter Comestor, which, as Paris mentions, was introduced into the Library of St. Albans by Abbot John de Cella, who died in 1214 (*Gesta Abbatum*, Ed. Riley I., 223), and from the reference made under the year 1179 to the fourth Lateran Council which was held in 1215 (Vol. I., p. 122 of present edition).

Of the notices relating to English history in the first four hundred and forty-six years of Book II., Mr. Coxe says that they "are meagre in the extreme. " The history of England, indeed, at this period is " to be sought rather in that of the Roman Empire, in " the works of Cæsar, Tacitus, Dion Cassius, Suetonius, " and others, whom Wendover, we regret to say, has " rejected for the fables of Geoffrey of Monmouth, " whom he has made almost his sole authority. The

" names of Caractacus and Boadicea are nowhere found
" in the Chronicle, whilst that of Arviragus, the creation
" probably of Geoffrey or of Walter of Oxford, occupies
" a conspicuous place. In the death of Severus, the
" histories of Dion and of Herodian remain unconsulted,
" whilst the account given by Geoffrey is followed with
" inconceivable blindness." (Pref. to *Flores*, Vol. I.,
p. xiii.)

Of the sources whence he considers that Wendover
drew the materials of his own compilation, Mr. Coxe
observes that "one of his principal authorities in
" matters of foreign history appears to have been
" Sigebert, the monk of Gemblours, from whom he
" frequently transcribes *verbatim* whole passages, and
" who has very often been the cause of many chrono-
" logical errors which will be found in the work. From
" Hermannus Contractus, Marianus Scotus, and the
" Byzantine historians, Theophanes, Cedren, and others,
" he appears also to have borrowed, whence, in the
" earlier parts of his Chronicle, his style naturally
" partakes more of the character of those from whom
" he is copying; at the same time that, where in
" the compilation he has moulded the material into
" his own form, it will be found to be that of plain
" and unaffected narrative. In the later portions of his
" history, the writers of his own land are the sources
" of the events that he registers. Beda, Malmesbury,
" Florence of Worcester, and Huntingdon, have been
" carefully examined and freely used." (Ib., pp. xxvii.,
xxviii.)

Dr. Luard, after giving a detailed list of the authorities relied on by the compiler from the Creation to
A.D. 1066, thus analyses his mode of combining his
materials :—

" As to the compilation itself, it is evident that the
compiler followed no fixed law in the way he culled
his ' Flores'; in most cases, especially in the earlier
parts, he followed his authority word for word; some-

times, however, especially in the case of Peter Comestor, he gives merely an abridgment. On the other hand, he frequently enlarges and embellishes what he has before him ; introducing rhetorical flourishes or epithets merely for the sake of doing so. He seems to consider all his authorities of equal value, and all the events told, whether legendary or historical, of equal interest. Sentences are sometimes made up out of Geoffrey of Monmouth and Bede as if of equal authority. The authorities quoted by name are Trogus Pompeius (*i.e.*, Justin) . . . . Bede frequently, Geoffrey of Monmouth as the author of the *Historia Britonum* . . . . and by name . . . . the Life of St. German (probably that by Constantius) . . . the Anglo-Saxon Chronicles as *Cronica Anglorum* . . . He makes no attempt to correct wrong quotations in his own authorities. . . . . He affixes dates to the stories he extracts from Geoffrey of Monmouth and the legends he copies out of William of Malmesbury quite as readily as he copies the dates from Sigebert or Florence. Sometimes he alters the expressions of his authorities to suit his own time. . . . The dates of events copied are occasionally altered. . . . There are also endeavours at times to make the fabulous stories more probable by altering the names given in them, which would be inconsistent with the dates to which they are assigned. . . . In the later portion of the compilation, that is, after it is nearly confined to English history, the author mixes up the English authorities used in a very curious manner, patching together the accounts given by Florence, Huntingdon, and Malmesbury so as to be often very confusing. . . . Sometimes he tries to reconcile discrepancies by minute alterations, but more frequently he is not in the least deterred by finding contrary accounts of the same transaction in his different authorities, and simply copies both." (M. Paris, Vol. I., Preface, pp. xli–xliii.)

Of the use which the compiler made of his authorities between 1066 and 1201, Dr. Luard, who does not credit Wendover with any share in the work until after 1188, thus writes :—

"The authorities employed are for the most part faithfully and even slavishly copied, though occasionally they are altered, apparently merely for the sake of alteration. . . . He [the compiler] not unfrequently introduces sentences not in his original; sometimes from other sources which he had at hand; at other times entirely out of his own head, to round a period or to give greater picturesqueness to his narrative. . . . Errors are often made through sheer carelessness. . . . On the other hand, errors are sometimes made through a wish to abbreviate the original." (Ib., Vol. II., Preface, pp. xii–xx.)

It is admitted by Dr. Luard that after the year 1188, at all events, Wendover became his own compiler, and that the *Flores* assumes the character of an original work after 1201. The question whether the date of its originality should not be fixed (as Sir Thomas Hardy contended) about thirty-four years earlier, viz., at the accession of Henry II., does not appear to me important enough to require discussion, and I am content to leave it undecided. In any case, it is scarcely possible that Wendover can have had personal knowledge of the events which he narrates prior to 1188, if indeed so early ; so that for practical purposes he may be regarded as a compiler or authority at second-hand up to that date. Such errors as he has committed in this capacity, owing to a negligent or mistaken reading of the writers upon whom he has relied, will be more conveniently corrected *seriatim* in the notes which I have incorporated together at the close of this Introduction. I pass to a consideration of his salient features as an original writer.

It is scarcely necessary to disclaim for Wendover, at the outset, any pretensions to rank as an historical artist, or as being, in the proper sense of the term, an historian at all, for whose distinctive functions he possessed no aptitude. It is only fair to estimate him according to the standard to which he invariably conformed, that of an observer and annalist of contemporary events. His characteristics in this capacity partake too largely of those common to the ordinary type of monastic chronicler to admit of delineation as an individual portrait, and there are no autobiographical touches in his narrative which serve to indicate his idiosyncrasy. If a single trace of it is discernible, it can only be inferred from his silence. The scope of his chronicle, as will be seen, embraced the entire reign over St. Albans of Abbot William de Trumpington, whose death occurred more than a year before his own, viz., in February 1235 (Vol. III., p. 102). Some excuse for resentment had undoubtedly been given to the ex-Prior of Belvoir by the Abbot's severity in depriving him of his rank for a fault which he had promised to amend, without allowing him time to prove the sincerity of his repentance. His account of Trumpington's official career nevertheless displays no trace whatever of unkindly feeling. Considering the frankness with which, as the whole tenor of his work attests, Wendover habitually criticized the acts of his ecclesiastical superiors, this silence is some evidence of his self-restraint. Regarded as a proof of obedience to his monastic vow of obedience beyond the term at which death had released him, it is creditable to his magnanimity. Shadowy as it is, it constitutes the solitary trait which can be figured in the obscure outline of his personality.

As a memoralist of his own time, Wendover is chargeable with certain grave faults and shortcomings, which are redeemed by one virtue, at least, of sterling value. Foremost in the first category must be reckoned his

indiscriminate acceptance of rumour and suspicion as
equivalent to fact and proof. For example, an accusa-
tion which was brought against the Justiciary Hubert
de Burgh, of having poisoned William Longespee, Earl
of Salisbury, at a banquet to which he had invited him
(Vol. II., p. 298), rested upon the sole basis of an
" ut dicitur," but Wendover records it with as much
seriousness as if the accused had been tried by his peers
and judicially convicted. An instance of the chronicler's
rashness in accepting for truth a scandalous story
founded upon no surer warrant than hearsay, occurs in
his account of the death of Louis VIII. of France and
the character borne by the Queen (Vol. III., p. 4). The
charges brought against her by her enemies, and here
adopted as worthy of credence, of having connived at
her husband's murder by the Count of Champagne, and
maintained an adulterous connection not only with him
but with the Papal legate, have been repudiated by
French historians as at variance with trustworthy
evidence (Coxe, Vol. IV., p. 216, note).

A more excusable but not less irritating fault of
Wendover's is his habit of breaking the flow of a con-
tinuous narrative to interpolate irrelevant facts. Most
of the incidents thus abruptly introduced relate to
ecclesiastical history, which occupies a preponderant
share of his attention. Evidence of his tendency to
over-rate the importance of events in which he took a
professional interest, will be found so abundantly in
his pages that it is unnecessary to adduce examples.

As the worst of his shortcomings may be noted his
frequent failure to record some link in a chain of events
which is essential either to their coherence or their
elucidation. In this respect he contrasts unfavourably
with Matthew Paris, who often appears to have detected
the deficiencies of his predecessor's narrative and
endeavoured to amend them. One of the most important of Wendover's omissions occurs in his account of

the long contest between the State and the Church,
which closed with the tragedy of Becket's assassination.
The unconditional surrender of Henry II., at the
moment of his victory, in a sudden outburst of remorse
for the fate of his antagonist, is left unexplained for
want of any previous reference to the rash words which
had escaped him in anger and unwittingly furnished a
warrant for the crime he had never contemplated. This
is the more noticeable because of the subsequent reference made to them in connection with the King's plea for
absolution (I., 90).

Two other instances may be noticed, in which the
hand of Paris has repaired Wendover's omission of
certain accessory features that are requisite for the
realization of an historical picture. But for the
testimony at first hand which Paris adduces, we
should have been ignorant of the strange episode
that intervened between John's surrender of his
realm to the Papal see and his concession of national
liberty at the demand of the Barons, when in the
depths of humiliation and blindness of rage he
sent a secret embassy to the Emir of Morocco, offering
to become his tributary and embrace the faith of
Islam (Paris, Ed. Luard, II., 559–564).[1] The expression of dignified disdain with which the Emir
spurned this pitiful make-shift of despair may well have
hastened the crisis which culminated at Runnymede. We
are further indebted to Paris for the record of another
incident in the same drama, which enables us to follow
its rapid evolutions more readily than is possible by the
aid of Wendover's halting story. The Pope's strenuous
advocacy of John's repudiation of the Great Charter,

---

[1] See Appendix A. I see no reason to question, as some critics have
done, the substantial accuracy of this narrative, which Paris reports upon
the authority of one of the envoys. Its *vraisemblance* is at least remarkable. An incidental confirmation of it is referred to by Dr. Luard
(Vol. VII., Pref., p. xiv.).

which the recency of their reconciliation makes it difficult to explain, becomes intelligible when we learn that by a private appeal to him, accompanied by a large gift of money and the promise of more, the King had secured his active co-operation against Langton and the Barons at the earliest available opportunity. The existence of this compact appears to be implied in the language of the Bull which ratified the sign manual, whereby the King abandoned his prerogative claim to control the free election of prelates and abbots by their respective Chapters and Convents. The Pope's recital that the King's surrender of this claim had been " granted and confirmed *unto us* by his letters " may be virtually construed as an assertion that the power of controlling such elections was transferred, and thence-forth vested in the Holy See (Ib., II., 564–5 ; 607–609).[1] This gloss upon the clause of the Charter which pro-vided for the freedom of the Church of England, but for the stout resistance of the laity, would have con-demned her to perpetual slavery.

The professional tendency which (as already noticed), Wendover shews to exaggerate the importance of ecclesiastical affairs, naturally sways him most strongly when he is dealing with events that affect the interest of the Monastic orders. The necessity of making allowance for this tendency sensibly detracts from his value as a delineator of character. The half chivalrous, half brutal lineaments of Richard I., for example, emerge but vaguely out of the halo of sanctity with which he is here invested as a " pious founder " and generous benefactor of religious houses. While exalting the King's superstitious zeal in this capacity, and seizing upon every occasion of praising his heroism, wisdom, and magnanimity, Wen-dover dismisses with but moderate censure the violent acts of jealousy and enmity which brought about his

---

[1] See Appendix B.

father's death, and records his virtual complicity in the persecution of the Jews (I., 166), and the barbarous enactments of his naval code (I., 181) without a word of blame.

The same partiality, in an opposite direction, distorts the chronicler's estimate of those whom he has reason to believe inimical to the religious vocation, more especially the prelates, whose relations with the convents of their Cathedral churches were commonly hostile. He seems to regard any overt acts of such hostility as leaving so dark a stain upon the memory of the dead as to colour their public lives to the exclusion of other tints. Thus we learn no more particulars of the career of Richard de Marsh, Bishop of Durham, than the story of his bitter quarrel with his monks, and it is upon their *ex parte* complaint that the heavy charges brought against his character appear to be mainly founded (II., 256–8). The exemplary penitence of Hugh, Bishop of Coventry, on his deathbed, is represented as the expression of his deep remorse for having supplanted the Convent of that Church by certain " irreligiosos clericos " (I., 274) ; and Hugh, Bishop of Lincoln, obtains as his only obituary notice, the reputation of having been " inimicus virorum religiosorum " (III., 102). Where the judge so obviously identifies himself with the advocate, it is impossible to feel any confidence that his sentences are just.

In avidity for miracle and readiness to believe in its chronic manifestation, Wendover might perhaps be matched among the number of monastic annalists, but no one can possibly have surpassed him. His appetite and capacity in this respect seem practically boundless. He habitually breathes an atmosphere of marvel, and lives in a world wherein supernatural events occur only a little more arbitrarily and rather less frequently than natural events. The majority of the prodigies on which he delights to expatiate were dictated in the

interest and consecrated to the service of religion, but
this special distinction was by no means necessary to
commend them to his credence.   Not content with
collecting and registering the visions of Hell, Purgatory,
and Heaven, vouchsafed to devout monks and peasants ;
the powers of exorcism and prophecy possessed by ascetic
hermits ; the talismanic and curative virtues of saints'
relics and martyrs' bones, he chronicles with the same
unfailing faith any sign in the sky or phenomenal change
of weather that can be construed as an omen of disaster ;
the fulfilment of the pseudo-Merlin's riddling predictions
and the vague forecasts of Spanish astrologers.   A race
or society characterized by this indiscriminate acceptance
of sacred and profane thaumaturgy might be suspected
of entertaining a deep-seated conviction that one was no
better authenticated than the other, but in the case of
an individual mind such as Wendover's, it is plainly
nothing more than a symptom of unreasoning and omni-
vorous credulity.   Scepticism could find no place in his
mental constitution.   With child-like confidence and
innocence he allows us to witness the conception as well
as the development of the most obvious fictions.   With
respect to those which may be called typically monastic,
such as the discovery of the bones of St. Amphibalus
near the Convent of St. Albans (I., 109–116), and the
miraculous properties of the Holy Cross deposited at
Bromholm (II., 274–6), a suspicion that any sordid
motives could possibly have been concerned in their
genesis appears never to have crossed his mind.   No
critical doubts respecting the style of a divine writer
hindered him from accepting as authentic the grotesque
fulminations of the " letter that came from Heaven " and
was found suspended over St. Simeon's altar at Jerusalem
(I., 295–7).   Nor was he embarrassed by any sense of
absurdity or incongruity in recording how one devil
ran away with the clothes of an ascetic who was
penitentially standing naked in the river, but dropped

them when he shouted (I., 71) ; or how another devil who had been foiled by a virgin's constancy was divinely appointed her guardian and rescued her from the assaults of a ravisher (II., 290–294).

It would be a sheer waste of labour to subject the miraculous stories which compose so large a portion of Wendover's chronicle to serious examination. Setting aside the numerous products of interested invention which require no comment, the remainder may be classed as normal phenomena of an imaginative and superstitious age. Besides their historical value as illustrating the growth of mythus under favourable conditions, they have an abiding intellectual significance as measuring the depth of degradation to which minds of more than average ability and culture may descend, when they have once consented to accept assertion and sentiment as substitutes for enquiry and reasoning.

One or two incidental features in some of these fables deserve particular notice. The visions of the monk of Eynsham and the peasant Thurchil (I., 246–266 and II., 16–35), include descriptions of purgatorial and infernal torment which anticipate with coarse but vivid reality many of the ghastly pictures of physical anguish delineated by Dante a century later. Vast as is the difference between the artists in point of power and skill, the essential elements of their several compositions are to a great extent the same. Exposure to alternate extremes of heat and cold, in fiery furnaces, baths of boiling pitch, frozen lakes, tempests of hail and piercing blasts ; laceration and dismemberment with instruments wielded by demon hands, the fangs of beasts and the stings of serpents ; immersion in fetid gulfs and sloughs of mire and ordure ; these and such-like exquisite devices of malignity to rack every sense in turn to its utmost pitch of agonized endurance are to be found in both. The identity of these representations with those pourtrayed in the frescoes of Orcagna and other mediæval painters, points to the conclusion that a common fund of terrific imagery to illustrate the doctrine of future retribution had been accumulated by the Church and rendered so familiar to the popular mind by constant repetition, that preacher, poet, and painter alike were constrained to draw upon it in order to obtain attention.

Where the genius of the great Italian master is most fully manifest, in the fine adjustment of each punishment to its appropriate sin, and the incisive portraiture of various types of character, the rude English draughtsman is most deficient, but, if the *odium theologicum* of the one be substituted for the political *animus* of the other, there is an obvious resemblance between their motives and aims. It is in the true spirit of Dante that the monk consigns to unmitigated suffering the typical enemies of his caste, while he reserves compassion for the worst criminals if they have displayed a modicum of devotional fervour. An increasing load of agony is heaped upon the lawyer who has thriven in his lifetime upon the spoil of " ecclesiastical revenues," and the unjust withholders of tithes are doomed incessantly to breathe foul odours from the pit of hell ; but the duteous observers of masses and alms-deeds are rewarded by the mitigation of torture, and the fraudulent goldsmith who has invoked the intercession of St. Nicholas emerges before his fellow-victims from the fetid lake.

The manifest intention of other of these fictions is to exalt the ideals of monastic virtue. In such as are devoted to the favourite theme of celibacy, a gratuitous prurience will be observed in the details of the narrative. It is impossible to overlook in this significant indication at once the outlet and the retribution of outraged nature.

The religious and moral standards of the twelfth and thirteenth centuries, so far as they are deducible from the evidence which this chronicle furnishes, appear to

have been marked by conspicuous inequalities. The
Church at her central seat of authority, even to those
most disposed to venerate the character she assumed as
an arbiter of duty and pattern of conduct, presented her
least favourable aspect. The arrogant claims of her
Pontiffs to universal domination ; the unscrupulous disregard of private rights and public interests shown by
their thrusting Italian priests into English benefices ; their
avarice in levying exorbitant fees for ratifying appointments and dispensing justice, as well as exacting general
subsidies for maintaining their temporal pomp ; these,
among other proofs of declension from her professed
ideal, were flagrant enough to revolt the consciences of
her most devoted children. Even such motives of her
action as they accounted meritorious have incurred the
condemnation of later ages ; the fanatical zeal, for
example, with which, when the fever of generous but -
exhausting enthusiasm that inspired the Crusades
showed signs of yielding to the return of healthier sentiment, she persistently fanned the flame and wasted
thousands of precious lives in the pursuit of a hopeless
enterprize ; her bitter intolerance and savage persecution
of Jews and heretics. As large make weights in the
opposite scale, however, must be reckoned those forces
proceeding from individual impulse which the Church,
though incapable of initiating, had usually the wisdom
to adopt and direct ; such as the passionate devotion
and self-sacrificing sympathy of St. Francis and the
Minorites, and the faithful exercise of spiritual power for
righteous ends by patriots like Archbishops Stephen
Langton and Edmund Rich.

The frequent exhibition of bad faith, covetousness,
cruelty, and inordinate lust in the conduct of kings,
nobles and hierarchs, with whose doings Wendover's
pages are chiefly concerned, renders it impossible to
doubt that their example was followed by those whose
lives were largely dependent upon their pleasure and
control. The tone of reprobation, however, in which the

monk frankly denounces any signal instance of wicked-
ness in high places, such as the multiform depravity of
John, the treachery of the Papal Legate at Avignon
(II., 310–314), the arrogance of the Chancellor-Bishop of
Ely (I., 190), the profligacy of Richard de Marsh, Bishop
of Durham (II., 256–8, 308), and the grasping selfishness
of Walter, Archbishop of York (III., 95–6), leaves us in
no doubt of his own conviction that he represented a
spiritual tribunal pledged to render even justice to all
wrongdoers without regard to rank. Scandalous offenders
like these, indeed, can only escape condemnation when
public morality has reached its nadir, and the con-
science of an age may perhaps be more fairly tested
by its estimation of modest virtues than of prominent
vices. If the age of Wendover were gauged by his
reflection of it and subjected to this test, it would yield
a favourable report. By his eyes the characteristic
excellences of the Christian life, mercy, self-denial,
humility, were evidently regarded not as mere counsels
of perfection, but as the bounden duty of all believers
from the king to the peasant. The self-prostration of
Henry II. after Becket's assassination (I, 86, 99–100) ;
the mitigation of the forest laws by Richard I., and his
pardon of the enemy who caused his death (III., 22 ;
I., 283) are not paraded as exceptionally commendable ;
and the display of similar graces in the unnamed
knight of the New Forest (III., 24) ; the obscure
Minorites (I., 272) and other unobtrusive exemplars,
calls forth equal approval. The favoured recipients of
celestial visions are represented as indifferently chosen
from the highest and the lowest ranks of society. After
making allowance for the monastic medium of its trans-
mission, this evidence may at least serve to show that
the faith of Christendom, however widely it had departed
from pristine simplicity of doctrine and practice, still
adhered in theory to the fundamental principle of
spiritual equality on which it first took its stand.

Effectual as had been the efforts of the Church to soften the stern and callous temper of Pagan Rome, they were less successfully employed to restrain the savage passions of the Empire's northern conquerors and their descendants. The attempt was not wholly abandoned, as is shown by the protests which the Popes from time to time raised against the practice of tournaments (I., 120), but apparently to little or no purpose. It is not surprising, therefore, to find pious churchmen almost insensible to the prevalence of brutal usages which they were powerless to check. Notwithstanding the tribute which Wendover renders to the mitigation of the forest-laws, there is no evidence in his pages that the barbarity of the ordinary criminal code ever attracted his notice. Though quick to recognise the duty of forgiveness as binding upon an individual believer, he is blind to the sin of retaliatory vengeance inflicted by one belligerent nation upon another, and chronicles even the atrocities which the Count of Thoulouse perpetrated on his French prisoners (II., 347) with apparent unconcern. Such inconsistency as this, however, has been common to all Christian ages, and can cast no discredit upon Wendover's generation that would not reflect upon our own.

Among the *memorabilia* of theological history which the *Flores* rescues from obscurity, is the mutually destructive controversy respecting the dogma of the Trinity waged between Peter Lombard and Abbot Joachim of Fiore in 1179, which led to the *ex cathedrâ* decision upon the subject by Pope Innocent III. in 1215 (I.,120–123). Alike to those who believe and those who disbelieve in the value of such metaphysical subtleties, the definitions of this decree may prove an instructive study. Equally instructive are the references more than once made (I., 119; II., 47) to the prevalence of concubinage among the secular clergy and the ineffectual attempts of the hierarchy to enforce the observance of celibacy. That the severe mandate directed by Arch-

bishop Langton in 1224 against the concubines of bene-
ficed priests, virtually excluding them from the rites of
the Church, should address no preliminary injunction or
prohibition to their paramours (II., 287) naturally strikes
the lay mind as not a little singular. The omission
probably indicates that direct means to the desired end
had so often been tried in vain that an indirect one
was resorted to in its stead.

The imperfect development of sacramental doctrine in
the thirteenth century is illustrated by the incidental
reference made to a female recluse, who for seven years
before her death in 1225 had taken no food, "except
when on Sundays she received the communion of the
body *and blood* of our Lord" (II., 294). The report of a
theological examination undergone by a candidate for
the primacy, which resulted in his ignominious rejection
(II., 360–361), furnishes a mediæval standard of the
learning required for preferment to high office, which it
might be curious to compare with that prescribed for a
Divinity student in one of our modern training colleges.

As an annalist whose main business it was to register
the fluctuations of recent and contemporary history,
Wendover was unfavourably placed for observing the
drift of the political currents in any particular
direction. The inter-dependence of many of the events
which he noted in their yearly order of succession was
necessarily beyond his ken, and it has been reserved for
modern historians to form a just estimate of their relations to each other. In recording, for example, the
victory won by Philip II. at Bouvines over the allied
forces of England, Flanders, and the Emperor Otho
(II., 109), his attention seems to have been absorbed in
wonder at the dramatic episodes of the battle and its
unexpected result, and there are no signs of his having
recognised the important influence which it exercised

---

[1] Short History of the English People, pp. 121-2.

(as Mr. Green has pointed out [1]) in stimulating the determination of Langton and the Barons to wrest the concession of the Great Charter from John, and in paralysing the resistance which he was intending to offer. Still less can we look to Wendover for any clear discernment of the momentous constitutional issues which were in process of decision before his eyes. To a bystander, the permanence of the feudal monarchy which the Conqueror had founded a century and a half previous, may well have appeared unshaken by the rebellion of part of the nation against a tyrannical successor, and a brief war, supported by foreign assistance, which languished after his death, and was followed by a peaceful settlement of the Crown upon his infant heir. To a retrospective observer, on the other hand, it must be abundantly evident that dynastic feudalism in England had undergone a shock which disclosed two important limitations of its stability ; (1) that however securely a monarch of strenuous will and martial renown might rely upon its system of military obligations and official dependence as the basis and fortress of his throne, the tenure of power by his successors was strictly conditional upon their maintaining the standard of his kingly dignity and prowess in arms ; (2) that classes, which singly were either, like the nobles, too discordant, or like the hierarchy and the burgesses, too weak to resist despotic misrule, were strong enough in combination to erect a constitutional barrier which could withstand the most resolute assaults of the Crown, even reinforced by the thunders of the Papacy. It was John's degeneracy from his ancestral traditions of courage and self-respect ; his shameful dalliance at Rouen, while the French King was stripping him of his hereditary possessions (I., 317) ; his half-hearted attempts to recover them ending in a tame acquiescence in their loss ; and above all, his abject submission to the insolent assumption of temporal supremacy by the Church whose spiritual authority he had set at nought; these evidences of unkingliness rather than his personal vices and arbitrary oppression, which first loosened and finally sundered the bond of his subjects' allegiance. When once that bond had been dissolved, the hateful lineaments of his tyranny were revealed in their nakedness, and the need of a united national effort for protection became imperatively felt.

Compassionating the infancy and innocence of his heir, and hopeful that under wise guidance the young king might restore the monarchy to its former eminence, the insurgent barons, who had already discovered their error in trusting to foreign aid for the remedy of their wrongs, one by one deserted the usurper and rallied round the throne. The experience of a few years, however, having sufficed to show that the unworthiness of the father had been transmitted to the son, and was associated with an incurable weakness of will which left him at the mercy of designing and unscrupulous advisers, the symptoms of disaffection broke out afresh; resistance was again organised, and that violent struggle commenced between the Crown and the nation which ultimately brought about the establishment of parliamentary liberty.

In following the course of these events, the student will be reminded of later constitutional conflicts in our history, and can scarcely fail to recognise the uniformity of temper which Englishmen have exhibited under similar conditions. The nation's long patient forbearance in spite of intense provocation, its slowly gathering anger at the flagrant injustice of its rulers, its hesitation to adopt extreme measures, its repeated efforts at compromise and reverence for precedent, its tentative steps in a wrong direction for redress, which had to be retraced before the right course was found, its reluctant resort to the *ultima ratio* of war, its persistence in the strife until a modicum of freedom

had been won, and its willing return to the familiar
shelter of ancient institutions secured by fresh safe-
guards; these characteristic traits, first called forth into
exhibition by the agitations of the thirteenth century
and reflected for us in the pages of Wendover, re-
appear without material change in the historical
records of the Civil War, and are reproduced in the
annals of the stormy period which culminated in the
Revolution of 1688.

Though limited in his view and inadequate in his
report of the stirring scenes which he witnessed, Wendover was faithful according to his light. His signal
merit as a contemporary chronicler, which atones for
many deficiencies, is his fearless frankness of speech
without respect of persons. Popes, legates, and bishops,
kings and nobles, equally with the humblest of those
with whom he deals, are tried and judged according
to what he deems their deserts. His bias in favour
of the Church during her conflicts with the State does
not blind him to the faults of her chief represen-
tatives, to the unjustifiable encroachments of the Papal
See upon civil rights, the greed and venality of the
Roman Curia in dispensing canonical decisions. Thus,
when recounting the Emperor Otho's vindication of the
integrity of his dominions against the aggressions of
Pope Innocent III., there is no mistaking the direction
in which the writer's sympathy leans : "Unde Impe-
"rator quia quod suum erat revocari studuit, ipsum
"Papam sine merito ad odium provocaverit" (II., 55).
The surrender by John of his kingdoms to the same
Pontiff under stress of a protracted interdict and excommunication is sarcastically branded as "exacta a rege
"et innovata illa non formosa sed famosa subjectio"
(Ib., p. 95). The arbitrary appointment by the Legate
Nicholas, Bishop of Tusculum, of Papal nominees to
vacant English benefices, in disregard of the rights of
private patrons, provokes these severe comments upon

the systematic abuse of its spiritual power, which had already made the Papacy odious :—

"Legatus quoque cum hujus authenticum a Domino Papa accepisset, spreto Archiepiscopi et Episcoporum regni consilio . . . ad vacantes accedens ecclesias, ordinationes earum secundum antiquum Angliæ abusum de personis minus idoneis celebrare presumpsit . . . . . Parochiales insuper ecclesias in locis diversis vacantes clericis suis distribuit, patronorum consensu minime requisito; unde multorum maledictionem pro benedictione promeruit, dum justitiam in injuriam, judicium in præjudicium commutavit." (Ib., pp. 96, 97.)

Wendover's most bitter censures are not unnaturally reserved for the monstrous extortions by which the Legates contrived under one pretext or another, to plunder the monastic orders as well as the secular clergy for the benefit of Rome. There is a ring of genuine hatred in his denunciation of the "tractatu detestabili," at which the envoys of Henry III. were persuaded to agree to the subsidy of a tenth, leviable upon all moveable property in the kingdom, towards the war waged by Gregory the Ninth against the Emperor Frederick (II., 360); and of the merciless rigour with which this "exactio gravissima" was wrung from its helpless victims (Ib., pp. 375-7). The transparent devices by which the Curia sought to cloke its greed is the subject of his ridicule upon another occasion (Ib., pp. 304, 305).

Still franker is his exposure, and more scathing his chastisement of the abominable misrule of John and the profligacy, perfidy, meanness, and cruelty of his nature (Ib., pp. 47, 48, 52–5, 62, 63, 150, 162, 163). In thus faithfully recording the vices of a deceased tyrant, Wendover could no doubt rely upon the countenance of public sympathy, but his courage no less than his candour is to be commended when we find him repeatedly laying bare the weakness, violence, injustice, and petulance of the reigning king, to whose knowledge it was far from improbable that his plain-speaking might be brought. The injury and humiliation which Henry's pusillanimous dependence upon unworthy foreign minions inflicted on his subjects, and the imminent peril of collapse from which he barely escaped by returning to wiser counsels, are described in Wendover's closing chapters with more force and skill than he usually commands (III., pp. 51–79). While with equal justice and prudence he abstains from charging Henry with wilful misgovernment, and throws the chief blame upon the unprincipled favourites in whom he confided, the fatuous imbecility which had made him their tool inspires the chronicler with a contempt that he takes no pains to conceal. The insincerity which actuated the king to observe the letter of his undertaking to restore Hubert de Burgh to the sanctuary from which he had been snatched, and violate the spirit of it by surrounding him with a *cordon*, so that he could obtain no food (III., 37, 38, 57), needed no sterner condemnation than Wendover conveyed by an unvarnished statement of the facts.

A decided but not excessive display of patriotic sentiment is more than once apparent in Wendover's language, when he has occasion to contrast the characteristics of Englishmen and foreigners, or record instances in which the latter absorbed an unfair share of royal trust and preference. The rapacity and cruelty of the hordes whom John, during his struggle with the barons, imported from Louvain, Brabant, and Flanders, (II., 147–9), and the treachery and contempt which Louis and his followers concealed under their mask of sympathy with the insurgents who had invited them, furnish scope for some indignant strictures (Ib., 194, 195, 204). Wendover is too candid, however, not to recognise a generous foe, and notes an honourable exception among John's foreign captains in the person of "the noble" Savaric de Mauleon, whose remonstrances with him, after the capture of Rochester Castle, saved the lives of William de Albini and his comrades from the gallows to which they were doomed (Ib., 150, 151).

A prevailing sense of candour distinguishes Wendover as a narrator and critic, in all cases where professional bias does not operate to pervert his judgment. He holds the balance as evenly as possible in recounting the acts and estimating the motives of John and his antagonists during the fluctuations of the war. Despite the embarrassing consciousness that Rome had thrown the weight of her power into the royal scale, he is restrained from expressing sympathy with the king by detestation of his craven surrender of his kingdoms, and of the tyranny which his victory would have rivetted on the nation. On the other hand, he severely reproaches the barons for their selfish and supine conduct of the campaign, and administers a guarded rebuke to Archbishop Langton for an apparent breach of faith in abandoning a fortress entrusted to him by the king (Ib., 146–149). The unpatriotic course of offering the crown to a foreign prince to which the insurgents resorted in a moment of despair, evokes from first to last his avowed or implicit condemnation (Ib., 172, 204, 225, 226).

It can only be a matter of inference or conjecture whether Wendover had access to any sources of information respecting current events, other than official records and public report which he shared in common with his contemporaries. In occasional instances there is a stronger presumption than elsewhere that he possessed some guarantee of personal testimony or other special evidence upon which he relied for authority. This is almost certainly to be gathered from his account of Cartaphilus, the Wandering Jew, for whose marvellous career he vouches an unnamed knight in the retinue of the Archbishop of Armenia Major, who acted as interpreter during the visit of that prelate to the Convent of St. Albans in 1228 (Ib., 352–5). Supposing Wendover to have been Prior of Belvoir at this period, it is very unlikely that he was present on the occasion but he may be presumed to have derived his information from one of the monks. That the legend was already familiar to the brotherhood is apparent from the questions which they put to their guest on the subject, and the mystifications of which he had been the dupe, or which he amused himself by embellishing in his reply, were doubtless narrated in a tone sufficiently impressive to harden their credulity into belief.

With respect to an episode of more veracious history, the adventures of Richard I. in Slavonia before his capture by the Duke of Austria (I., 218), Wendover seems to have relied upon personal testimony, which for some unknown reason both he and Paris have omitted to vouch. The omission has been supplied by Coggeshale, who records that it was Anselm the King's chaplain, one of his few companions on the voyage, " who saw " and heard all these things and told them to us " (Chronicon Anglicanum, Ed. Stevenson, p. 54). The intimate acquaintance which Wendover shows with the character and motives of Richard the Earl Marshal (III., pp. 48–9, 64–9, 81–87), must probably be taken to imply that he had either been brought into personal contact with him, or had been specially instructed on the subject by one of his family or adherents. If the detailed report which is given (Ib., pp. 64-69) of the Earl's private interview with the Minorite friar Agnello may be relied upon as accurate, the medium of its communication can hardly have been any other than the friar himself.

In a few cases where it is obvious that Wendover has enjoyed no special means of knowledge, but been thrown upon his own resources for the solution of a difficult historical problem, he displays unwonted perspicacity.

Perhaps the most favourable instance of it is the explanation which he suggests of John's real motives for
suddenly changing his attitude towards the Papal See,
after having boldly set its ban at defiance for five years
(II., 69–78). Under the perturbing influence of ecclesiastical bias, however, the chronicler's clear-sightedness deserts
him. He signally fails, for example, to see how quickly
Henry II. became alive to the momentous nature of the
struggle in which he was engaged with Becket, and
feebly attempts to account for the intensity of his
antagonism by enumerating a series of minute affronts
which the Archbishop had unwittingly given him (I.,
pp. 24-26, 32).

For the most part, Wendover is consistent with
himself, but occasionally leaves his readers to make
their choice between his conflicting utterances. He
stigmatises, for instance, as hireling shepherds, unfaithful
to their trust, the prelates who fled from England
during the interdict incurred by John's contumacy
(II., 48), but when Mauger, Bishop of Winchester, one
of their number, dies abroad, he holds him up to
admiration as an exile who was proscribed " for his
" protection of the rights of the Church and the main-
" tenance of justice " (Ib., 60).

There is a frequent conflict of testimony between Wendover and Matthew Paris respecting events
of which both were nearly contemporary reporters.
The complexion which they severally put upon two
or three historical episodes of special interest differs
almost irreconcilably. According to Wendover, who
repeats *verbatim* the narrative of Diceto, William
FitzOsbert, the London citizen who was executed at
Tyburn for sedition in 1196, was a rebel and demagogue
of the worst type (I., 244–245). In the pages of Paris,
on the other hand, he figures as a patriot and " martyr,"
who, having resisted the oppressive inequality of
municipal taxation, " was shamefully put to death by

" his fellow-citizens for asserting the truth and defending
" the cause of the poor " (Ed. Luard, II., 418).[1]

Again, in recounting the riotous demonstration against
the Abbot of Westminster headed by another Londoner
named Constantine in 1222, which the Justiciary, Hubert
de Burgh, summarily suppressed by executing the leader
without a trial, Wendover ignores the motive which
Paris assigns for this arbitrary course of proceeding.
It appears from his narrative that Constantine, whose
name he gives as FitzAthulph, endeavoured to revive
the sympathy with the cause of the insurgent Barons
which had prevailed in London during the late war,
and still lingered there, by raising their old battle
cry of " Montjoy! May the Lord assist us and our
Lord Louis! " " It was this cry," Paris expressly
declares, " which chiefly exasperated the friends of
" the King and provoked them to take the vengeance
" related." He adds that Louis subsequently assigned
the execution of his adherent Constantine as a plea for
the non-fulfilment of the conditions of his treaty of
peace with Henry (Ed. Luard, III., 72, 73).[2]

A third instance of conflict between the testimony of
Wendover and Paris affects the character of Geoffrey
FitzPeter, the Justiciary, whom the one enumerates
among the evil counsellors of John and the abetters of
his resistance to the Papal mandate (II., 59, 60), whereas
the other eulogizes him as a wise, high-minded states-
man and a pillar of the Church, of whom the King
stood in awe, on account of his influence and connexion
by ties of blood or friendship with the chief nobles of
the realm (Paris, Ed. Luard, II., 558).[3] In cases thus left
in doubt, unless independent evidence be forthcoming to
corroborate one witness or the other, we can scarcely
hesitate to place most reliance upon the reports of Paris

---

[1] See Appendix C.

[2] See Appendix D.   [3] See Appendix E.

as the later writer. This may be done with the more confidence, because he seems, as has been said, to have undertaken the revision of his predecessor's narrative by the light of fresh information.

To the graces of scholarly culture and literary art Wendover makes no pretence, and cannot be credited with a distinctive style. Occasional quotations from Aristotle and Horace furnish the only proof of his classical studies. He evinces some familiarity with a number of homely aphorisms which, it is probable, were currently proverbial in his time, since he does not refer them to any written source. Besides the monastic chroniclers and historical authorities from whom he freely borrows, but without citing them by name, he shews himself conversant with no other secular litera-ture than the "Prophecies" ascribed to Merlin. His ideas respecting the geography of distant countries and the tenets of other faiths than his own, were apparently not less vague than were entertained by his contempo-raries generally. That shadowy potentate, Prester John, is described as "King of the Indies" (I., 127). The "Anti-pope" of the heretical Albigenses is indefinitely stated to rule over those residing in the provinces of "Bulgaria, Croatia, and Dalmatia," and to be represented by a vice-gerent who exercised authority over the district round Toulouse (II., 271, 272).[1] Concerning the Saracenic creed and ritual, of which the Crusaders might have been expected to obtain and diffuse some accurate knowledge, Wendover displays great ignorance. When relating, for example, how the dominions of Saladin were partitioned among his children, he tells us that to the sixth son was assigned "the country of Baldach,

---

[1] There may be an inkling of the truth in this statement. Hallam (Hist. Mid. Ages, III., 280) adopts the view of there having been an actual affinity between the Albigenses and the Manichean and Paulician heretics of Bulgaria.

" where resides the Pope of the Saracens called the
" Caliph, and who is feared and reverenced in their law
" as the Roman pontiff is among ourselves. This priest
" can only be seen twice a month, when he goes forth
" with his disciples, whom he hath after the manner of
" a Pope or Cardinal, to the mosque where *Mahomet the
" God of the Agarenes* is said to be. . . . . This
" Mahomet is approached and worshipped there in the
" same way as Christ crucified is worshipped by
" Christians " (I., 228). A somewhat less crude account
is elsewhere given of the attitude which the Mahome-
dan doctors assumed with respect to the Christian faith
(II., 234), although this is not free from errors, such
as the long since discredited fiction that the Koran
was inspired by the "apostate and heretic " (*i.e.*,
Nestorian) "monk Sergius."

How little Wendover can have really known of the
tenets of the Albigenses may be inferred from the
loosely-worded terms of abuse in which he holds them
up to the abhorrence of his orthodox readers (II., 87, 88 ;
III., 74). The fact of their having been condemned by
the Holy See as heterodox schismatics doubtless sufficed
in his eyes to make the precise shade of their heresy a
matter of no moment.

The only peculiarity of Wendover's style which is
worth notice is his habit of repeating a few trite
rhetorical "properties " whenever an opportunity offers.
Those wherein he most frequently indulges are verbal
conceits and antithetical phrases, which have been
sufficiently illustrated in some of the foregoing extracts ;
e.g., "non formosa sed famosa subjectio "; judicium in
præjudicium commutavit." His favourite similes of " a
ram without horns," applied to a spiritual force destitute
of its due influence, and of "dumb dogs," applied to
teachers who keep silence when they ought to denounce,
figure more than once in the florid ecclesiastical compositions which he probably took as models (I., 81 ;

II., 342). He reiterates St. Paul's assurance that temptation is divinely proportioned to the strength of the sufferer (1 Cor. X. 13), with such wearisome persistence that its consolation ceases to be edifying. In narrating the progress of a siege he almost invariably resorts to the same set form of words; describing how the besieged and their assailants interchanged "lapides pro lapidibus, " tela pro telis." "Tempestas" and "pestis" are his alternative expressions to signify a crisis of political agitation, and when at a loss for phrases sufficiently graphic or copious, he ordinarily takes refuge in one of two convenient evasions, "Quid ergo?" or "Quid plura?"

These observations complete all that I think it necessary to say concerning Wendover's leading characteristics as a chronicler. It remains for me to incorporate the most valuable of the annotations with which the scholarship of my predecessor, Mr. Coxe, enriched his edition of the "Flores," and of those appended by Dr. Luard to so much of the chronicle of Matthew Paris as is based upon Wendover's work. A few of the notes made by Dr. Giles to his translation of the "Flores" in Bohn's Antiquarian Library are also added. This general acknowledgment of my indebtedness is, I trust, sufficiently explicit, but I have been careful to mention, in almost every instance, the particular source of obligation. The annotations selected are intended to supply such deficiencies as occur in Wendover's narrative, and correct his occasional mistakes and lapses of memory. One or two minor errors into which the annotators themselves have fallen, I have endeavoured to rectify. Such matter as is wholly or partly new is distinguished from that which has been borrowed by a different type.

Vol. I., p. 4.—"Wlfricus de Heselberga."
"Probably Haselbury, in Dorsetshire." (Giles, I., 523.)

Vol. I., p. 4.—" Contona, villa a Bristollo octo milliaribus distante."

" There are several villages called Compton both in Somerset-
" shire and Gloucestershire, all within eight miles of Bristol."
(Ib.).

Vol. I., p. 16.—" Et hucusque Robertus Abbas de Monte."
With respect to the date at which the Chronicle of Robert de
Monte (Mont-Michel) terminates *see* Coxe, II., 287.

Vol. I., p. 18.—" Mille libras Anglicæ monetæ et Andega-
vensium duo millia."
A penny of Angiovin money was a fourth part of an English
penny. (Tyrrell, II., 302, cited by Coxe, *ut supra*.)

Vol. I., p. 24.—" Robertus de Montfort cum Henrico de Essex
" de proditione Regis singulari certamine congrediens vic-
" toriam reportavit."
The treason charged against Henry de Essex was his cowardice
in throwing down the royal standard at the battle of Coleshill.
(Giles, I., 538.)

Vol. I., p. 62.—" Pater et mater."
This is a rhetorical exaggeration. " Becket's father and
" mother were certainly dead thirty years before this time. *See*
" ' Vita S. Thomæ,' *passim*." (Giles, I., 567.)

Vol. I., p. 66.—" Per Sanctum Jacobum."
The shrine of St. James at Compostella in Spain. (Giles, II., 2.)

Vol. I., p. 74.—" Nomine N."
The letter N here employed to denote the name of the monk
who was desirous of writing the biography of Godric, is supposed
by Mr. Coxe (II., 350) to be miswritten for R, the initial of one
Reginald, from whose reminiscences Geoffrey, who eventually
became the hermit's biographer, obtained most of his materials.
Dr. Giles, however, observes (II., 9, note) that " N. for *nomen*
" is the letter commonly used by the mediæval writers and
" copyists to occupy the place of a name not known to them."

Vol. I., p. 97.—" In insula Axiholm castellum ab antiquo
dirutum."
According to Hoveden (Ed. Stubbs, II., 57), this castle was
called Kinardeferie. (Cited by Giles, II., 27.)

Ib.—" Apud Arewellum."
Orwell, near Harwich.

Vol. I., p. 104.—" Castella de Berewic, de Rokesburc."
The castles of Jedburgh, Edinburgh, and Stirling were also
surrendered to Henry II. by William, King of Scotland,

as the price of his release from captivity. (*See* the Convention in Rymer, I., 30, cited by Coxe, II., 383.)

Vol. I., p. 106.—" Willelmus Comes Gloverniæ."

The division of his inheritance among his daughters by the dying Earl of Gloucester was coupled with the designation of John (afterwards King) as his successor, upon condition that the Prince should marry his youngest daughter Hawise. (Hoveden, Ed. Stubbs, II., 100, cited by Coxe, II., 385.) Though thus described by Hoveden and succeeding writers, her real name was Isabella.

Vol. I., p. 108.—" Loco qui vocatur Westwode in territorio Rofensi."

" Called also Lesnes Abbey." (Giles, II., 36.)

Vol. I., p. 120.—" Alexander Episcopus . . . . Willelmo Senonensi Archiepiscopo."

The letter of Pope Alexander to the Archbishop of Sens was dated 1170, not 1179, the year to which it is here referred. (Harduin Concil. VI., 2. col. 1625, cited by Coxe, II., 400, 401.)

Vol. I., p. 127.—" Johannem Presbyterum."

For further information respecting Prester John, Mr. Coxe refers to "the notes by Pagi in the year 1177, v.-x., and " Mandeville's Travels, Ed. of 1727, pp. 326–363."

Vol. I., p. 130.—" Hallingum villam Rofensis Episcopi."

Halling near Rochester.

Vol. I., p. 131.—" Macemunt."

The Saracen potentate thus described is otherwise known as the Emperor Joseph Amiral-mumenin or Almahadam. (Pagi, 1184, s. 8, cited by Coxe, II., 412.)

Vol. I., p. 136.—" Simon Comes Huntendon."

Simon de St. Liz, eighth Earl.

Vol. I., p. 140.—" Calvariam."

" Erroneously for Tubariam, which the MS. Continuator of William of Tyre has " (Luard's M. Paris, II., 327, note 3).

Vol. I., p. 146.—" Ad experiendam belli fortunam in campo " Taphneos in virtute mirificæ Crucis et in nomine veri " Joseph."

" In the field of Zoan . . . . The allusion is to Psalm " LXXVIII., 12. The Emperor seems to mean that he will " attack Saladin in Egypt." (Giles, II., 65.)

Vol. I., p. 146.—" Arcbarithana."

" An error for Anconitana Marcia, which Hoveden and the " Itinerarium have—the March of Ancona." (Luard's Paris, II., 332, note 5.)

Ib.—" Spinacius."

For " Pisanus, as Hoveden has." (Ib., note 6.)

Vol. I., p. 147.—" Abbatias quæ solebant esse in tempore Paganismi."

" This letter has evidently been translated out of the original " Saracenic with reference to Christian notions : a Saracen would " hardly have described his own faith by the word ' paganism.' " (Giles, II., 68.)

Vol. I., pp. 149, 150.—"Rege itaque a vinculis soluto . . . " qui Tyrum ingredi volens a Marchisio non admittitur . . . . " sed post dies paucos eodem Marchisio defuncto, hæc pestis " cessavit."

Mr. Luard (Paris, II., 355) points out that Wendover (or the compiler whose work he adopted) has fallen into the error of dating the death of the Marquis of Montferrat a few days after his refusal to admit King Guy into Tyre, by misreading the account of the Marquis's illness given by the Continuator of William of Tyre.

Vol. I., p. 151.—

On one margin of the Douce Codex opposite to the last entry of the year 1188, the words " Huc usque in Lib. Cronic. Johannis Abbatis " have been written in a later hand than that of the text. On the other margin, " Usque hoc Cronica Johannis abbatis et hic finis " has been written in a still later hand. *See* p. xii *ante*.

Vol. I., p. 160.—" Stephanum de Turnham."

Wendover omits to record the cruel punishment inflicted by Richard I. upon Stephen de Tours (or Turnham) during his imprisonment. " He was confined at Winchester, where he was " loaded with irons of thirty pounds weight, until he should pay " 30,000 pounds of Angiovin money." (Richard of Devizes, p. 6, cited by Coxe, III., 1.)

Vol. I., p. 187.—" Grifones."

This appears to have been a term of contempt applied by the Franks to the Greek population wherever settled. The Castle of " Mategrifun " was so named by Richard " ad oppro- brium Griffonum." (Richard of Devizes, p. 19, note 15, and s. 28, cited by Coxe, III., 31–32.)

Vol. I., p. 191.—" Ambubaiarum collegia, &c."

Hor. Sat., I., 2.

Vol. I., p. 192.—" Cursac."
The ruler of Cyprus thus named by Wendover is described by Hoveden, Vinsauf, and other historians as " Isaac Emperor of Cyprus." (Coxe, III., 37.)

Vol. I., p. 195.—" Duodecimo kalendas Aprilis."
Either the date at which Philip sailed from Messina, viz., March 29th (p. 192 ante), or that at which he reached Acre (March 21st) is obviously mis-stated. (Giles, II., 104.)

Vol. I., p. 202.—" Furbie."
" Probably Herbia between Ascalon and Gaza." (Itinerar. Regis Ricardi, Ed. Stubbs, p. 357, cited by Luard, II., 378.)

Vol. I., p. 203.—" Inventio Arthuri, &c."
A similar discovery of the tomb of King Arthur, at Glaston-bury, to that here related is stated by Brompton to have occurred in the reign of Henry II. (col., 1152, cited by Coxe, III. 48).

Ib.—" Literas ad magnates Angliæ in hæc verba direxit."
The authenticity of the letters implying suspicion of the Chancellor here ascribed to Richard seems open to question, as they do not appear to have been put to any immediate use. (Diceto; Ed. Stubbs, II., 90–91, cited by Coxe, III. 49.)

Vol. I., p. 218.—" Rex Richardus, &c."
Anselm, the king's chaplain, is named by Coggeshale as the eye-witness from whose narrative this account of Richard's adventures was derived. (Ed. Stevenson, p. 54, cited by Coxe, III., 66.)

Vol. I., p. 220.—" Ad quandam villam nomine Gynatiam."
By this " villa," subsequently described as " civitas," either " a small village near Vienna," or that city itself, is supposed to be meant. (Coxe, III., 68.)

Vol. I., p. 223.—" Bonum est mactare parentes in Trivallis."
This refers to a passage in the Topica or fifth book of the Organum of Aristotle (II., 11, 5), cited in Luard, M. Paris, II., 396, note.

Vol. I., p. 228.—" Iste Mahumetus," &c.
The comparison here made between the adoration of the Prophet by his followers and the worship of Christ by Catholics is thus varied in the chronicle of James de Vitri: " Sicut visitatur et adoratur Dominus Papa." (Coxe, III., 77.)

Vol. I., p. 230.—" Suessionem."
" Probably an error for Cisonium, Cisoing, Tournay, an Abbey of Regular Canons." (Luard. Paris, II., 402, note 3, citing Madden's Hist. Anglor. II., 46, note 1.)

Vol. I., p. 231.—(A.D. 1194.)
Wendover omits to notice under this year the Council held at Nottingham, which opened March 13th, 1194. (See Hoveden Ed. Stubbs, III., 240–242 ; Coxe, III., 81.)

Vol. I., p. 244.—" De morte Willelmi, &c."
Wendover's account of the social agitation headed by William FitzOsbert in 1196 is " taken almost verbatim from Diceto, who was an eye-witness of what he relates." (Ed. Stubbs, II., 143. Coxe, III., 94.)

Vol. I., p. 246.—" Perticiasencem."
See Luard, M. Paris, II., 422, note 3, where the reading " Parisiacensem " of the Douce MS. is preferred.

Vol. I., p. 247.—" Eveshamensis."
I have corrected in the list of *errata* in the present volume my mistake in adopting Mr. Coxe's reading of this word, which it is clear from Dr. Luard's note (Paris, II., p. 423) should be " Eineshamensis." The seer of the vision is identified as Adam, the Sub-Prior of that Convent (Co. Oxford), by a reference to him by name in MS. Reg. Dv. (Ib. Pref., p. xiii.)

Vol. I., p. 266.—" Johannes de Breines."
The election in 1197 of John de Brienne as King of Jerusalem was preceded by the marriage of Isabella (or Millicent, as Hoveden names her), widow of the last King, Henry de Champagne, with Amaury brother and successor of Guy de Lusignan, King of Cyprus, and their coronation as King and Queen of Jerusalem and Cyprus. (Ed. Stubbs, IV., 29. Coxe, III., 117.)

Vol. I., p. 270.—" De Augi."
Probably a mistake " for Dangu, which Hoveden has." (Luard. M. Paris, II., 441, note 1.)

Vol. I., p. 277.—" Ecclesia Sanctæ Mariæ de Arcis Londoniensis."
Bow Church.

Vol. I., p. 282.—" Petro Basilii telo."
The man by whose weapon Richard was mortally wounded is named by Hoveden, Bertram de Gurdun, and by Gervase, John Sabray. (Coxe, III., 135.)

Vol. I., p. 290.—" Fratris Petri de Duay, Cambrensis electi."
Dr. Luard (M. Paris, Vol. II., p. 458, note) points out that
Wendover, by a careless abridgment of Hoveden, whose work
he was quoting, has here confounded Peter de Douay, a knight
in the service of the Count of Flanders, with his brother the
Elect of Cambray.

Vol. I., p. 295.—" Botildam Reginam."
The repudiated Queen of France thus named by Wendover
and Hoveden is otherwise known as Ingelburga. She was the
daughter of Waldemar I., King of Denmark. (Coxe, III., 148.)

Vol. I., p. 308.—" Et tres Archiepiscopi videlicet . . . .
Bernardus Raguensis."
" Who is intended by ' Raguensis' appears difficult to deter-
mine ; it is very improbable that any Archbishop of Ragusa . . . .
should have been here at that time." (Coxe, III., 162.)

Vol. II., p. 9.—" Terra vehementissime congelata "
Coggeshale adds among other details of the great frost of 1205
that " wheat was sold for a mark (13s. 4d.), which in the reign of
" Henry II. would have been bought for twelve pence ; beans
" were sold for half a mark, and oats for forty pence, which were
" before had for fourpence." (Ed. Stevenson, p. 151. Coxe, III.,
182.)

Vol. II., p. 14.—" Castellum munitissimum de Monte Albani,
&c."
The reference here made to the seven years' siege of the Castle
of Montauban, by Charlemagne, appears to be taken from " the
" romance of Renaud de Montauban, supposed by Fauchet to
" have been written by Huon de Villeneuve in the 13th century."
(Coxe, III., 187.)

Vol. II., p. 16.—" Villa quæ Tidstude dicitur."
By this village either Stisted or Tunsted in Essex appears to
be intended (compare Luard, Paris, II., 497, note 2, and Coxe,
III., 100).

Vol. II., p. 18.—" Cumque requisitus quorundam vicinorum
" sedulitatem hospitalitatis collaudasset, requisitor nominatorum
" quorundam hospitalitatem approbavit."

" Approbavit " is the reading both of the Douce and
Cotton MSS. The principal codex of M. Paris (Luard, II.,
497, note 3), has " reprobavit," but "over an erasure."
The Royal MS. has " quorundam quos nominaverat hos-

" pitalitatem approbavit, quorundam vero improbavit "
which reads like the gloss of some later hand. Mr. Coxe,
either on the authority of Paris, or considering that an
antithesis was here intended, substituted "reprobavit"
in the text of Wendover. This alteration, however, is
open to two objections—(1.) St. Julian's partial contra-
diction of the praise bestowed upon all the neighbours
who had been named "(nominatorum)" would be inconsistent alike with the presumed veracity of the peasant's
character, and with the implication of the following sentence that the Saint's estimate and his own were based
upon common knowledge—"vicinorum suorum habere
" notitiam."—(2.) The construction of "hospitalitatem
" reprobavit" in the sense of reproving or disapproving
*in*hospitality appears to be strangely inverted. There
seems to be no adequate ground for questioning the plain
meaning of the text as it stands, viz., that the Saint,
although divinely prescient, being desirous of testing the
peasant's ideas of hospitality, put a general question to
him upon the subject and expressed concurrence in his
truthful answer to it.

Vol. II., p. 47.—"Cessaverunt itaque in Anglia omnia eccle-
" siastica sacramenta," &c.

It is not to be supposed that religious rites were entirely
suspended during the continuance of the interdict. "Sermons
" were preached on Sundays in the churchyard; marriages and
" churchings took place in the porch of the church" (Coxe, III.,
222, citing the Dunstable Chronicle; Ed. Luard, Annales
Monast, III., 30, and Lingard, III., 21, note).

Vol. II., p. 50.—"Duas filias suas in obsidatum."

Margaret and Isabel, the two daughters whom William, King
of Scots surrendered to John as hostages for the maintenance of
peace, were respectively married in 1210 to Hubert de Burgh,
the Justiciary, and the Earl Marshal (Coxe, III., 227).

Vol. II., p. 53.— "Qui ipsum Archidiaconum [Gaufridum
Archidiaconum Norwicensem] . . . . sub carcerali custodia re-
cluserunt; ubi post dies paucos, rege præfato jubente, capa
indutus plumbea, tam victualium penuria quam ipsius capæ
ponderositate compressus migravit ad Dominum."

Wendover has here, as Dr. Luard shews (M. Paris, Vol. II., Preface, p. xxxi), confounded Geoffrey de Norwich, the Treasurer of John, by whom he was thus murdered, with Geoffrey de Burgh, Archdeacon of Norwich, who died in 1213. Paris, although recording the death of the latter in that year, has repeated Wendover's mistake of styling the Treasurer by the same ecclesiastical title.

Vol. II., p. 60.—"Alexandrum filium Regis Scotorum."
By a charter set out in Rymer (I., 104), William, King of Scots, covenanted to do fealty to John in his own name and that of his son Alexander, and granted that John should have the right of marrying Alexander to whomsoever he would within six years (Coxe, III., 238). The honour of knighthood which Wendover records to have been conferred by John upon the young Prince was probably incidental to the relation thus established between them.

Vol. II., p. 61.— "Venit nuntius ad regem ex parte regis Scotiæ . . . . . venit alius nuntius ex parte filiæ ejusdem regis, uxoris videlicet Leolini regis Walliæ."

The construction of this sentence is so faulty that Dr. Luard (M. Paris, Vol. II., Preface, p. xxxii) takes it to mean that Llewellyn's wife was daughter of the King of Scotland, whereas she was the illegitimate daughter of John. Wendover, however, is scarcely likely to have been misinformed upon the subject of royal alliances, and it is only necessary to charge him with a blunder of syntax.

Vol. II., p. 75.—
The following clause in John's deed of surrender, "ab eo et " Ecclesia Romana tanquam secundarius recipientes et tenentes, " in præsentia prudentis viri Pandulphi, Domini Papæ subdia- " coni et familiaris. Exinde prædicto, &c.," is thus varied in the copy set forth in Rymer (I., 111–112) from a manuscript in the Cottonian collection, "*a Deo* et Ecclesia Romana tanquam " *feodatarius* recipientes et tenentes, in præsentia prudentis viri " Pandulphi Domini Papa subdiaconi et familiaris, *fidelitatem* " exinde prædicto, &c." (Coxe, III., 253, citing Lingard, III., 33, note).

Vol. II., p. 84.—"Carta quædam Henrici primi."
For another copy of the Charter of Henry I. *see* the Textus Roffensis, p. 51 (Coxe, III., 263).

Vol. II., p. 88.—" Biternensem," for Biterensem, *i.e.*, Beziers. Some other chroniclers read Bitericensem, *i.e.*, Bourges (Coxe, III., 268).

Vol. II., p. 91.—" Gaufridus Filius Petri."

Wendover, who has already enumerated Geoffrey Fitz Peter, the Justiciary, among the evil counsellors of John (p. 59 *ante*), makes no further comment on his character in recording his death. Paris, however, as already mentioned, takes the opportunity of an obituary notice to hold the Justiciary up to admiration as " a " noble-minded man, learned in the laws," and represents the King as fearing him " more than all the rest of his " subjects without having any regard for him, for he " held the reins of government." His death, according to this view, cancelled the last remaining restraint upon the tyrannical and treacherous nature of John, who expressed his relief in the words " Per pedes Dei " nunc primo sum Rex et dominus Angliæ." (Ed. Luard, II., 558.)

Vol. II., p. 94.—
" Cumque ad Westmonasterium pervenisset Willelmum Abba-tem, &c."
William is here named " erroneously for Radulphum " (de Arundel) then Abbot of Westminster. (Luard's Paris, II., 568, 576.)

Vol. II., p. 96.—" Episcopatus . . . nunc vacantes."
According to Walter de Coventry (Ed. Stubbs, II., 213), John still insisted upon his accustomed right to nominate candidates to vacant sees, so that several, including York, Durham, and Lichfield, were not filled up by the Legate at this time, the appointments to them being deferred until the Pope decided what to do. (Coxe, III., 277.)

Vol. II., p. 105.—" Timens ne ipsum invaderet."
The terror of John's invasion here attributed to Louis is con-tradicted by the account of Brito, who represents him as desirous to meet John, and setting forth from the Castle of Chinon with that object. The English King, on hearing of the enemy's approach, left his troops and armaments to be slaughtered and plundered, and fled in one day a distance of eighteen miles. (Coxe, III., 286, citing Rec. des Hist. XVII., p. 93.)

Vol. II., p. 106.—"Pontem de Bovines."

The battle of Bovines (between Tournay and Lisle) is more graphically described by Brito, p. 94. (Coxe, III., 288.)

Vol. II., 110.—"Johannes Norwicensis Episcopus."

Owing to the unsettled condition of the kingdom, the see of Norwich remained vacant for seven years after the death of Bishop John de Gray, until the appointment of the Legate Pandulph. (Coxe III., 289.)

Vol. II., p. 111.—"Decanus Christatonensis."

This " seems to be an error for Xantonensis " (Luard's Paris, II., 582, note 6).

Vol. II., p. 114-15.—

Fuller particulars respecting the origin of the dispute between the King and the Barons on the subject of the charter of Henry I. which they desired him to confirm, are given in the Chronicle of Mailros and the Annals of Waverley. (Coxe, III., 298.)

Vol. II., p. 119-137.—

The documents here transcribed by Wendover, which purport to be authentic copies of the Great Charter and the Charter of the Forest promulgated by John in the year 1215, furnish a remarkable example of literary manufacture. This version of the Great Charter of John proves on examination to be a garbled copy of the original, mutilated by the omission of several clauses which it alone contains, and patched by the insertion of other clauses taken from the third Charter issued by Henry III., in 1225. Among the clauses omitted are the two relating to the Forest, viz., cap. 47, which dis- afforested the woods afforested by John himself, and cap. 48, which directed an inquisition to be made in each county concerning any evil customs prevailing in forests or warrens. In the stead of these clauses, an apocryphal Charter of the Forest is ascribed to John, by whom none was ever granted (Bp. Stubbs' Select Charters, 5th Edition, p. 347). The forger of this document has substantially transcribed the Forest Charter of King Henry III., issued in 1225, and adapted it to the required date of 1215, by substituting the name of John and inserting the words " fratrem nostrum " after the

reference made to Richard I., but has betrayed his im-
posture by leaving the passage unaltered in which Henry
II. is described as the King's grandfather.

For some of the interpolations in the present version
of the Great Charter no warrant whatever can be found.
The clause relating to the four castellans who were to
swear obedience to the twenty-five barons for the
purpose of restraining the King (II., pp. 133–4), is not
contained in any of the known copies of the charter
(Luard, M. Paris, II., Pref., p. xxxiv, and p. 603,
m. 5). The succeeding clause relating to the expulsion
of the foreign mercenaries has been altered from the
original (caps 50, 51) by several additions, the most
noteworthy being that of the words "Falconem et
Flandrenses omnes et ruptarios," which appears, as Dr.
Luard suggests, to have been dictated by the hatred
which the spoilation of St. Alban's Abbey by Fawkes de
Breauté and his troops (II., 205) had naturally engen-
dered in the minds of the brotherhood. It is difficult,
however, even if we account by such a motive for the
insertion of this clause in the charter of John, to under-
stand how Wendover or Paris, who here follows him, can
have forgotten the fact which they have themselves
recorded, that the banishment of Fawkes de Breauté
from England was not effected for ten years after its
promulgation, but was decreed as the punishment of his
rebellion in 1225. (II., p. 285.) I hesitate, with Dr.
Luard, to believe Wendover capable of having deliberately
mystified his readers in this matter, and assume that
having found the garbled versions of the charters (for
which some other hand than his own was responsible)
available in the convent library, he, without making
further inquiry, took them to be authentic. His successor, Paris, seems to have been similarly misled. The
various discrepancies apparent between them and the
original documents are minutely detailed in Dr. Luard's
edition of M. Paris Vol. II., pp. 589 *seqq.*, so that it is

unnecessary to repeat the analysis. How they are to be all satisfactorily explained it would probably be futile to inquire. Nothing short of sheer invention will account for some of the interpolations, whereas some may have been taken from an authentic but rejected draught, or inserted by way of suggestion as desirable amendments. The omissions are too numerous to be due to carelessness alone, and some of them at least must have been designedly made. No single hypothesis appears sufficient to solve all the difficulties of the problem.

Owing to want of familiarity with ancient legal phraseology, several technical mistakes occur in Dr. Giles's translation of the Great Charter and the Charter of the Forest (II., 319–320), the worst of which it is worth while to correct.

Vol. II., p. 122.—" Recognitiones de nova disseisina et " de morte antecessoris " should be rendered " recogni-" zances of novel disseizin and mort d'ancestor."

The " Justiciarii," who are to hold yearly assizes in every county (unrecognizable in Dr. Giles's rendering of " messengers on their journeys ") are the well known " Justices in Eyre."

Vol. II., p. 124.—" Respectum ", respite, not " regard."

Vol. II., p. 128.—" Purpresturis," purprestures or encroachments, not " annoyance."

" Assartis," assarts, i.e., wood-lands grubbed, not " clearances."

Vol. II., p. 129.—" Regardorum " for " Regardatorum," the forestal officers known as regarders from their periodical visits of inspection.

" Agistatores " (misrendered " collectors of taxes for " repairing boundaries "), the officers charged with the duty of regulating the number of cattle and sheep de-pastured in a forest, and accounting for the money paid for them.

" Pannagium " was properly the payment exacted for the right to feed swine in a forest, but often denoted the acorns or beech mast upon which they fed.

Vol. II., p. 135.—" In angaria mentis."

The furious and uncontrollable disorder of the King's mind, after his enforced capitulation to the Barons, found vent in the wildest curses and maniacal gestures, which are graphically described by Paris and his translator Holinshed (p. 186), cited in Coxe, III., 319.

Vol. II., p. 136.—" In insula prædicta et circa maritima quasi sub dio latens."

The relation here given of John's having secreted himself in the Isle of Wight and the adjoining coasts for three months after Runnymede is contradicted by the dates of his writs and grants enrolled on the Patent Rolls, which show that he was successively at Winchester, Oxford, and Dover during that period. (Hardy's Introduction, p. xxix, cited by Coxe, III., 320.)

" Johannem Episcopum Norwicensem."

This appears to be an error of name, as the death of John de Gray, Bishop of Norwich in 1214, has been previously mentioned, p. 110 *ante* (Luard's Paris, II., 613).

" De Concilio generali."

This council is known as the fourth Lateran Council.

Vol. II., p. 156.—" Anterdidensem Episcopum."

This prelate has been identified as " Peter, Bishop of Antaradus or Tortosa, in the Diocese of Antioch." (Coxe, III., 341.)

Vol. II., p. 163.—" Per provincias de Essexe, &c."

The places which chiefly suffered from the rapine, fire and sword of Fawkes de Breauté and his soldiers are stated by Cogges-hale to have been Bury St. Edmund's, Colchester, Ely, &c. (Ed. Stevenson, p. 177, cited by Coxe, III., 349.)

Paris represents that the sanction afforded by the Pope to the perpetrators of these savage excesses called forth from the Barons the sarcastic comment, " Hæc facit charissimus in Christo filius Papæ qui suum vassallum tam liberum et nobile regnum inaudita novitate subjugantem tuetur. Proh dolor! qui mederi mundo languenti deberet, venenum manifeste in congregatione pauperum quos debemus ecclesiam vocare, effundit." (Luard, II., 637.)

Vol. II., p. 171.—" Ad interdicti sive excommunicationis sententiam nullum penitus habentes respectum."

The Barons' disregard of the papal excommunication and interdict on the ground " quod non pertinet ad Papam ordinatio rerum laicarum cum Petro apostolo et ejus successoribus non nisi ecclesiasticarum dispositio rerum a Domino sit collata potestas," finds an echo in the language of Paris, who here declaims against the Bishops of Rome for having abused their high calling ; "Quantum dissimiles Petro qui sibi Petri usurpant partem !" (Luard, II., 645.)

Vol. II., p. 180.—" Fugit ergo Rex a facie Lodowici."

According to Brito's account, the force with which Louis landed was small, his fleet having been scattered by a storm and the larger part of it putting back to France, but as he showed a firm disposition to fight, John, notwithstanding that his army was thrice as numerous, retreated before him. (Cited by Coxe, III., 368.)

Vol. II., p. 181.—" Provinciam totam præter Doverense castrum sibi continuo subjugavit."

Paris relates that Louis took Rochester Castle on his way to London (Ed. Luard, II., 654), but according to Brito, he returned to besiege it. (Cited by Coxe, III., 368.)

Vol. II., p. 192.—" Comes Niverniæ de Guenelonis genere proditoris."

For an explanation of this allusion both Mr. Coxe and Dr. Luard refer to Dutillet Rec. des Roys de France, p. 261, and the French translation of Paris (III., p. 129, note) where Ganelon is identified as " the Archbishop of Sens who crowned Charles le Chauve and afterwards turned against him in favour of his brother Louis " (Coxe, III., 381 ; and Luard's Paris, II., 665, note 1). It appears to me more probable that the traitor referred to is the Ganellon or Guenelon whom Dante consigns to the ninth or frozen circle of Hell (Inferno, Canto 32). Cary in his note upon the passage describes him as " the betrayer of Charlemain mentioned by Archbishop " Turpin. He is a common instance of treachery with the " poets of the middle ages." Illustrations in point are cited from Chaucer's Nonne's Preste's Tale and other poems.

Vol. II., p. 195-6.—" Aperta est enim in mediis fluctibus terra " et voragines abyssus quæ absorbuerunt universa cum homini- " bus et equis, ita quod nec pes unus evasit qui casum regi " nuntiaret."

Coggeshale's account of the disaster which befel John's army in crossing the Wash at the mouth of the Welland is less sensa-

tional and more credible than Wendover's. "Et multi de familia
" ejus submersi sunt in aquis marinis et in vivo sabulone ibidem
" absorpti quia incaute et precipitanter se ingesserant, æstu
" maris nondum recedente." (Ed. Stevenson, p. 183, cited by
Coxe, III., 384.)

Vol. II., p. 197, note.—

Paris thus gives the line in John's epitaph, now partially
effaced in C.

" Et cui connexa dum vixit probra manebant." (Luard's Paris,
II., 669.)

My mistaken reading of "probum" has been corrected in
the list of *errata* in the present volume.

Vol. II., p. 199.—"At Lodowicus Huberto de Burgo Dove-
" rensis Castri Constabulario ad suum colloquium vocato,
" dixit ei."

According to Paris, Louis employed one of the brothers of
Hubert de Burgh and the Earl of Salisbury, whom he had taken
prisoners, to negotiate for the surrender of the Castle, but
without effect. (Luard, III., 3; Coxe, IV., 3.)

Vol. II., p. 202.—" Jovensis."

This list of bishops Wendover appears to have taken, as Dr.
Luard shows (Paris, III., Preface, p. ix.), from the *Historia
Captionis Damiettæ* of Oliverius Scholasticus, but has here mis-
copied the name of the Hungarian See "Joriensis" (viz.
" Jaurinum, Raab "). In the opinion of Coxe, the name was
probably miswritten for " Juvensis or Juvaviensis, the see of
Salzburgh." (IV., 7.)

" Recordanam "—" Tel-Kardany." (Luard, M. Paris, III., 9.)

So in the account of an eye witness, James de Vitri, which
Wendover here follows.

Vol. II., p. 205.—" Falcasius cum suis prædonibus excom-
municatis."

Paris relates that under the influence of a vision, Fawkes
applied to the Abbot of St. Alban's for absolution, which was
granted him upon the assumption that he intended to restore the
spoil he had taken. This expectation, however, he failed to fulfil.
(Luard, III., 12.)

Vol. II., p. 206.—" Eidem Lodowico significaverunt quod nisi
" exiret ab Anglia, sententia excommunicationis quam Walo
" legatus in eum tulerat in die Cœnæ confirmaretur a Papa."

Besides this threat (according to Walter de Coventry) it was
announced by the Pope's legates at the Council of Melun that
they would put France under an interdict, if Louis were not
recalled by his father. (Cited by Coxe, IV., 12.)

Vol. II., p. 207.—"Inter Hierusalem et Jordanem."

Wendover here follows the narrative of Oliverius Scholasticus (Hist. Capt. Damiettæ), but by omitting the words "Et terrore "divino ipsos fugante loca culta deserere coguntur," which precede "inter Hierusalem et Jordanem," he has committed the absurdity, as Dr. Luard points out (Paris, Vol. III., Pref., p. ix) of referring to a port between those places. "Portum" in the text should commence a new sentence.

Vol. II., p. 224-5.—"Prisones universi qui apud Lincolniam "capti erant vel in prælio navali apud Doveram, sive in parte "Regis vel in parte Lodowici, ubicumque statim sine omni "redemptione et censu liberarentur."

The presumption, which the text appears to warrant, that a mutual release of all pecuniary liability was one of the conditions of this treaty is contradicted by the statement of the Mailros Chronicler (p. 195) that Henry paid 10,000 marks to Louis for the expenses he had incurred. It appears, moreover, from entries upon the Close Rolls, that payments were directed in discharge of a debt of 6,000 marks due to Louis. (Coxe, IV., 32.)

Vol. II., p. 226.—"Cajetam (or Gayetam) et Tornetum."

Gaeta and Corneto. But Gaeta is probably an error for Civita Vecchia. *See* authorities cited in Luard's Paris, III., 32, note 6.

Vol. II., p. 233.—

"Saphadinus," *i.e.*, "Seif-eiddin, the sword of religion, the "name by which Malek-Adel is known in the histories of the "Crusades." (Coxe, IV., 42, citing Michaud, Hist. des Croisades III., 446.)

Vol. II., p. 234.—

"Coradinus," *i.e.*, Malek-el-Moaddham. It was not he, however, but Malek-el-Kamel who succeeded Malek-Adel. (Luard, III., 39, note 4.)

Vol. II., p. 235-6.—"In festo Sancti Dionysii . . . . in "festo iterum beati Demetrii."

The order of the events referred to these festivals appears to be reversed; that of St. Demetrius falling on the 8th and that of St. Dionysius on the 9th October. (Coxe, IV., 44.)

Vol. II., p. 246.—"Durabilis enim non est annona Ægypti "propter molles glebas in quibus crescit, nisi superius circa "partes Babyloniæ servetur per annum."

"The author of Captio Damiettæ adds the word 'artificiose' "after 'servetur.'" (Giles, II., 421.)

Vol. II., p. 251.—" Ut habes in veteri Testamento."
The reference to Taphnis [Teh-panhes] here cited is Jeremiah,
XLIII., 9. (Luard, III., 56.)

Vol. II., p. 252.—" Circa hæc tempora Lodowicus. . . . .
" collegit exercitum ut hæreticos Albigenses impugnaret,
" veniensque cum omni multitudine sua ad urbem Tholosanam
" . . . illam obsidione vallavit . . . . Simon quoque
" comes Montis-fortis . . . . ante portam civitatis . .
" . . subito exspiravit."

Wendover's chronology is somewhat lax in this narrative.
According to Brito, Simon de Montfort died the year before the
arrival of Louis on the 25th of June. (p. 112, cited by Coxe,
IV., 63.)

Ib.—"Coronatus est idem rex apud Cantuariam."
According to other chroniclers, whose statements are confirmed by writs upon the Close Rolls, Henry's second coronation
took place at Westminster. (Coxe, Ib.)

Vol. II., p. 254.—"Sanneia" [Sauveia.]
In the Close Roll the Castle is called "de Salvata." (Coxe,
IV., 65.)

Vol. II., p. 255.—" Willelmus quoque de Forz."
William de Fortibus, Earl of Albemarle.

Vol. II., p. 256.—" Walone legato."
An error for Pandulph. (Luard, III., 61.)

Vol. II., p. 260.—"De constructione novi castelli apud
Montem Gomericum."
For a fuller account of the Welsh raids upon the marches
which necessitated the construction of the Castle of Montgomery,
see the letters of Henry to Llewellyn dated 5th October 1220, set
out in Rymer (I., 164). Coxe, IV., 71.
" Buet."
Builth or Llanfair, Brecknockshire.

Vol. II., p. 261.—" Seraph filius Saphadini."
" Malek-el-Aschraf, Prince of Chelat (or Khelath) in Armenia."
(Luard, III., 66, note 1.)

Vol. II., p. 264.—"Coradinus."
" Malek-el-Moaddham."
" Alii Soldani, Camelæ videlicet et Haman et Coilanbar."
"Malek Almed Schaled Schirkuh, Prince of Emessa; Malek
" Annaser Kilidsch Arslan, Prince of Hamar"; and (supposing
Coilanbar to be "intended for Baalbec ") " Malek-el-Amdsched
Bahram-schah." (Luard, III., 69, notes 7, 8 ; 70, notes 1, 2.)

Vol. II., p. 271.—"Ut redderet sibi Normanniam cum aliis
" terris transmarinis sicut juraverat in recessu suo de regno
" Angliæ quando pax facta fuerat inter ipsum et regem Angliæ."

The restitution of Normandy, &c. to Henry by Louis when he
became King was of course implied in the undertaking which
he is stated to have given as Prince (p. 224 ante), " quod pro
" posse suo patrem suum Philippum induceret ut Henrico
" Anglorum regi redderet omnia jura sua in partibus trans-
" marinis." As this condition does not appear in the form of
treaty which was made public (printed in Rymer I., 148), it is
supposed to have been included in certain secret articles, which,
by the admission of French historians, were agreed to by the
contracting parties. (See Rapin cited in Coxe, IV., 86.)

Vol. II., p. 274.—" Eodem anno " (1223).

The miracles of the holy cross recorded in this section
happened, according to the Dunstable Chronicler (Ed. Luard.
Ann. Monast., III., 97) in the year 1225.

Vol. II., p. 277.—"At cives cum a rege Anglorum se quasi
" derelictos reputassent, tam prece quam pretio inducti regi
" Francorum Rupellam tradiderunt."

It appears from the Close Rolls that Savary de Mauleon,
Seneschal of Poitou, was accused on the part of Henry, of
neglecting to appoint an officer whom he had himself recommended to the government of Rochelle. After the capture of
the City, Mauleon is stated by the French chroniclers to have
deserted to Louis. (Coxe, IV., 93, citing Rec. des Hist. XVII.,
p. 307; and see p. 289 post.)

Vol. II., p. 278.—" Cecidit in misericordia regis."

This expression which Dr. Giles translates, " was
thrown on the mercy of the King " (II., 451), has here
its recognised legal meaning of, " was amerced."

Vol. II., p. 284.—"Itaque comes Richardus . . . processit
per villas et castella Wasconiæ regionis et quoscumque contradictores qui homagium regi et fidelitatem facere noluerunt
invenit, castella eorum et villas obsedit et potenter subjugavit."

A letter dated from St. Macaré, in which the Earl recounts to
the King the success of his expedition, is printed in Rymer
(I., 178; Coxe, IV., 102).

Vol. II., p. 299.—" Quod magister Otho, &c."

This section substantially repeats the tenor of a previous section
(p. 289 ante).

Vol. II., p. 312.—"Henricus Comes Campaniensis."
"The Earl of Champagne at this time was Theobald IV.;
Anselm, II., p. 840." (Coxe, IV., 132.)

Vol. II., p. 313.—" Et pervagante ad vitalia veneno perducitur
ad extrema."
The report of Louis's death having been due to poison is also
mentioned by Richard de St. German, the Annals of Waverley,
&c. (Ib. 133.)

Ib.—" Quod civitas Avinionis a Francis dolose sit subjugata."
The treachery here described to the French under the influence
of the Legate is not admitted by their historians, but Wendover's
statement is borne out by the record in the Annals of Waverley
that "legati apostolici tradiderant urbem prædicto regi."
(Ed. Luard, Ann. Monast., II., 302. Coxe, IV., 134.)

Vol. II., p. 315 —" Subtraxerunt se quidem ab hac coronatione
Dux Burgundiæ, Comes Campaniæ," &c.
According to one of the French chroniclers, these nobles were
in correspondence with the English ambassadors, and concerting
a plot to deliver the kingdom into the hands of Henry. (Chron.
Turon. Rec. des Hist. XVIII., p. 318, cited in Coxe, IV., 136.)

Vol. II., p. 322.—" Comes Herefordiæ Henricus."
" Erroneously for Humfridus." (Luard, III., 124, n. 7.)
" Comes Warwicensis Willelmus."
" An error for Henricus." (Ib., n. 8.)

Vol. II., p. 326.—" Cum dominis de . . . Halaph."
" Malek-el-Aschraf." (Luard, III., 129, n. 5.)

Vol. II., p. 335.—" Imperator Constantinopolitanus."
" Robert de Courtenay."
" Filium hæredem relinquens parvulum."
" Baldwin II., who was the brother, not the son of Robert."
(Luard, III., 145, n. 6.)

Vol. II., p. 339.—" Episcopi Andegavensis et Augustensis."
The first name should probably be "Lantgravius," as "the
Bishop of Angers (William) did not die till many years afterwards.
Augustensis is probably Bishop Siegfried of Augsburg." (Luard,
III., 148, citing Huillard-Breholles, III., 27.)

Vol. II., p. 344.—" Tunc sua res, &c."
Hor. Epist, I., 18.

Vol. II., p. 345.—" Thomas Comes Atterarum."
" Thomas of Aquino, Count of Acerra." (Luard, III., 154, n. 4.)

Vol. II., p. 346.—" Datum Laterani."
" An error for Perusii" (Ib. p. 155, citing Potthast, Reg. Pont.
711).

Vol. II., p. 347.—"Franci fugati vel capti sunt et incarcerati a comite sæpedicto."

This account of the triumph of the Count of Toulouse over the French King needs to be supplemented by the statement that it was only temporary. "In the following year a peace was con-" cluded with Louis, by which, between the Pope and the King " the count lost nearly all his territories." (Coxe, IV., 170.)

" Archiepiscopus apud Slindonam . . . . . . * octavo idus Julii diem clausit extremum * * * * * et Cantuariæ sepultus est pridie nonas ejusdem."

One of these dates, as Dr. Giles points out (II., 508), must be erroneous.

Vol. II., p. 351.—" Soldanus vero Babyloniæ."
" Malek-el-Kamel." (Luard, III., 160.)

Vol. II., p. 356.—" Haldas."

The chronicler, Ric. de Sancto Germano, who inserts a copy of this letter, gives this name as " Baldach." (Coxe, IV. 180).

Vol. II., p. 365.—" Sanctitati vestræ."

Mr. Coxe (IV., 190) notes that the reviser of D. has " marked this word for correction." In the codices of Paris (Luard, III., 173), " sinceritati " has been substituted. If, as seems probable, the letter received by Henry was an adaptation of a common form addressed to many potentates both spiritual and temporal, the word " sanctitati," which would be appropriate to the former class, may have been here inadvertently applied to a member of the latter. Possibly, however, " Serenitati " may be the word intended.

Vol. II., p. 366.—" Alius Soldanus qui Raphat dicitur " (or Xaphat), i.e., Malek-el-Aschraf."
" Soldanus Damasci."
"Malek-el-Naser Salaheddin Daoud." (Luard, III., 174.)

Vol. II., p. 377.—" In pignus sub fænore posuerunt."

The tax demanded was so onerous that the Legate, antici- pating the difficulty which the clergy and the monastic bodies would have in meeting it, brought with him certain usurers who lent the money required at an exorbitant rate of interest. They are referred to by Paris as Caursini, and appear to have been the prototypes of the Italian merchants who subsequently became the chief capitalists and money-lenders of Europe (Coxe, IV.,

203, who refers to an article upon the subject by Mr. Bond, Archæologia, XXVIII., p. 207).

Vol. II., p. 378.—" Sine pallio ita quod *non* licuit ei vel ordines " celebrare vel ecclesias ordinare."

By Mr. Coxe's oversight of the word " non" in the text of D. and the failure of Dr. Giles, whose transla- tion is based upon his edition, to detect the omission, the obvious sense of this passage has been reversed. The subsequent receipt of the pall by the Archbishop from the Pope is recorded in the following section (p. 380). The ceremonies attending the manufacture of the pall and the indispensable virtue residing in its possession to validate the performance of Archiepiscopal functions are described in Sleidan's Commentaries " De Statu Religionis, &c.," B. XIII., p. 210. *See also* Ducange's Glossary v. Pallium.

Vol. II., p. 379.—" Comes Britanniæ Henricus." Wendover repeatedly thus misnames the reigning Count, who " was Peter, surnamed Mauclerc, son of Robert II., Comte de Dreux." (Coxe, IV., 205, and Luard, III., 191.)

Vol. II., p. 384.—" In Britannia applicuit." The statement of the French chronicler William de Nangis (Rec. des Hist., XX., p. 316), that on the outbreak of the Count of Britanny's rebellion against the French King in 1228, Henry crossed the sea to assist him, but effected a rapid retreat upon finding the enemy too strong, appears to rest upon no historical foundation. (Coxe, IV., 210.) "Municipium Hodum appellatum." The Castle of Oudon. According to the chronicler Nangis, it was taken in the preceding year. (Coxe, IV., 211.)

Vol. II., p. 384–5.—" Dux Saxoniæ." Albert I. (Ib.)

Vol. III., p. 3.—" Dux Burgundiæ." "Hugh IV." " Comes Bononiæ." " Philip Hurepel." "Comes de Drius " " Robert III., Count of Dreux." " Comes de Mascu." " Alix, Count of Macon." (Luard, III., 195, n. 1–4.)

Vol. III., p. 3.—" Comite Britanniæ Henrico."
"An error for Petro." (Ib.)

Vol. III., p. 6.—" Sanctum Johannem de Beverona."
Erroneously " for Jacobum." (Luard, III., 198, n. 3.)
" Comes Britanniæ Henricus."
" An error for Petrus." (Ib., n. 5.)

Vol. III., p. 8.—" Castellum novum super Sartam."
" Chateau neuf on the Sarthe." (Ib., p. 200, n. 5.)

Vol. III., p. 9.—" Castellum de Tunebregge cum villa et pertinentiis et alias quasdam terras Gileberti Comitis de Clare nuper
defuncti quæ ad jus suum et ecclesiæ Cantuariensis spectabant."
For further particulars respecting the inheritance of the Earls
of Clare in the Castle and Manor of Tunbridge, and their feudal
tenure of the See of Canterbury, see Carte, II., 40, and Hasted's
Kent, II., 311; IV., 768, note; cited by Coxe, IV., 219.

Vol. III., p. 11.—" Cumira."
The Abbey of Cumhyr, Radnorshire.

Vol. III., p. 14.—" Quod habuit uxorem cujus consanguineam
prius habuerat sibi matrimonio copulatam."
The alleged consanguinity was between the third wife of the
Justiciary, Margaret, daughter of the King of Scotland, and his
second wife, Isabel, Countess of Gloucester. (Coxe, IV., 226.)

Vol. III., p. 15.—" Apud Sanctam Gemmam."
St. Gemini in Umbria. (Coxe, IV., 227, and Luard, III., 206.)
" Sororem regis Scotorum."
Isabella, the Princess in question, " was already the wife of
Roger Bigod, Earl of Norfolk, married, as appears from a writ
printed in Rymer, in 1225, I., p. 178." (Ib.)

Vol. III., p. 16.—
A papal Bull, proposing to redress the wrong of which the
patrons of advowsons complained, by allowing them to present
after the decease of the existing Italian incumbents, is printed
in Wilkin's Concil., I., 629. (Ib. 228.)

Vol. III., p. 19.—" Divortium inter comitissam Essexiæ et
virum suum," viz., Maud, daughter of Geoffrey FitzPiers, Earl
of Essex, and Roger de Dantsey. (Luard, III., 210, n. 1, 2.)

Vol. III., p. 20.—" Literas regis patentes."
These letters patent are termed by Paris " adulterinas et
sophisticas." The Chronicler of Dunstable describes them as
" literas patentes ipsius Justiciarii." (Ed. Luard, Ann. Monast.,
III., 129.) Rymer prints a Bull dated 7th June 1232, in which
the Pope accuses the Bishops of countenancing the outrages

committed upon the Italian priests, and urges the King to com-
pensate them for their losses and punish the wrong doers.
(I., 203, cited by Coxe, IV., 232.)

Vol. III., p. 27.—" Willelmum quendam cognomento Wither."
See p. 29 *post* where Sir Robert de Thweng is identified under
this pseudonym. He was probably subjected to a fine for his
temerity, as may be inferred from a writ on the Fine Roll of
29th Henry III. directing the Sheriff of Yorkshire to certify the
value of the lands, &c. of Robert de Twenge in his bailiwick.
(Coxe, IV., 241.)

Vol. III., p. 29.—" Ab unica quam habuit ecclesia spoliare."

Dr. Luard (Paris, III., 610) with some hesitation, but
no doubt rightly, identifies this Church, which Paris
names "Luhunum" or Lythum, with Kirkleatham in
Yorkshire It was a demesne possession of the family
of Thweng. In a settlement of the manor made by
Robert de Twenge upon the marriage of his son Marma-
duke the advowson of the Church is excepted. (Coram
Rege Roll, 27-8 Henry III., m. 7)

Vol. III., p. 32.—"Ducem Austriæ filiam ejus petens in
uxorem," *i.e.*, Margaret, daughter of Leopold VI., Duke of
Austria. (Luard, III., 221, n. 7.)

Vol. III., p. 36.—" In quadam capella."
The Church of Boisars, according to the Dunstable Chronicler.
(Ed. Luard, Ann. Mon., III., 120). Coxe, IV., 251.

Vol. III., p. 40.—" Successit ei in comitatum Cestrensem
" Johannes nepos ejus ex sorore sua quem genuit comes David
" frater Willelmi Regis Scotorum."

John surnamed "le Scot" from his father's nationality; his
mother being Maud, the last Earl's sister and heir. (Nicolas,
Synopsis of the Peerage, cited by Coxe, IV., 256.)

Vol. III., p. 40.—" Alius autem nepos ejus ex sorore secunda
Lincolniæ obtinuit comitatum."
John de Lacy, who married Margaret de Quinci, daughter of
Robert de Quinci, Earl of Winchester and Hawise, Countess of
Lincoln." (Luard, III., 230.)

Vol. III., p. 41.—" Comes quoque Arundel alius nepos ejus."
" Hugh de Albini; his mother was Mabel." (Ib.)

Vol. III., p. 50.—"Eadmundum Ecclesiæ Sarisbiriensem Canonicum."

Edmund Rich, afterwards canonized, author of the *Speculum Ecclesiæ*. (Coxe, IV., 267.)

Vol. III., p. 51.—"Frater quidam de Ordine Prædicatorum."

Paris gives his name in one place as Robert and in another as Roger Bacon. (Luard, III., 244.)

Vol. III., p. 53.—"Sorore sua, uxore scilicet Richardi fratris Regis Anglorum."

Isabella, the first wife of Richard Earl of Cornwall, daughter of Anselm Marshal, Earl of Pembroke, and widow of Gilbert de Clare, Earl of Gloucester.

Vol. III., p. 59.—"In Walliam adductus est."

He was safely conducted to the Castle of Strigoyl (Chepstow), according to Wikes. (Ed. Luard, Ann. Monast., IV., 76. Coxe, IV., 277.)

Vol. III., p. 64.—"Frater quidam de Ordine Minorum Agnellus nomine."

"Agnellus of Pisa, first minister of the Franciscans in England." (*See* authority cited in Luard, III., 257, note 2.)

Vol. III., p. 77.—"Puellam Britanniæ et sororem suam."

"Alienor, daughter of Geoffrey," and "Alienor, widow of William Marshall," Earl of Pembroke. (Luard, III., 271, n. 7 and 8.)

Vol. III., p. 87.—"Suaneburne."

Swanburne, Co. Bucks. (Ib., p. 189.)

Vol. III., p. 88.—"Ivingeho."

Ivinghoe, Co. Bucks." (Ib.)

Ib.—"Cum Loelino de quadam pacis forma."

See the terms of the treaty, which was to last for two years, in Rymer I., 213. (Coxe, IV., 309.)

Vol. III., p. 98.—"Alboldeslea."

"Abbotsley, near St. Neots." (Luard, III., 302, n. 1.)

Vol. III., p. 101. — "De Judæis qui puerum Christianum circumciderunt."

A similar incident to that here narrated is stated by Holinshed to have occurred at Norwich in 1145. Paris records the execution of four Jews there for the same offence in 1240. Lincoln was the scene of another such tragedy in 1253. (Tyrrell, II., 272, cited by Coxe, IV., 324.)

Vol. III., p. 112.—"Desponsavit ergo puellam . . imperator."

The offspring of this union was Henry who became titular King of Jerusalem. The Empress died in 1241. (Coxe, IV., 338.)

Vol. III., p. 113.—"Altera Penbroc Comitissa."
Alienora, wife of William Marshall (Earl of Pembroke). (Luard, III., 326.)

"Quorum primam duxit rex Hispaniæ Aldefonsus."
"Alienora, second daughter of Henry II. wife of Alfonzo III. of Castile." (Ib.)
"Alteram duxit rex Siciliæ Rogerus."
"Joanna, third daughter of Henry II. wife of William II., King of Sicily." (Ib.)
"Tertiam Dux Saxoniæ Henricus."
"Matilda, wife of Henry the Lion Duke of Saxony. She was the eldest of Henry II.'s daughters." (Ib.)
"Quartam duxit Comes Tholosanus Reimundus."
This is an error which Paris has corrected (Ib). Raymond Count of Thoulouse married the above named Joan widow of the King of Sicily.
"Quintam Comes Rotrodus Perticensis."
This also is an error. The wife of Rotrou III. Count of Perche was the daughter of Theobald II., Count of Champagne. (Ib.)

In preparing the Index to these volumes I have enjoyed an advantage, denied to Mr. Coxe, of following in the wake of the learned editor of Matthew Paris, whose research has solved the principal difficulties of identification occasioned by Wendover's frequently loose and uncertain nomenclature. Upon all doubtful questions, more particularly respecting foreign names, both of persons and places, I have not hesitated to defer to Dr. Luard's authority.

I have subjoined in an Appendix the principal passages respectively referred to at pp. xix–xxi and xxxvii–xxxviii *ante*, in which Paris has either complemented the deficiencies of Wendover's narrative by substantial additions, or has given a version of facts materially differing from that contained in the text.

I cannot conclude an editorial task which has of necessity been performed discontinuously in intervals of official vacation during the past four years, without gratefully acknowledging the valuable aids that have facilitated its completion. My thanks are especially due to Mr. E. B. Nicholson, Chief Librarian of the Bodleian Library; to Mr. E. Maunde Thompson, Chief Librarian of the British Museum; to the late Sir William Hardy, Deputy Keeper of the Public Records; and to Mr. H. C. Maxwell Lyte, C.B., his successor in the same post, for their friendly offices and unfailing courtesy. I am not less indebted to my sons Maurice and Edward Hewlett for the assistance they have rendered me in the labour of collation.

The care taken to avoid errors in this edition has not sufficed to prevent the occurrence of a certain number. Such as I have discovered in making a final revision of the sheets have been rectified in the lists of *errata*, and I can only express my regret should any have escaped detection.

March, 1889. H. G. H.

APPENDIX A.

(INTRODUCTION, p. xx.)

Qualiter rex desperans miserit nuntios ad admiralium Murmelim.

Misit igitur nuntios secretissimos cum festinatione summa, videlicet Thomam de Herdintona et Radulphum filium Nicolai milites, et Robertum de Londiniis clericum, ad admiralium Murmelim, regem magnum Affricæ, Marrochiæ et Hispaniæ, quem vulgus Miramumelinum vocat, significans eidem, quod se et regnum suum libenter redderet eidem et dederet et deditum teneret ab ipso, si placeret ei, sub tributo; necnon et legem Christianam, quam vanam censuit, relinquens, legi Mahometi fideliter adhæreret. Quod cum dicti nuntii, secretius relaturi ad curiam dicti principis pervenissent, invenerunt ad primam portam aliquot milites armatos introitum arctius custodientes gladiis evaginatis. Ad secundum vero ostium, scilicet palatii, plures invenerunt milites ad unguem armatos, et prioribus elegantius, ensibus strictis ingressum diligenter custodientes, et, ut censeri potuit, aliis fortiores ac nobiliores. In ostio vero thalami inferioris, multo secundum apparentiam robustiores et ferociores, et plures prioribus. Cum autem pacifice introducti, ex licentia ipsius admiralii, quem regem magnum vocant, ipsi nuntii et vice domini sui, regis scilicet Angliæ, reverenter salutassent, exposuerunt causam adventus sui plenius, cartam regiam ei porrigentes; quam quidem interpres, qui præsens vocatus aderat, evidenter patefecit. Quo intellecto, rex librum quem inspexerat clausit, sedit enim ad pulpitum suum studens, vir ætate et statura mediocris, et gestu maturus et verbis facundus, et circumspectus. Et cum paulisper quasi secum deliberans respondisset, modeste dixit, " Modo inspexi librum in Græco scriptum cujusdam Græci sapientis et Christiani nomine Pauli, cujus actus et verba mihi optime complacent, et accepto; unum tamen de ipso mihi displicet, quod in lege sub qua natus erat non stetit, sed ad aliam tanquam transfuga et inconstans avolavit. Et id dico de domino vestro Anglorum rege, qui relicta piissima et mundissima lege Christianorum, sub qua nascebatur, cereus et instabilis gliscit transmeare." Et addidit, " Novit qui nihil ignorat Deus omnipotens omnium Creator, si exlex essem, illam præ omnibus eligerem et acceptans amplexarer." Postea vero sciscitabatur, cujus conditionis esset

rex Angliæ et regnum ejus ; respondit Thomas, utpote nuntiorum facundissimus, " Egregie et ingenue atavis regibus
magnis procreatus, terra ejus opulenta et suis contenta bonis,
culturis, pascuis, pratis et silvis abundat. Ex ea etiam omne
genus metallorum studio conflatili eliquatur. Gens nostra
speciosa et ingeniosa tribus pollet idiomatibus erudita, scilicet
Latino, Gallico, et Anglico, et omni arte liberali et mechanica
plenius erudita. Veruntamen vinearum aut olivarum copiam
ex se terra nostra non producit, vel abietum, sed ea ex vicinis
regionibus commercio sibi adquirit abundanter. Aer salubris
et temperatus ; inter occidentem sita et septentrionem, ab occi-
dente calorem, a septentrione sumens frigiditatem, temperiem
sortitur gratissimam. Undique mari vallatur, unde insularum
regina meruit appellari. Regnum etiam ab inuncto et coronato
gubernatum ab antiquo liberum esse dignoscitur et ingenuum,
ad nullius præterquam Dei spectans dominationem. Ecclesia
etiam et nostræ cultus religionis plusquam in aliqua mundi
parte ibidem prosperatur, et Papalibus ac regiis legibus pacifice
gubernatur." Tracto igitur ab alto præcordiali suspirio, respondit rex, " Nunquam legi vel audivi, quod aliquis rex tam
prosperum regnum possidens subjectum et obediens, suum sic
vellet sponte pessundare principatum, ut de libero faceret tributarium, de suo alienum, de felici miserum, et se alterius,
tanquam sine vulnere victum, dedere voluntati. Quinimmo de
multis legi et audivi, quod multi sanguinis effusione et profluvio
sibi libertatem, quod laudabile fuit, comparent ; modo autem
audio, quod dominus vester miser, deses et imbellis, qui nullo
nullior est, de libero servus fieri desiderat, qui vere miser est,
immo miserrimus nullique miserabilis." Postea.vero, sed cum
contemptu, inquisivit cujus ætatis esset, staturæ, ac strenuitatis.
Cui responsum est, " Quod ætate fuit quinquagenarius et omnino
canus, corpore fortis, nec procerus, sed potius compactus, et
formæ ad robora convenientis." Quod cum audisset rex, respondit, " Virtus ejus juvenilis ac virilis tepuit jam et refri-
gescit. Infra decennium, dato quod tam [diu] victurus sit,
virtus ejus deficiet, antequam arduum quid consummaverit ;
si nunc inciperet in defectum declinare, nec aliquid valeret.
Quinquagenarius enim decidit occulte, sexagenarius manifeste.
Pacem de cætero sibi adquirat et quiescat." Colligens ergo
omnia inquisita et responsa nuntiorum, post parvum silentium,
facta subsannatione in signum magnæ indignationis, sprevit ille
admiralius regem Johannem dicens, " Nullius est rex ille, sed
regulus jamjam desipiens et senescens, nec curo de eo ; in-
dignus est mihi confœderari." Et conspiciens Thomam et Radulphum torvo vultu ait, "Non redeatis iterum ad meam

præsentiam, nec videant oculi vestri amplius faciem meam.
Fama, sed potius infamia, domini vestri jam apostatæ desipientis
fœtorem exhalat in conspectu meo teterrimum." Recedentibus
igitur cum rubore nuntiis, intuebatur rex ille admiralius
Robertum clericum, qui tertius erat nuntiorum, qui parvus erat
et niger, unum brachium longius habens reliquo et digitos
inordinatos, scilicet duos sibi cohærentes, et faciem Judaicam.
Perpendens igitur rex, quod tam despicabilis persona ad tam
arduum negotium declarandum non destinaretur nisi saperet ut
callidus et intelligeret, videns ejus coronam et tonsuram et inde
discernens quod esset clericus, jussit eum ad se evocari, quia
aliis loquentibus adhuc tacuerat stans remotus. Ipso igitur
retento et spretis aliis, rex cum eo multa loquebatur secretius,
quæ postea ipse Robertus amicis suis patefecit. Inquisivit
autem dictus rex ab eodem, si rex Angliæ Johannes aliquibus
polleret moribus, et si liberos strenuos procreasset, et si potens
esset in vi generativa; addiditque, quod si Robertus super his
interrogatis mentiretur, nunquam, præcipue clerico, alicui crederet Christiano. Tunc Robertus sub attestatione legis Christianæ se promisit ad omnia interrogata veraciter responsurum.
Dixit igitur assertive, quod " Potius tyrannus fuit quam rex,
potius subversor quam gubernator, oppressor suorum et fautor
alienorum ; leo suis subjectis, agnus alienigenis et rebellibus,
qui per desidiam suam Normanniæ ducatum et alias multas
terras amiserat, et insuper Angliæ regnum amittere vel destruere sitiebat; pecuniæ extortor insatiabilis, possessionum
suorum naturalium invasor et destructor ; paucos vel potius
nullos strenuos generavit, sed patrissantes. Sponsam habet sibi
exosam et ipsum odientem, incestam, maleficam et adulteram,
et super hæc sæpius convictam, unde rex sponsus ejus compre-
hensos laqueo jussit super stratum ejus suffocari. Ipse rex
nihilominus multos procerum suorum et etiam consanguineos
zelotipavit violenter, et filias corrupit nubiles ac sorores. In
cultu autem Christiano, prout audistis, fluctuans et diffisus."
Hæc cum audisset rex admiralius, non tamen sicut prius ipsum
sprevit, sed detestabatur et in sua lege maledixit, et ait, " Quare
permittunt miseri Anglici talem super se regnare et domi-
nari? vere effœminati sunt et serviles." Respondit Robertus,
" Patientissimi hominum sunt Anglici, donec supra modum
offendantur et damnificentur. Nunc autem sicut leo vel elephas,
cum læsum se senserit vel cruentum, irascuntur, et excutere
colla de sub jugo opprimentis, etsi sero, proponunt et conantur."
Et cum hæc omnia ipse rex admiralius audierat, Anglorum
nimiam redarguit patientiam, quam formidolositatem recta
interpretatione fuisse interpres asseruit, qui ad omnia præsens

exstiterat. Multos autem praeter hos tractatus et confabulationes habuit idem rex cum eodem Roberto, quae postea amicis plenius in Anglia declaravit. Collatis igitur ipsi Roberto muneribus pretiosis, in auro et argento, gemmis variis et olosericis, ipsum in pace dimisit. Recedentes autem nuntios alios nec salutavit, nec aliquibus respexit donativis nec ipsum regem Angliae Johannem salutavit nec muneribus honoravit. Cum autem ad propria remeassent nuntii, et quae viderant et audierant domino suo renuntiassent, doluit dominus eorum rex Johannes vehementer usque ad spiritus amaritudinem, quod sic ab ipso rege admiralio contemnebatur et quod in proposito suo impediebatur. Robertus autem de extraneis donis sibi collatis regem liberaliter respexit, ut saltem sic perciperet quod favorabilius aliis audiretur, licet primo repulsus tacuisset. Unde ipse rex ipsum plus aliis honoravit, et quasi pro praemio custodiam abbatiae sancti Albani, quamvis non vacaret, improbus exactor concessit, ut sic de alieno clericum suum fidei transgressor remuneraret. Ipse igitur Robertus, inconsulto, immo potius invito abbate, qui pro tempore fuit, videlicet Johanne de Cella, viro religiosissimo et literatissimo, omnia quae in ecclesia et curia fuerunt pro libitu diripit et sibi appropriavit. Et in qualibet balliva, quas obedientias appellamus, constituit, maxime in janua, janitorem omnium diligentem exploratorem et protervum, unde plusquam mille marcas ab eadem domo astute nimis emunxit Robertus clericus memoratus. Hic tamen quosdam abbatis ministros praecipuos, cum quodam sancti Albani monacho, videlicet dominum Laurentium Seneschallum militem, et Laurentium clericum, et magistrum Walterum monachum pictorem, dilexit et habuit familiares, quibus gemmas suas et alia secreta revelavit sibi a dicto admiralio collata et dicta audiente Matthaeo, qui et haec scripsit enarravit.

M. Paris, Ed. Luard, ii. 559–564.

APPENDIX B.

(INTRODUCTION, p. xxi.)

Et tunc cogitavit rex Johannes Angliam Papœ subjicere.

Extunc igitur rex Johannes præconceptum propositum suum, a quo credidit resiluisse, et suam cœpit conditionem deteriorare, et deterioratam in perniciem regni solidare; oderat quippe quasi virus vipereum omnes regni generosos, præcipue tamen Saerum de Quency, Robertum filium Walteri, et Cantuariensem archiepiscopum Stephanum. Noverat autem, et multiplici didicerat experientia, quod Papa super omnes mortales ambitiosus erat et superbus, pecuniæque sititor insatiabilis et ad omnia scelera pro præmiis datis vel promissis cereus et proclivus. Missis igitur sub omni festinatione nuntiis, magnam thesauri ipsi summam transmisit et promisit ampliorem, spoponditque suum se esse et semper fore subjectum tributarium et vassallum voluntarium ea conditione, ut nacta subtiliter occasione Cantuariensem archiepiscopum confundere niteretur, et barones Angliæ, quos prius foverat, excommunicaret; et hoc sitienter desiderabat, ut in excommunicatos exhæredando et incarcerando, et necando posset malignari. Quæ igitur nequiter subaraverat, nequius, ut in sequentibus dicetur, solidavit.

*　　*　　*　　*　　*　　*　　*

Concessit insuper eodem anno rex Johannes, ut pronius corda prælatorum et magnatum sibi conciliaret, liberas in omnibus ecclesiæ Angliæ electiones; et procuraverunt tam ipse rex, quam magnates et prælati, ut illa sua similiter hæc charta et concessio a Papa confirmaretur, unde ad majorem securitatem regalis charta in papali confirmatione inseritur bullata.

*　　*　　*　　*　　*　　*　　*

Volens autem rex Johannes ad majorem securitatem et robur diuturnitatis hæc inviolabiliter observari, misit ad dominum Papam Innocentium, rogans constanter ut huic piæ concessioni et confirmationi suæ favorem dignaretur exhibere et eandem bullæ munimine confirmare; qui quia jam factus fuit obsequens Papæ vasallus et rex apostolicus, meruit quæ petiit citius impetrare sub hac forma; "Innocentius episcopus, et cætera, venerabilibus fratribus et dilectis filiis universis ecclesiarum prælatis per

Angliam constitutis, salutem et apostolicam benedictionem. Dignis laudibus attollimus magnificentiam Creatoris, postquam idem, qui est mirabilis et terribilis in consiliis super filios hominum, aliquandiu toleravit ut perflando discurreret per areolam horti sui spiritus tempestatis quasi ludens, taliter in orbe terrarum, ut sic ostenderet infirmitatem et insufficientiam [nostram] nobis; statim, cum voluit, dixit et aquiloni, 'Da,' et austro, 'Noli prohibere,' imperansque ventis et mari statuit procellam in aura, ut nautæ portum inveniant peroptatum. Cum enim inter regnum et sacerdotium Anglicanum, non sine magno periculo atque damno, super electionibus prælatorum gravis fuerit controversia diutius agitata, Illo tandem, cui nihil impossibile est, quique ubi vult spirat, mirabiliter operante, carissimus Johannes, rex Anglorum illustris, liberaliter ex mera et spontanea voluntate, de consensu communi baronum suorum, pro salute animæ suæ ac prædecessorum suorum et successorum, nobis concessit et suis literis confirmavit, ut de cætero in universis et singulis ecclesiis ac monasteriis cathedralibus et conventualibus totius regni Angliæ in perpetuum liberæ fiant electiones quorumcumque prælatorum, majorum et etiam minorum. Nos igitur hoc gratum et ratum habentes concessionem hujusmodi vobis, et per vos ecclesiis et successoribus vestris, prout in eisdem literis regis perspeximus contineri, auctoritate apostolica confirmamus et præsentis scripti patrocinio communimus. Ad majorem autem firmitatem et perpetuam memoriam hujus rei præfatas regis literas super hoc confectas præsentibus misceri fecimus, quarum tenor talis est:

"'Johannes Dei gratia rex Angliæ, dominus Hyberniæ, dux Normanniæ et Aquitaniæ, comes Andegaviæ, archiepiscopis, episcopis, comitibus, baronibus, militibus, ballivis, et omnibus has literas visuris, salutem. Quoniam inter nos et venerabiles patres nostros Stephanum Cantuariensem, totius Angliæ primatem et sanctæ ecclesiæ Romanæ cardinalem, Willelmum Londoniensem, Eustachium Elyensem, Ægidium Herefordensem, Johannem Bathoniensem et Glastoniensem, et Hubertum Lincolniensem, episcopos, super damnis et ablatis eorum tempore interdicti, per Dei gratiam de mera et libera voluntate utriusque partis plene convenit, volumus non solum eis quantum secundum Deum possumus satisfacere, verum etiam toti ecclesiæ Anglicanæ salubriter et utiliter in perpetuum providere. Inde est quod qualiscumque consuetudo temporibus nostris et prædecessorum nostrorum hactenus in ecclesia Anglicana fuerit observata, et quidquid juris nobis hactenus vendicaverimus [in electionibus quorumcumque prælatorum, nos ab ipsorum petitione pro salute animæ nostræ et prædecessorum et successorum nostrorum regni

Angliæ liberaliter mera et spontanea voluntate de communi
assensu baronum nostrorum concessimus et constituimus et hac
præsenti carta nostra confirmavimus], de cætero in universis et
singulis ecclesiis et monasteriis cathedralibus et conventualibus
totius regni Angliæ liberæ sint in perpetuum electiones quorumcumque prælatorum, majorum et minorum; salva nobis et
hæredibus nostris custodia ecclesiarum et monasteriorum vacan-
tium, quæ ad nos pertinent. Promittimus etiam, quod nec
impediemus nec impedire permittemus per nostros, nec procura-
bimus, quin in universis et singulis ecclesiis [et] monasteriis,
postquam vacaverint prælaturæ, quemcumque voluerint libere
sibi præficient electores pastorem; petita tamen a nobis prius et
hæredibus nostris licentia eligendi, quam non denegabimus nec
differemus. Et si forte assit quod denegaremus vel differremus,
nihilominus procedant electores ad electionem canonicam faci-
endam. Et similiter post celebratam electionem noster requi-
ratur assensus, quem non denegabimus, nisi aliquid rationale
proposuerimus et legitime probaverimus, propter quod non debemus consentire. Quare volumus et firmiter jubemus, ne quis,
vacantibus ecclesiis vel monasteriis, contra hanc nostram concessionem et constitutionem in aliquo veniat vel venire præsumat.
Si quis vero contra hoc aliquo unquam tempore venerit, maledictionem Dei omnipotentis et nostram incurrat. His testibus,
Petro, Wintoniensi episcopo, W. Mareschallo comite Penbroc,
Willelmo comite Warrenniæ, Ranulpho comite Cestriæ, Sahero
comite Wintoniensi, Galfrido de Mandevilla comite Gloverniæ
et Essexiæ, Willelmo comite de Ferrariis, Willelmo Briewere,
Warino filio Geraldi, Willelmo de Cantelupo, Hugoni de Novilla,
Roberto de Wer, Willelmo de Huntingefeld. Datum per
manum magistri Roberti de Marisco cancellarii nostri, decimo
quinto die Januarii, apud Novum Templum Londiniis, anno
regni nostri decimo sexto.' Nulli ergo omnino homini liceat
hanc paginam nostræ confirmationis infringere, vel ei ausu
temerario contraire. Si quis autem hoc attentare præsumpserit,
indignationem omnipotentis Dei, et beatorum Petri et Pauli
apostolorum ejus, se noverit incursurum. Datum Laterani,
tertio kalendas Aprilis, pontificatus nostri anno decimo octavo."

M. Paris, Ed. Luard, ii. 564, 606–610.

APPENDIX C.

(INTRODUCTION, p. xxxvii.)

Circa dies istos surrexit contradictio et rixa in civitate Londoniarum inter pauperes et divites ob conturbationem tallagii, quod a regiis ministris exigebatur ad fisci commodum; voluerunt enim excellentiores civium, quos Majorem et Aldermannos dicimus, facta concinnatione in suo hustingo, seipsos servare indemnes aut saltem sine gravamine, et pauperiores intolerabiliter apporriare; cumque Willelmo filio Osberti, cognomento "cum Barba," cujus genus avitum ob indignationem Normannorum radere barbam contempsit, recalcitrante, et majores civitatis pro jam dicta causa proditores domini regis vocante, orta est seditio gravis in civitate usque ad arma capessenda. Unde Willelmus contra communam Londoniensem infinitos de pauperioribus et mediocribus contra majorem et aldermannos exacuit et excitavit; sed per pusillanimes et degeneres dissipatum est consilium civium quos Willelmus confoederaverat ad resistendum ipsorum injuriae. Enervatis igitur civibus mediocribus et pauperioribus, totum refuderunt rex et regis ministeriales et excellentiores civitatis crimen in Willelmum. Cumque circumdarent eum regales, ut ipsum caperent armati, erat enim Willelmus generosus et clarissimus in civitate, et corpore magnus et viribus integer et strenuus, elapsus est invitis omnibus, sola sicha se defendens; et fugiens in ecclesiam sanctae Mariae de Arcubus sese, ut ibidem ab imminente morte et captione liberaretur, recepit, postulans pacem et protectionem Dei et beatae Mariae et sanctae ecclesiae, et asserens se non propter aliud iniquo judicio potentum restitisse, nisi ut omnes pari pondere premerentur, et singuli juxta suas facultates contribuerent. Sed cum non exaudiretur, et praevaleret pars majorum, praecepit archiepiscopus, non sine multorum admiratione, ut ab ecclesia violenter extraheretur judicium subiturus, qui seditionem movit in civitate et tantum populum perturbaverat. Quod cum Willelmo nuntiaretur, se festinu in turrim ecclesiae recepit; novit enim jam quod majores, quibus contradixerat, animam ejus quaerebant. Protervi autem instantes, supposito igne, magnam partem ecclesiae combusserunt, sacrilegium tantum non abhorrentes. Coactus est igitur Willelmus a turri descendere, calore et fumo paene suffocatus.

Captus est igitur et ab ecclesia violenter extractus, expoliatus, et, vinctis manibus post tergum et pedibus, ad caudam equi trahitur ad turrim Londoniensem incarcerandus. Et cito post, sic volente archiepiscopo et ad hoc eum stimulantibus eminentioribus civibus et ministris regiis, iterum rapitur a turri, et ligatus ad caudam equinam ad Ulmetum per medium Londiniæ trahitur, miserum concivibus suis præbens spectaculum, et generi suo, quod præclarum habuit in civitate; et suspensus est per catenam in patibulo. Et sic Willelmus dictus Barbatus vel Barba, pro assertione veritatis et pro causa pauperum tuenda, morti traditur a concivibus suis ignominiose; unde cum constet causam martyrem facere, inter martyres videtur merito computandus. Suspensi autem sunt cum eo novem ejus vicini vel de ejus familia, causam ejusdem Willelmi confoventes.

M. Paris, Ed. Luard, ii. 418, 419.

APPENDIX D.

(INTRODUCTION, p. xxxviii.)

Quasi pro edicto frequenter proclamante alta et reboante voce eodem Constantino, "Montis gaudium, Montis gaudium, adjuvet Deus, et dominus noster Ludovicus!" Et hic clamor maxime amicos regis exasperavit, et ad vindictam, ut inferius dicetur, provocavit.

* * * * * * *

Confidebat enim in sacramento tam regis, quam Lodovici; scilicet quod utriusque imprisii et amici pacem haberent. Unde sacramenti transgressio postea objecta fuit regi primo facta ab eo, unde jure negavit restituere Ludovicus jura postulata regi Anglorum.

M. Paris, Ed. Luard, iii. 72, 73.

APPENDIX E.

(INTRODUCTION, p. xxxviii.)

De morte Galfridi filii Petri justiciarii.

Anno vero sub eodem Galfridus filius Petri, totius Angliæ justiciarius, vir magnæ potestatis et auctoritatis, in maximum regni detrimentum diem clausit extremum secundo idus Octobris. Erat autem firmissima regni columna, utpote vir generosus, legum peritus, thesauris, redditibus, et omnibus bonis instauratus, omnibus Angliæ magnatibus sanguine vel amicitia confœderatus; unde rex ipsum præ omnibus mortalibus sine dilectione formidabat, ipse enim lora regni gubernabat. Unde post ejus obitum facta est Anglia quasi in tempestate navis sine gubernaculo. Cujus tempestatis initium fuit mors Huberti, Cantuariensis archiepiscopi, viri magnifici et fidelis; nec post mortem istorum duorum potuit Anglia respirare. Cum autem dicti [Galfridi filii] Petri mors regi Johanni nuntiaretur, cachinnando dixit, "Cum venerit in infernum, salutet Hubertum, Cantuariensem archiepiscopum, quem procul dubio ibi inveniet." Et conversus ad circumsedentes subintulit dicens, "Per pedes Dei, nunc primo sum rex et dominus Angliæ!" Habuit igitur extunc potestatem liberiorem juramentis suis et pactis, quæ tamen ipso Galfrido dolente fecerat, contraire, et initæ pacis vincula quibus se involverat, denodare, etc.

M. Paris, Ed. Luard, ii. 558, 559.

ROGERI DE WENDOVER LIBER QUI DICITUR FLORES HISTORIARUM:

AB ANNO DOMINI MCCXXX. ANNOQUE

HENRICI ANGLORUM
REGIS SECUNDI PRIMO.

Volume III.

ROGERI DE WENDOVER LIBER QUI DICITUR FLORES HISTORIARUM.

De discordia inter barones Galliæ orta.

Habebant quoque hoc tempore guerram ad invicem omnes fere magnates Galliæ, sicut dux Burgundiæ, comes Bononiæ, comes de Drius, comes de Mascu, comes sancti Pauli, comes de Bar, Engeramus de Curci, Robertus de Curtenai, et multi alii, qui jurati et confœderati erant, ut dicebatur, regi Angliæ et comiti Britanniæ Henrico; bellum indixerant comitibus Campaniensi et Flandrensi ; qui omnes, impetrata licentia a rege Francorum, completis in Andegavia quadraginta dierum excubiis, reversi sunt in patriam suam. Quos rex, cum illos retinere non potuit, secutus est, ut, si possibile esset, eos discordes ad concordiam reformaret ; sed, cum idem rex nobiles memoratos ad pacem reducere nullatenus potuisset, ingressi sunt cum equis et armis hostiliter comites terram comitis Campaniæ atque illam igne et ferro depopulari cœperunt. Comes vero[1] Campaniæ cum ingenti armatorum copia hostibus occurrens prælium campestre commisit; at comites, tam sibi quam suis agminibus viriliter resistentes, ex militibus illius ducentos sub captione concluserunt et tresdecim peremerunt. Quod cum comes Campaniensis cognovisset, campum per fugam deseruit, omni commilitonum suffragio destitutus, quem fugientem hostes acriter insequentes, et quoscumque

---

[1] Atque . . . . vero wanting in C.

A.D. 1230. attingebant in ore gladii prosternentes, non cessabant donec ipsum comitem infra portas Parisiacæ civitatis cursu rapido intruserunt. Tunc, nolentes ulterius insequi illum, reversi in Campaniam spoliaverunt eam totam, castra et municipia complanantes, villas et urbes igne conflagrantes, vites et pomeria succidentes, extra ecclesias nihil intactum reliquerunt. Agebant autem contra comitem magnates quasi de crimine proditionis et reum læsæ majestatis, ut qui dominum suum regem Lodowicum in obsidione Avinionis ob amorem reginæ, quam amabat, veneno necaverat, ut dicebant; unde, cum iidem magnates in curia regis Francorum, eodem rege præsente, querimoniam sæpe deposuissent et ipsum comitem per duellum convincere voluissent, regina, per quam omnia regni negotia disponebantur propter regis simplicitatem et puerilem ætatem, noluit eos audire. Quocirca ipsi, se a regis fidelitate subtrahentes et reginæ, regnum Francorum per guerram turbare cœperunt; indignabantur enim talem habere dominam, quæ, ut dicebatur, tam dicti comitis quam legati Romani semine polluta metas transgressa fuerat pudicitiæ vidualis.

De strage Hiberniensium, et captione cujusdam regis.

Eodem anno, mense Julio, regulus quidam de Cunnoth, Hiberniensis, cum regem Anglorum et Willelmum Marescallum cognovisset in finibus transmarinis bellicas agere expeditiones, atque regnum Hiberniæ quasi vacuum a subsidio militari, congregavit undique exercitum copiosum, sperans se posse omne genus Anglorum ab Hiberniæ finibus exturbare; ingressus igitur hostiliter terram regis Anglorum, spoliis et rapini atque incendiis intendebat. Sed cum hæc omnia ad aures Gaufridi de Marisco, qui vices justiciarii sub rege in partibus illis gerebat, [venissent,] adjunctis sibi Waltero de Lasci cum Richardo de Burgo et exercitu non modico, contra hostes audacter prorupit, et, exercitum

suum in tres turmas dividens, duabus præfecit Walterum
de Lasci et Richardum de Burgo, tertiam sibi retinens
ad regendum; atque duas acies instructas, quibus
præerant prædicti Walterus et Richardus, occultavit in
silvis quibusdam, per quas venturi erant hostes, et
dolosas eis insidias præparavit; tertiam vero, quam ipse
regebat, statuit, ut directa fronte adversariis occurrens
ad campestre eos prælium provocaret. Tandem hostes
supervenientes, cum unam tantum aciem gentis Anglorum conspexissent, irruerunt in eos, fortiter quasi sub
spe certa victoriæ consequendæ; sed acies Anglorum
tamdiu fugam simulavit, quousque Hibernienses illos
insequentes loca insidiarum pertransissent. At illi, qui
in insidiis erant, de latibulis erumpentes et aerem
clamore horribili verberantes a tergo et a latere irruerunt
in hostes; et acies, quæ prius fugerat, in Hibernienses a
fronte revertens stragem eis miserabilem intulerunt,
interfecti namque referuntur ex Hiberniensibus ad viginti
millia virorum bellatorum, et rex eorum captus est et
carcerali custodiæ deputatus.

Eodem tempore Fulco Paganellus de Normannia, vir
nobilis, et Willelmus frater ejus, relictis castellis suis ac
terris, venerunt ad regem Anglorum in Britanniam,
fidelitates ei et homagia facientes. Venerunt etiam cum
eis ad sexaginta milites viri strenui et potentes, qui
omnes persuaserunt regi, ut hostiliter Normanniam
intraret, sub spe certa terram subjugandi; quorum rex
consiliis libenter adquiesceret, sed Hubertus de Burgo id
fieri non permisit, dicens, periculosum fore hoc modis
omnibus attemptare. Quod audientes milites prædicti
postulaverunt regem propensius, nt assignaret eis
ducentos milites de exercitu suo, cum quibus Normanniam intrarent, certissimis ei assertionibus promit-
tentes, quod omne genus Francorum de Normannia
exturbarent; nec etiam id fieri permisit Hubertus
justiciarius, asserens, regi non expedire ut traderet
milites suos ad mortem ultronea voluntate. Sicque

nobiles illi miserabiliter illusi fuerunt, quia rex Francorum incontinenti exhæredavit eos, castella et omnia, quæ illorum erant, potenter in sua jura convertens.

Quod rex Anglorum in Gasconia profectus homagia ceperit.

Et, his ita gestis, rex Anglorum per consilium Huberti de Burgo, cum exercitu suo ex Britannia per Andegaviam in Pictaviam transiens, profectus est in Gasconiam, ubi acceptis homagiis, et regione sub securitate disposita, rediit in Pictaviam, ubi multorum homagia suscepit. In hac quoque equitatione obsedit rex Mirebelli castrum et cepit laudabili virtute Anglorum, qui assultus audacissimos assidue iterantes violenter inclusos subegerunt, et recedentes omnes in vinculis abduxerunt.

Hoc igitur tempore, mense Augusti, dominus papa Gregorius et Romanorum imperator Fredericus, mediantibus utrorumque fidelibus et amicis, in concordiam convenerunt; veniens enim Romam dictus imperator absolutus est, omnibus ad jura imperii spectantibus ex integro revocatis. Comederunt ergo simul magnus sacerdos et maximus imperator in palatio summi pontificis per triduum, gaudentibus cardinalibus et potentatibus imperii de concordia tam desperata et tam subito confirmata.

Eadem tempestate comes Cestrensis Ranulphus munivit castellum apud sanctum Johannem de Beverona, quod ad jus uxoris suæ comitissæ jure hæreditario pertinebat, militibus, alimentis et armis; reddiderat enim illi castrum illud comes Britanniæ Henricus, quando confœderatus, regi Anglorum omnia jura sua in regno Angliæ, rege concedente, recepit.

De concordia facta inter regem Francorum et barones A.D. 1230.

Circa eosdem dies, mense Septembris, convenerunt
ad colloquium rex Francorum et regina mater ejus
cum magnatibus illius regni, qui post mortem Lodowici
regis guerram habuerant ad invicem, ut est superius
dictum, ubi de pace tractantes talem concordiam
firmaverunt; Provisum est autem communiter a proceribus præfatis, ut comes Campaniensis, qui hujus
discordiæ causa principalis exstiterat, cruce signatus
peregrinationem terræ sanctæ subiret ad militandum
ibidem cum centum militibus contra inimicos Crucifixi;
et præterea rex Francorum et mater ejus, tactis sacro-
sanctis evangeliis, juraverunt, quod singulis redderent
jura sua, et quod omnes homines terræ illius secundum
rectas consuetudines et singulis debitas judicarent.

De reditu regis de Britannia in Angliam.

Jacebat interea rex Anglorum apud urbem Nanne-
tensem cum exercitu suo, nihil agens, nisi quod
thesauros consumpsit. Comites vero ac barones, cum
Hubertus, regis justiciarius, non permisit ut contra
hostes arma moverent, fecerunt inter se convivia
juxta consuetudinem Anglicanam, et crapulis intendebant et poculis ad invicem, ac si dies Natalitios
celebrarent, inter quos qui pauperes erant, rebus
omnibus consumptis, equos distrahebant et arma, ut
exinde ad tempus vitam ducerent infelicem. Tandem
rex Anglorum, mense Octobris, dispositis rebus neces-
sariis ad custodiam terræ illius, dimisit ibi milites
quingentos et mille servientes stipendiarios, super quos
principes constituit comitem Cestriæ Ranulphum,
Willelmum Marescallum, et Willelmum Albemarliæ
comitem, cum quibusdam aliis viris bellatoribus et in
opere martio præelectis; sicque rex naves conscen-
dens post plurima maris pericula apud Portesmue

applicuit septimo kalendas Novembris. Venerunt
autem multi diversæ professionis ad eum homines
diversis illum exeniis honorantes; sed comes de
Glovernia et de Clare Gilebertus de partibus illis
rediens diem clausit extremum, cujus terrarum et
honorum omnium rex Anglorum Huberto justiciario
custodiam concessit.

*De equitationibus factis in partibus transmarinis
post discessum regis.*

Post recessum regis Anglorum ex partibus transmarinis comes Cestrensis et alii principes militiæ regis
cum toto ejus exercitu fecerunt equitationem per
Andegaviam et per dies quindecim moram fecerunt
in ea, et ceperunt castellum Guncier[1] et complana-
verunt illud, et villam combusserunt; deinde ceperunt
castellum novum super Sartam, et illud subvertentes
villam incendio tradiderunt; sicque cum impretiabilibus spoliis et prædis in Britanniam sunt reversi.
Nec multo post Normanniam hostiliter ingressi ceperunt ibi castellum Punthursun, et eo complanato
villam combusserunt, et absque rerum dispendio in
Britanniam redierunt.

Eodem anno facta est eclipsis lunæ, remanente sibi
brevissima claritate, quasi per spatium trium horarum,
decimo kalendas Decembris, ipsa luna decima tertia
existente.

De exactione scutagii pro expeditione transmarina.

Anno Domini MCCXXXI. rex Anglorum Henricus ad
Natale tenuit curiam suam apud Lamheiam, Huberto,
Angliæ justiciario, necessaria omnia festivitati regiæ

---

[1] *Guncier* is marked for correction in D. " The French translator
reads ' Gonnord,' iii. p. 447 " (Coxe).

procurante. Ac deinde, septimo kalendas Februarii, A.D. 1231.
convenerunt ad colloquium apud Westmonasterium rex
cum prælatis et aliis magnatibus regni, ubi exegit
idem rex scutagium, de quolibet scuto tres marcas,
ab omnibus, qui baronias tenebant, tam laicis quam
prælatis; cui Richardus, Cantuariensis archiepiscopus,
et quidam episcopi cum eo audacter resistentes dixerunt,
quod non tenentur viri ecclesiastici judicio subjici
laicorum, cum absque illis concessum fuisset scutagium
in finibus transmarinis. Tandem post multas hinc
inde disceptationes negotium, quantum ad prælatos
reclamantes, usque in quindecim dies post Pascha
dilationem accepit; omnes alii, tam laici quam clerici
ac prælati, favebant regiæ voluntati.

De discordia inter regem et archiepiscopum.

Per idem tempus Richardus, Cantuariensis archiepiscopus, ad regem veniens conquestus est de Huberto,
Angliæ justiciario, quod castellum de Tunebregge cum
villa et pertinentiis ejus et alias quasdam terras Gileberti
comitis de Clare nuper defuncti, quæ ad jus suum et
ecclesiæ Cantuariensis spectabant, [injuste detinebat,]
unde idem comes sibi et antecessoribus suis ipse et
prædecessores sui ad recognitionem et homagium tenebantur; qua de causa regem rogavit, ut custodiam dicti
castelli cum pertinentiis sibi restitueret et jura ecclesiæ
Cantuariensis conservaret illæsa. Ad hæc respondens
rex dixit, comitem præfatum de se tenere in capite, et
vacantes custodias comitum et baronum et eorundem
hæredum ad suam coronam usque ad ætatem legitimam
pertinere, unde sibi licere proposuit tales custodias cui
voluerit vendere vel conferre. Archiepiscopus vero,
cum aliud responsum habere non potuit, excommunicavit omnes invasores possessionum prædictarum, et
omnes, præter regem, qui cum eis communionem
haberent, et tam pro his quam aliis de causis Romam

A.D. 1231. profectus jus suum et ecclesiæ suæ prosequi maturavit. Rex vero e contra, ut causam suam prosequeretur, magistrum Rogerum de Cantelo Romam cum aliis quibusdam nuntiis destinavit.

Eodem tempore, mense Aprilis, expleta solennitate Paschali, Richardus frater regis desponsavit comitissam Gloverniæ, sororem scilicet Willelmi Marescalli, comitis [de] Penbroc; et, nuptiis vix completis, idem comes Willelmus, in militia vir strenuus, in dolorem multorum diem clausit supremum, et Londoniis apud Novum Templum sepultus est juxta patrem suum decimo septimo kalendas Maii.

Quod Loelinus in Wallia crudeliter sævire cœpit.

Eodem mense Maio Wallenses de latibulis, ut sorices e cavernis, erumpentes terram, quæ fuit Willelmi de Brausia, flammis discurrentibus vastaverunt; sed, rege Anglorum illo tendente cum modica manu militari, ipsi ad suas more solito sunt reversi cavernas. Rex autem partes australes repetens dimisit in partibus illis Hubertum, justiciarium regni, ad reprimendum impetus eorundem; sed illi, continuo ut audierant recessum regis, ad prædandum reversi, non longe a castro Montis-Gomerii provincias infestantes sævire cœperunt. Sed cum milites, qui erant in præsidio castri memorati, hoc cognovissent, ne tam libere sine offensione discurrerent, exierunt ad prælium contra ipsos, et viam revertendi præcludentes multos ex eis ceperunt et plurimos peremerunt; cumque illos, quos vivos ceperant, justiciario præsentassent, jussit omnes decapitari et regi Anglorum capita præsentari. Quod factum Loelinus nimis moleste ferens collegit exercitum copiosum, et terras baronum, qui in limbo Walliæ degebant, et possessiones gravi depopulatione contrivit, et, nec ecclesiis neque personis ecclesiasticis parcens, matronas quasdam nobiles et puellas, quæ causa pacis et salutis ad ecclesias confugerant, cum ipsis ecclesiis concremavit.

Quod rex, Loelino excommunicato, in Walliam exercitum conduxit.

Cumque hoc enorme factum ad aures regis pervenisset, collegit apud Oxoniam exercitum copiosum tertio idus Julii, ubi cum tota nobilitas Angliæ, tam cleri quam populi, congregata fuisset, episcopi omnes et ecclesiarum prælati, præsente rege, Loelinum cum suis fautoribus, qui ecclesias concremaverant, anathemate percusserunt; quo facto, rex exercitum promovens ad Herefordensem urbem cito volatu pervenit. Erat autem eo tempore Loelinus cum exercitu suo non longe a castello Montis-Gomerii in quodam prato, quod ripariam habebat vicinam paludibus obsitam, ubi militibus castri memorati dolosas insidias præparabat. Nam fratrem quendam de abbatia Cisterciensis ordinis, quæ prope erat, Cumira nuncupata, direxit Loelinus, ut dicitur, ad castellum; quem cum viderunt milites castelli transeuntem per eos, exierunt ut cum fratre loquerentur, et sciscitantes ab eo, si quid de Loelino rege audisset, respondit, quod viderat eum cum parvo comitatu in prato vicino, ubi exspectabat majorem numerum armatorum. Milites vero, cum a fratre requirerent, si possent ripariam et pratum equites cum securitate transire, respondit frater, "Pons," inquit, " qui ultra ripariam itinerantes ducere solebat, con- " fractus est a Loelino, quia metuebat impetum vestrum ; " sed tamen poteritis secure, ubicumque volueritis, ri- " pariam et pratum in equis transire, et Wallenses cum " paucis equitibus vel vincere vel fugare." Quo audito, adhibuit fidem falsis assertionibus fratris Walterus de Godardvilla, custos castelli, et præcipiens commilitonibus et servientibus, ut convolarent ad arma, ascensis equis, ad locum celeriter pervenerunt; quos Wallenses cum impetu venire conspicientes ad silvam quandam, quæ prope erat dolosam illico inierunt fugam. At castellani rapido equorum volatu eos insequentes in riparia præfata ac palude illius prati submersi sunt usque ad ventres equorum, illi præcipue qui primi veniebant ; sed alii, qui sequebantur, ex sociorum submersione præmuniti [de] casu commilitonum suorum non mediocriter condolebant. Tunc Wallenses, hostium submersionem cognoscentes, reversi sunt cum impetu super eos, et cum lanceis suis milites et equos in cœno volutantes crudeliter peremerunt. Factus est autem ibi hinc inde conflictus gravissimus, multis utrobique peremptis, sed tamen Wallenses victoria potiuntur. Captus est autem ibi Ægidius, filius Richardi de Argentonio, miles strenuus, cum quibusdam, aliis, quorum nomina non audivi.

De ultione prædicti sceleris, et constructione castri Matildis.

Cumque tandem casus, qui militibus jam dictis acciderat, regi fuerat denuntiatus, cum festinatione ad abbatiam, cujus frater præfatos milites prodiderat, hostiliter transiens, in ultionem tanti sceleris quandam grangiam illius abbatiæ bonis omnibus spoliatam combussit, et ipsam abbatiam similiter spoliatam omnino jussit igne cremari ; sed abbas loci, ut ædificia sumptuosis valde laboribus constructa salvaret, trecentas marcas regi numeravit, et sic ejus indignatio paulisper cessavit. Et, his ita gestis, fecit rex reædificare castellum Matildis in Wallia de lapide et cæmento eleganter, quod a Wallensibus olim prostratum fuerat atque, magnis sumptibus cum esset opus feliciter consummatum, posuit in eo rex milites et clientes, qui incursiones Wallensium refrænarent.

De treugis statutis inter regis Francorum et Anglorum.

Circa eosdem dies, mense Junio, rex Francorum promovit exercitum copiosum, ut Armoricanam Britannium expugnaret; sed, cum ejus adventum Henricus Britanniæ et Ranulphus Cestriæ comites, qui in finibus illis militiæ regis Anglorum præerant, cognovissent, regi paraverunt insidias venienti, et a tergo rhedas ejus et vehicula, quæ arma ferebant cum alimentis et machinis, invadentes ceperunt omnia, et machinas igne concremantes lucrati sunt ibidem equos sexaginta. Deinde Franci, cum Britannium cognoscerent quasi inexpugnabilem, simul et debile principium suum habentes suspectum, procurantibus ex parte regis Francorum archiepiscopo Remensi et Philippo comite Bononiensi, atque ex parte regis Anglorum comitibus Britanniæ et Cestriæ in hoc consentientibus, statutæ sunt treugæ et juramento firmatæ triennales inter dictos reges tertio nonas Julii.

Eodem mense Julio Petrus, Wintoniensis episcopus, completo in terra promissionis jam fere per quinquennium magnificæ peregrinationis voto, reversus est in Angliam, et in kalendis Augusti Wintoniæ susceptus est cum processione solenni in ecclesia cathedrali.

Venerunt eodem tempore, post treugas statutas, comes Britanniæ et comes Cestriæ, cum Richardo Marescallo, ex finibus transmarinis in Angliam, et ad regem profecti in Walliam, qui adhuc occupabatur in constructione castri Matildis, honorifice sunt ab eo recepti. Richardus vero Marescallus, se regi repræsentans ut hæredem fratris sui Willelmi Marescalli, obtulit regi pro hæreditate sua homagium suum et quicquid ei de jure suo facere tenebatur. Cui respondens rex, per consilium Huberti justiciarii, quod audierat uxorem fratris sui defuncti esse prægnantem, unde noluit eum audire, donec rei veritas probaretur; objecit etiam eidem

Richardo, quod conversatus fuerat inter hostes suos publicos in partibus Gallicanis, unde rex præcepit, ut cito de regno non reversurus exiret, affirmans, quod, post dies quindecim [si] inveniretur in regno, carceri perpetuo traderetur. At Richardus, cum aliud non haberet responsum, transfretavit in Hiberniam, ubi omnes milites et homines fratris sui illum cum gaudio recipientes reddiderunt omnia ei castella, quæ erant fratris sui homagiumque illi cum fidelitate fecerunt ; castellum etiam de Penbroc in sua potestate recipiens, cum toto honore ad castellum pertinente, collegit multitudinem armatorum, hæreditatem suam, etiam invito rege, si necessitas cogeret, subjugare disponens. Tandem rex, mutato consilio, metuens ne pacem regni turbaret, suscepit homagium ejus et fidelitatem, et ei omnia jura sua, salvo sibi relevio consueto, concessit.

Quod Richardus, Cantuariensis archiepiscopus, Romam profectus in reditu obiit.

Venit hoc tempore ad curiam Romanam Richardus, Cantuariensis archiepiscopus, et in præsentia domini [papæ] hæc proposuit quæ sequuntur. Conquestus est in primis de rege Anglorum, quod solummodo omnia regni negotia per consilium Huberti justiciarii, aliis spretis magnatibus, disponebat. Item, de justiciario proposuit, quod habuit uxorem, cujus consanguineam prius habuerat sibi matrimonio copulatam, et quod jura ecclesiæ Cantuariensis invaserat et injuste detinebat. Proposuit etiam, quod episcopi quidam ejus suffraganei, neglecta pastorali cura, sedebant ad scaccarium regis, laicas causas ventilantes et judicia sanguinis exercentes. Item conquestus est, quod clerici beneficiati et infra sacros ordines constituti plures habebant ecclesias, quibus adnexa fuerat cura animarum, et quod insuper, sicut episcopi, ab ipsis trahentes exemplum, curis secularibus et laicorum se judiciis immiscebant. His autem et consimilibus coram papa propositis, petiit, ut talibus

limam correctionis excessibus adhiberet. Cumque hæc A.D. 1231.
omnia dominus papa diligenti studio intellexisset, et
vidisset quod universa, quæ proposuerat archiepiscopus,
justitia fuerant et ratione subnixa, jussit incontinenti
quatenus archiepiscopi negotia sive petitiones expedi-
rentur, justitia mediante. Proposuerunt autem in
contrarium clerici regis, pro ipso rege et justiciario
multa inaniter allegantes; sed parum vel nihil profece-
runt, quia, ut breviter dicatur, favor archiepiscopi,
quicquid petiit, impetravit. Archiepiscopus autem, cum,
expletis negotiis omnibus pro voluntate sua, repatriare
maturaret, apud [sanctam Gemmam] [1] diem clausit
supremum tertio nonas Augusti; et sic, ipso exspirante,
exspirabant cum eo negotia impetrata.

Quod rex Anglorum revocatus est a nuptiis sororis regis Scotorum.

Eodem tempore rex Anglorum, constructo in Wallia
castello supradicto, mense Octobris in Angliam reme-
avit. Proposuit sane idem rex eo tempore ducere in
uxorem sororem regis Scotorum, indignantibus comitibus et baronibus universis; non enim, ut aiunt,
decebat, quod rex duceret natu filiam minorem, cum
Hubertus justiciarius natu majorem haberet sibi matrimonio copulatam; sed, ab hoc proposito cum per
comitem Britanniæ fuisset rex revocatus, dedit eidem
comiti Britanniæ quinque millia marcas argenti, et sic
rediit in regionem suam.

De electione et cassatione Radulphi, Cantuariensis electi.

Defuncto, ut dictum est, Richardo, Cantuariensi
archiepiscopo, decreverunt monachi Cantuariæ Ra-

---

[1] Space left blank in D.

dulphum de Nevilla, Cicestrensem episcopum, sibi in
præsulem postulare; erat autem cancellarius regis
unde monachi, electione facta, præsentaverunt eum
regi octavo kalendas Octobris; quem rex gratanter
quantum ad se pertinebat, acceptans de maneriis et
rebus aliis ad archiepiscopatum adjacentibus illum
protinus investivit. Et monachi Romam profecturi, ad
electum suum venientes, petierunt ab illo auxilium
ad expensas itineris; sed ille plane affirmavit, quod
propter hoc eis nec obolum unum donaret. Sed
monachi illi, non ideo minus Romam profecti, electionem sive postulationem factam petierunt a papa,
ut auctoritate apostolica confirmaret. Dominus
itaque papa, facta, ut dicitur, a magistro Simone
de Langetona inquisitione de persona postulati, respondit, ipsum curialem esse et illiteratum; unde
papa, postulatione cassata, concessit, ut conventus
Cantuariensis alium archiepiscopum ac talem eligerent,
qui sibi esset pastor animarum salubris et ecclesiæ
utilis Anglicanæ, qui domum reversi conventui retu-
lerunt quomodo fuerant a suo desiderio defraudati.

De insolentia clericorum Romanorum.

Suborta est hac tempestate in Anglia maxima rerum
perturbatio, immo, ut verum fateamur, indiscreta
præsumptio, propter Romanorum insolentiam clericorum, quæ tam nobiles regni quam ignobiles ad
temerariam compulit ultionem, sicut in subscriptis
continetur expressum:

"Tali episcopo, et tali capitulo, universitas eorum
qui magis volunt mori quam a Romanis confundi,
salutem. Qualiter circa nos et alias personas ecclesiasticas Angliæ hactenus se habuerint Romani et
eorum legati, vestram non dubitamus latere discre-
tionem, beneficia regni suis, secundum quod eis placet,
conferendo, in vestrum et omnium aliorum regni in-

tolerabile præjudicium et gravamen ; in vos etiam et
coepiscopos vestros aliasque personas ecclesiasticas, ad
quos collatio beneficiorum pertinere dinoscitur, quod
magis dignum est pro confusione notari, suspensionis
sententias fulminando, ne alicui de regno beneficia
conferatis, donec quinque Romanis, nec dum proprio
nomine nominatis, immo. nato Rumfredi, et nato talis
et talis, in singulis ecclesiis vestris per totam Angliam
sit provisum, unicuique eorum in redditu centum
librarum ; alia etiam gravamina quamplurima tam
laicis et magnatibus regni super advocationibus suis
et eorum eleemosynis ab eis et antecessoribus suis
datis in pauperum regni sustentationem, quam
clericis et aliis viris religiosis regni super rebus et
beneficiis, inferendo. Nec præmissis contenti ad ultimum a clericis regni beneficia, quæ obtinent, ut ea
Romanis conferant, non secundum quod decet, sed
sicut eis placet, auferre volentes, in eis illam intendunt prophetiam adimplere, 'Spoliaverunt Ægyptios,
' ut ditarent Hebræos, multiplicando gentem suam,
' non magnificando lætitiam ; ' sic dolorem dolori
nobis et vobis omnibus accumulahdo, ut melius nobis
videatur mori, quam vivere sic oppressi. Unde licet
grave sit nobis contra stimulum calcitrare, tamen, quia
qui nimis emungit, elicit sanguinem, nos severitatem
eorum animadvertentes, qui ab initio tanquam advenæ
Romani sunt ingressi, nunc autem nos non tantum
judicare, sed etiam condemnare, intendunt, alligantes
onera importabilia, quæ nec in se nec in suos digito
movere volunt, de communi consilio magis elegimus,
licet tarde, resistere, quam eorum oppressionibus intolerabilibus amplius subjacere seu majori subjici
servituti. Hinc est quod vobis mandamus, districte
inhibentes, quatenus, cum nos ecclesiam, regem similiter et regnum, nitamur a tam gravi jugo servitutis
eripere, circa eos, qui de Romanis vel eorum redditibus se intromittunt, nullas partes vestras interponere

A.D. 1231. præsumatis; pro certo scituri, quod, si hujus mandati,
quod absit, exstiteritis forte transgressores, quæ vestra
sunt incendio subjacebunt, et pœnam, quam Romani
incurrent in personis, vos incurretis. Valete."

Prohibitio ne reddantur firmæ vel redditus clericis
Romanis.

"Item religiosis et aliis, qui habent ecclesias Romanorum ad firmam, universitas prædicta, salutem. Cum
post innumerabiles confusiones et infinita gravamina,
quæ Romani, ut scitis, regno Angliæ inflixerunt ad
præsens, in præjudicium regis et magnatum regni,
circa advocationes ecclesiarum suarum et eorum
eleemosynas, qui clericos regni spoliare nituntur
beneficiis suis, ut ea Romanis conferant, in majorem
regni et nostri confusionem, de communi consilio
magnatum elegimus, licet tarde, resistere, quam eorum
oppressionibus intolerabilibus de cætero subjacere, et
eos per subtractionem beneficiorum suorum per totum
regnum, quod aliis intendebant inferre, sic arctare, ut
a regni molestatione desistant. Hinc est quod vobis
mandamus, districte injungentes, quatenus de firmis
ecclesiarum, sive de redditibus camerarum, quas de
Romanis habetis, vel debetis eis, de cætero non re-
spondeatis, sed dictas firmas et redditus habeatis
paratos in crastino Dominicæ, qua cantatur 'Lætare
Hierusalem,' procuratori nostro literatorie a nobis ad
hoc dato, abbates scilicet et priores in eorum monasteriis, alii vero presbyteri et clerici vel laici ad
proprias ecclesias Romanorum, tradituri; pro certo
scientes, quod, si hoc non feceritis, quæ vestra sunt
incendio subjacebunt, et nihilominus periculum, quod
Romanis imminet in personis, vobis imminebit. Valete." His ita gestis, prædicta universitas misit per
milites et ministros literas has novo quodam sigillo
signatas, in quo sculpti erant gladii duo, et inter

gladios scriptum erat "Ecce duo gladii hic," in mo- A.D. 1231.
dum citationum ad ecclesias regni cathedrales, ut,
si quos invenirent contradictores, juxta quod provisum fuerat punirent eos.

De quodam consistorio apud sanctum Albanum habito, et de captione Cincii.

Per idem tempus, decimo sexto kalendas Januarii,
habitum est apud sanctum Albanum ingens consis-
torium abbatum, priorum, et archidiaconorum, cum
tota fere nobilitate regni magistrorum et clericorum,
qui omnes ad hoc convenerunt per mandatum domini papæ, ut celebrarent divortium inter comitissam
Essexiæ et virum suum, si ratio id dictaret. In
crastino autem, consistorio soluto, cum singuli redirent
ad propria, clericus quidam Romanus, nomine Cincius,
qui ecclesiæ sancti Pauli Londoniarum erat canonicus,
per prædictam universitatem, ut creditur, non longe a
villa sancti Albani captus est et abductus a viris
armatis et capitibus velatis; sed magister Johannes
Florentinus, Norwicensis archidiaconus, qui huic consistorio adfuit, ab hac captione evasit, et ad urbem
Londoniarum fugiens delituit ibidem multis diebus.
Cincius vero post quinque septimanas, crumenis evacu-
atis, ut dicitur, ad urbem Londoniarum sanus et
incolumis est reductus.

De distractione bladi de Wihingeham violenta.

Anno Domini MCCXXXII. rex Anglorum Henricus A.D. 1232.
fuit ad Natale apud Wintoniam, cui Petrus, ejusdem
urbis antistes, necessaria omnia procuravit, et festiva
tam regi quam suis exhibuit indumenta. In illis
autem diebus natalitiis distracta sunt horrea de
Wihingeham cujusdam Romani ditissima per prædictam universitatem, ut creditur, a paucis armatis

B 2

servientibus et capitibus velatis. Procurator vero
illius ecclesiæ et custos, cum talem violentiam in-
spexisset, venit ad vicecomitem regionis, et de violata
pace regis et injuria domino suo illata ei patenter
ostendit. At vicecomes mittens ad locum ministros
suos cum militibus quibusdam vicinis jussit inquiri
quid hoc esset; venientes quoque ad horrea milites
memorati invenerunt homines illos armatos et sibi
penitus ignotos, qui jam ex maxima parte horrea
evacuerant et bladum bonis conditionibus et ad commodum totius provinciæ vendiderant, sed et pauperibus
partem caritative petentibus ex animo conferebant.
Milites vero, qui advenerant, cum interrogassent eos
unde essent, qui pacem regis offendere et talia facere
præsumebant, illi continuo milites seorsum vocantes
ostendebant literas regis patentes, et prohibentes ne
quis eos præsumeret impedire; at milites hoc audientes,
tam ipsi quam alii, qui advenerant, pacifice recesserunt;
sicque infra dies quindecim distractis omnibus, armati
illi de loco recesserunt, loculis plene refectis. Tandem
cum hæc violentia ad notitiam Rogeri, Londoniensis
episcopi, pervenisset, convocatis decem episcopis in
crastino beatæ Scholasticæ virginis Londoniis in ecclesia
beati Pauli, omnes hujus violentiæ auctores anathematis sententia percusserunt, involventes etiam illos,
qui in Cincium, Londinensis ecclesiæ canonicum,
manus injecerant violentas, cum universitate prædicta
et illis omnibus qui fecerunt sigillum et literas supra-
scriptas.

Quod rex auxilium per totam Angliam sibi dari
postulavit.

Convenerunt eo tempore, nonas Martii, ad colloquium
apud Westmonasterium ad vocationem regis magnates
Angliæ, tam laici quam prælati, quibus rex proposuit,
quod magnis esset debitis implicatus causa bellicæ

expeditionis, quam nuper egerat in finibus transma- A.D. 1232.
rinis, unde necessitate compulsus ab omnibus generaliter auxilium postulavit. Quo audito, comes Cestrensis
Ranulphus pro magnatibus loquens regi respondit,
quod comites, barones ac milites, qui de eo tenebant
in capite, cum ipso erant ibi corporaliter præsentes,
et pecuniam suam ita inaniter effuderunt, quod inde
omnes pauperes recesserunt, unde regi de jure auxilium
non debebant; et sic, petita licentia, laici omnes recesserunt. Prælati vero regi respondentes dixerunt, quod
episcopi multi et abbates, qui vocati erant, non
fuerunt præsentes; et sic petierunt inducias, quousque
ad diem certum possent omnes pariter convenire.
Præfixus est itaque dies a quindecim diebus post
Pascha, ut, omnibus congregatis, tunc fieret, quod erat
de jure faciendum.

Eodem tempore conventus Cantuariensis elegerunt
Johannem, priorem suum, in archiepiscopum et pastorem animarum suarum, qui, cum esset regi præsentatus et ab eo receptus, profectus est Romam, ut
electionem rite factam impetraret a sede apostolica
confirmari.

Visio de rege Richardo valde laudabilis.

Sub eisdem diebus Henricus, Roffensis episcopus
cum in sabbato, quo cantatur "Sitientes venite ad
aquas," apud Sidingeburniam, præsente electo Cantuariensi, ordines celebrasset solennes, adstante clero et
populo, fiducialiter protestatus est dicens, "Gaudete
" omnes in Domino fratres, qui hic præsentes estis,
" scientes indubitanter, quod nuper uno et eodem die
" exierunt de purgatorio rex quondam Anglorum
" Richardus et Stephanus, Cantuariensis archiepisco-
" pus, cum uno capellano ejusdem archiepiscopi, ad
" conspectum divinæ majestatis, et eo die non nisi
" tres illi de locis pœnalibus exierunt; et his dictis

" meis fidem adhibeatis plenissimam et certam, quia
" vel mihi vel alii tertia jam vice hoc per visionem
" revelatum est ita manifeste, quod ab animo meo
" omnis dubitationis ambiguitas removetur."

Et, quoniam hic mentio facta est de magnifico rege
Richardo, unum de actibus ejus ad ædificationem
audientium referre curabo.

*Quomodo rex Richardus vidit Crucifixi imaginem
contra militem eam adorantem caput inclinare.*

Regnante dicto rege Richardo, miles quidam de regno
Angliæ in Nova degens Foresta, qui longo usu bestias
regis furtive venari consueverat, quadam vice inter-
ceptus est cum venatione furata et per judicium curiæ
ipsius regis in exilium relegatus.   Hanc enim legem
de venatione furto sublata rex ille clementissimus in
hoc temperavit, quod cum [apud] reges antecessores
ejus, si quilibet in fraude venationis deprehensi fuissent, eruebantur oculi eorum, abscindebantur virilia,
manusque cum pedibus truncabantur ; sed tale judicium
pio[1] regi Richardo visum est nimis inhumanum, ut
homines ad imaginem Dei creati, pro feris, quæ juxta
legem naturalem generaliter omnibus sunt concessæ,[2]
de vita vel membris periclitarentur, ne id faciendo
feris ac bestiis deterior videretur.   Hoc enim solummodo sufficiebat ei, ut quilibet in tali culpa deprehensus[3] vel Angliam abjuraret vel pœnam carceralem
subiret, salvis omnibus vita et membris.   Miles igitur,
ut dictum est, exulatus coactus est cum uxore et
liberis panem inter extraneos mendicare, qui prius
exquisitis deliciis fruebatur.   Tandem in se reversus
miles cogitavit a rege misericordiam implorare, ut in
hæreditate sublata restitui mereretur, et veniens ad

---

[1] Pro in D.
[2] Concessa in D.

[3] Deprehensi in D.

regem in Normannia invenit eum summo mane in A.D. 1232.
quadam ecclesia, ut missam audiret. Et miles ecclesiam
tremens intravit, non ausus in regem oculos erigere,
quia, cum esset visu quasi speciosissimus hominum,
quandoque tamen terribilis videbatur; et ante imaginem
Crucifixi, quæ in ecclesia erat, se conferens et genuflexiones cum lachrymis multotiens iterans, Crucifixum
humiliter precabatur, ut per ineffabilem clementiam
suam gratiam sibi regis misericorditer reconciliaret,
qua hæreditatem recuperaret amissam. Rex autem,
militem intuens sollicite orantem cum lachrymis et
devotione non ficta, vidit de illo rem mirabilem [1] et
relatione condignam; nam quotienscunque miles, quem
de familia sua non esse deprehendit, genua flexit, ut
imaginem adoraret, imago e contra Crucifixi ad genuflexiones ejus caput et collum satis humiliter inclinavit,
et regem hoc cum stupore sæpius conspicantem in
admirationem commovit. Rex autem statim, officio
missæ completo, fecit militem ad suum accersiri colloquium, et diligenter sciscitabatur ab eo quis et unde
fuisset. At ille cum timore regi respondens dixit,
" Domine," inquit, " homo vester ligius sum, sicut
" omnes antecessores mei fuerunt;" et narrationem
incipiens retulit coram rege quo ordine cum venatione
deprehensus exhæredatus fuerat et cum sua familia
exulatus. Dixit ergo rex ad militem, " Fecistine
" aliquando in vita tua boni aliquid ad sanctæ crucis
" reverentiam et honorem?" At miles de actibus suis
præteritis sollicite cogitans regi rem, quam egerat ob
Crucifixi reverentiam, enarravit.

Quomodo miles inimico pepercit pro reverentia Crucifixi.

" Pater meus," inquit, " et alius quidam miles
" villam quandam inter se dimidiabant, quam jure

---

[1] Miserabilem in D.

A.D. 1232. " hæreditario possidebant; et, cum pater meus in
       " omnibus divitiis abundaret, alius e contra miles
       " semper pauper erat et egenus, unde contra patrem
       " meum invidia ductus paratis insidiis interfecit eum.
       " Ego autem, qui tunc puer eram, cum annos viriles
       " attigissem et in hæreditate paterna confirmatus
       " fuissem, cogitavi immutabiliter in ultionem patris
       " mei militem illum interficere ; sed ille super his
       " præmunitus per annos plurimos ab insidiis, quas ei
       " studiose paraveram, se callide custodivit. Tandem
       " cum in die Parasceue, qua crucem subiit Christus
       " Jesus pro salute mundi, ad ecclesiam properarem
       " servitium auditurus, vidi inimicum præcedere me,
       " ut similiter ad ecclesiam iret. Festinavi post ter-
       " gum ejus, ut eum interficerem gladio educto ; sed
       " ille casu retro respiciens, cum me rapido cursu
       " advenire conspiceret, ad crucem quandam, quæ secus
       " viam stabat, confugit, quia nimia senectute gravatus
       " se defendere non valebat. Et cum illum, qui lignum
       " crucis inter brachia tenebat amplexum, erecto gladio
       " vellem perimere et cerebrum effundere, adjuravit me
       " per nomen Crucifixi illius, qui in ligno crucis ea
       " die pro totius mundi salute pependit, ne eum inter-
       " ficerem, votum faciens et firmiter promittens, quod pro
       " anima patris mei, quem occidit, capellanum unum
       " assignaret in perpetuum, qui missam diebus singulis
       " celebraret. Ego autem senem illum videns lachry-
       " mantem, commotus sum . ad pietatem, et sic, ob
       " amorem et reverentiam Illius, qui pro salute mea
       " et omnium crucem ascendit et eam suo sanguine
       " sanctissimo consecravit, mortem patris mei militi
       " condonavi." Tunc rex militi respondens ait, " Sa-
       " pienter," inquit, " egisti, quia Crucifixus ille tibi
       " nunc vicem pro vice sufficienter persolvit ; " et advo-
       cans episcopos et barones, qui aderant, revelavit audien-
       tibus cunctis visionem, quam rex ipse [1] solus viderat,

---

[1] Ille in C.

quomodo, scilicet, imago Crucifixi ad singulas militis genuflexiones caput et collum humiliter inclinavit. Et rex continuo ad se vocans cancellarium suum præcepit, ut per literas suas patentes vicecomiti, quem miles sibi nominaret, daret in mandatis, quatenus, visis literis, militi terram suam redderet totam in eo statu quo illam recepit quando illum a patria exulavit.

De patientia regis in persecutionibus.

Nec illud de virtutibus magnifici regis loquentes credimus negligendum, quod statim coronatus in regem rectam semper justitiam cunctis exhibuit, pro munere nunquam judicium subverti permisit. Episcopatus et abbatias vacantes continuo et absque venalitate viris canonice electis concessit, nec eas aliquando sub laicorum custodia deputavit; prælatos omnes ordinatos, et præcipue viros religiosos, honoravit, et pro reverentia Jesu Christi eos offendere adeo metuit, ut tempore quodam, cum ad mandatum domini papæ omnes prælati totius regni coram rege congregati fuissent, ut partem vicesimam mobilium suorum ad subventionem terræ sanctæ concederent, et seorsum sederent super præfato negotio colloquentes, rex ait Gaufrido filio-Petri et Willelmo Briwerre, qui apud pedes ejus sedebant, voce demissa, " Videtis," inquit, " prælatos illos, qui ibi " sedent?" " Videmus, domine," inquiunt; et rex ad eos, " Si scirent," inquit, " quomodo eos ob reverentiam " Dei timeo, et quam invite offenderem illos, ipsi me " conculcarent quemadmodum conculcatur calceamen- " tum vetus et dejectum." Notandum est etiam, quomodo regni nuper adepti delicias pro amore Regis æterni relinquens thesauros patris sui ac proprios in obsequio Crucifixi et terræ sanctæ liberatione effundere curavit, et quam potenter terram promissionis totam, præter civitatem sanctam Hierusalem, de manibus inimicorum crucis extorsit. Ubi deficientibus sibi thesauris, terram sub treugis triennalibus constituens, a Salaadino impetravit, ut sacerdos quidam, usque ad treugas elapsas, apud Dominicum sepulchrum de cruce missam diebus singulis ad regis stipendia celebraret; et in hunc modum recedens rex ad terminum treugarum resumptis viribus thesaurisque multiplicatis redire disposuit, relictis regno et rebus omnibus, quibus dominabatur in partibus occidentis, ut in sancta civitate Hierusalem in regem coronatus prælia domini Sabaoth præliaretur et agmina præiret, et crucis inimicos, dum viveret, debellaret. Sed humani generis inimicus, qui bonis semper operibus invidet et prosperitatibus populi Christiani, excitavit contra regem devotum ducem Austriæ et imperatorem Romanum, qui illi reveretenti paraverunt insidias; captus est ab hostibus, et, velut bos esset vel asinus, venditus est imperatori Romano. Incarceratus autem, et secus quam deceret tantum virum malitiose tractatus, ad redemptionem gravissimam est compulsus. Rex præterea Francorum, magnifici regis pium præpediens propositum, terras ejus, dum esset in servitio crucis, invasit; et sic undique ab inimicis præventus martyrium, quod nondum susceperat in corpore, sicut proposuerat, in terra promissionis, servavit in mente, qui desiderium habuit revertendi et mori in obsequio crucis. Accessit ad cumulum adhuc tentationum ejusdem regis, quod, dum esset in obsequio crucis, comes Johannes, frater ejus, moliebatur Angliam subjugare, castella quædam obsidendo et fratri suo guerram movendo, sed laudabili fidelitate gentis Anglorum propositum illius frivolum exstitit et inaniter attentatum. O admiranda magnifici regis constantia! quæ nunquam in adversis potuit frangi, sicut nec in prosperis extolli, sed omnibus semper hilarem exhibens vultum nunquam in rege apparuit diffidentiæ signum. Hæc et his similia virtutum opera regem nostrum Richardum coram summo Deo reddiderant gloriosum, unde nunc merito, cum venisset tempus miserendi Dei, de locis, A.D. 1282. ut credimus, pœnalibus translatus est ad regna sine fine mansura, ubi militi reposita est a rege Christo, cui fideliter servivit, corona justitiæ, quam repromisit Deus diligentibus se. Gaudent de ejus societate sancti illi, quorum sanctas redemit reliquias a Salaadino in terra promissionis pro quinquaginta duobus bizantiorum millibus, pacto interposito cum eisdem sanctis, ut apud Deum in suprema necessitate sua suis eum intercessionibus adjuvarent. Erant enim reliquiæ memoratæ in quatuor eburneis collectæ capsellis, tempore captionis terræ sanctæ ac crucis reverendæ ab infidelibus Saracenis, per totam Judæam et Galilæam, et erant singulæ capsellæ tantæ magnitudinis ac ponderositatis, ut vix a quatuor hominibus portarentur. Sed hæc superius in gestis hujus regis Richardi latius referuntur.

De distractione frugum clericorum Romanorum.

Eodem anno distracta sunt horrea Romanorum per totam fere Angliam, a viris quibusdam armatis et adhuc ignotis, bonis conditionibus et ad commodum multorum ; et opus, licet temerarium, in solennitate Paschali inchoantes, sine contradictione et libere, quod inceperant, compleverunt. Largas eleemosynas advenientibus distribuebant egenis, et quandoque nummos inter pauperes seminantes eos colligere hortabantur. Delituerunt clerici Romani in abbatiis, de injuriis sibi illatis murmurare non audentes, quia elegerunt potius res suas amittere, quam puniri sententia capitali. Erant autem hujus temeritatis auctores viri quasi quater viginti et quandoque minus, qui, magistrum habentes Willelmum quendam, cognomento Wither, ejus per omnia obtemperabant præceptis. Sed cum post modicum tempus hæc, quæ facta fuerant, ad summi pontificis notitiam pervenerunt, indignatus est valde, et misit literas ad regem Anglorum, mordaces nimis et increpatorias, quod tales permisit in regno suo fieri rapinas viris ecclesiasticis, non habens respectum ad sacramenta, quæ juraverat tempore coronationis suæ, non solum de pace ecclesiæ manutenenda, verum etiam de recta justitia tam clericis quam laicis conservanda. Mandavit igitur in eisdem literis regi, sub pœna excommunicationis et interdicti firmiter præcipiens, quatenus, diligenti facta inquisitione, si quos hujus violentiæ inveniret auctores, tam graviter puniret obnoxios, ut ex pœna illorum cæteris metum incuteret et terrorem. Dedit etiam Petro, Wintoniensi episcopo, et abbati sancti Eadmundi per literas in mandatis, ut in australi parte Angliæ, facta inquisitione diligenti, quoscumque hujus rei invenirent culpabiles, tamdiu denuntiarent eos excommunicatos quousque Romam venirent a sede apostolica absolvendi; similiter in parte regni aquilonali archiepiscopo Eboracensi, episcopo Dunelmensi et Johanni, natione Romano et Eboraci canonico, idem papa, eadem inquisitione commissa præcepit, ut illius violentiæ transgressores Romam mitteret absolvendos, appellatione non obstante.

De inquisitione facta super distractione præfata.

Facta igitur inquisitione de violentia memorata, tam a rege quam ab episcopis et exsecutoribus prædictis, et sacramento mediante cum examinationibus et testibus productis, inventi sunt multi transgressores, quidam de facto, quidam de consensu, quorum nonnulli episcopi erant et clerici regis, cum quibusdam archidiaconis ac decanis, militibus etiam et laicis multis. Quidam vero vicecomites et eorum præpositi et ministri pro eodem excessu, rege jubente, capti sunt et incarcerati, et alii præ timore sibi per fugam consulentes a quærentibus non fuerunt inventi. Principalis autem domini regis justiciarius Hubertus de Burgo ex hoc arguitur fuisse transgressor, quod prædonibus illis tam literas regis

patentes quam proprias exhibuerat, ne quis eos de
præfata violentia præpediret. Venit præterea ad regem
inter cæteros Robertus de Tuinge, miles strenuus, qui
aliis consentientibus fruges Romanorum vendiderat et
Willelmum Wither se fecerat appellari, quinque servientes armatos et hujus violentiæ auctores circum-
duxerat, protestans manifeste, quod in odium Romanorum et causa justæ ultionis transgressus fuerat, qui
per sententiam Romani pontificis et fraude manifesta
nitebantur eum ab. unica, quam habuit, ecclesia spoliare ;
addidit etiam, quod maluit ad tempus injuste excom-
municari, quam a suo beneficio sine judicio spoliari.
Tunc rex et exsecutores præfati militi dederunt consilium, ut, qui in canonem latæ sententiæ inciderat,
Romam absolvendus properaret, et jus suum coram
domino papa protestaretur et quod ecclesiam juste
pariter et canonice possidebat ; dedit etiam ei rex
literas ad papam testimoniales de jure suo, deprecans
obnixe, ut militem illius intuitu exaudiret.

Quomodo electio prioris Cantuariensis Romæ fuerit reprobata.

Venit eodem tempore Romam prior Johannes, electus Cantuariensis, in hebdomada Pentecosten, et, cum
literas suæ electionis domino papæ exhibuisset, præcepit magistro Johanni de Columna[1] et aliis quibusdam cardinalibus, ut examinaret illum, si dignus esset
ad culmen hujusmodi promoveri ; qui, cum examinas-
sent per triduum electum illum in decem et novem,
ut dicitur, articulis diligenter, protestati sunt coram domino papa, se causam in ipso legitimæ recusationis
non invenisse. Veruntamen visum est domino papæ
in electo memorato, quod nimis esset senex et simplex
et ad tantam insufficiens dignitatem ; et cum per-

---

[1] Columba in D.

suasisset ei, ut cederet, electus humiliter factæ elec-
tioni renuntiavit et licentiam petiit ad propria revertendi. Tunc papa, concessa licentia monachis, ipsis
præcepit ut alium talem eligerent, cui onus suum
communicare et curam posset committere pastoralem.

Quod rex Anglorum quosdam ministros suos a suis removit officiis.

Circa dies istos Loelinus, princeps Wallensium, fines
baronum Angliæ ingressus cœpit, more solito, vacare
incendiis ac rapinis. Accesserunt itaque ad regem
Anglorum Petrus, Wintoniensis episcopus, et alii consiliarii ejusdem regis, dicentes, magnum coronæ suæ
fore scandalum, quod Wallenses, nullius momenti la-
trones, annis singulis terras suas et baronum suorum
impune pervagantes et incendio cuncta depopulantes
nihil relinquunt intactum; quibus rex respondit,
"Audivi," inquit, "a thesaurariis meis, quod redditus
" omnes de scaccario meo vix mihi sufficiunt ad sim-
" plicem victum et vestitum et eleemosynas consuetas,
" unde paupertas non permittit, ut bellicas expediam
" actiones." Tunc consiliarii regi responderunt, "Si
" pauper es," inquiunt, "tibi imputes, qui honores et
" custodias ac dignitates vacantes ita in alios trans-
" fers et a fisco alienas, quod nec in divitiis auri vel
" argenti, sed solo nomine, rex debeas appellari ; nam
" antecessores vestri, reges magnifici et in omni divi-
" tiarum gloria ditissimi, non aliunde, sed ex regni
" exitibus et emolumentis, thesauros impretiabiles con-
" gesserunt." At rex ab eis instructus, quos nominatim exprimere nefas esset, et contumeliis provocatus,
cœpit a vicecomitibus et ballivis aliisque ministris
suis de redditibus et rebus omnibus ad fisci commodum spectantibus ratiocinium exigere, et quoslibet de
fraude convictos a suis officiis deponens exegit ab eis
pecuniam suam etiam cum usuris, et tenens coarcta-

bat eos, donec redderent debitum universum. Ranulphum etiam, cognomento Britannum, cameræ suæ
thesaurarium, ab officio deponens cepit ab eo mille
libras argenti, et loco illius substituit Petrum de
Rivallis,[1] genere Pictavensem. Et sic undique loculos
rex jejunos in brevi, licet non plena gravidos crapula,
reparavit.

Quod rex ab Huberto justiciario ratiocinium exegit.

Per idem tempus rex, per consilium Petri, Wintoniensis episcopi, Hubertum de Burgo, proto-justici-
arium regni, ab officio suo removit, et Stephanum
de Segrave, militem, solo nomine subrogavit, quarto
kalendas Augusti; et post dies paucos rex, contra
Hubertum nuper depositum perturbatus, exegit in-
stanter ab eo ratiocinium de thesauris suis ad scaccarium suum redditis, et de debitis, quæ ei debe-
bantur de tempore patris sui et de tempore suo.
Item exegit de dominicis suis rationem, de quibus
fuit de possessione die obitus Willelmi comitis Pem-
broc, tunc justiciarii et marescalli sui, qui ea teneant
et habeant in Anglia, Wallia, Hibernia et Pictavia;
item de libertatibus, quas habuit tunc temporis in
forestis, warennis, comitatibus et aliis locis, qualiter
custoditæ sint vel alienatæ; item de quintadecima et
sextadecima et aliis redditis, tam ad scaccarium suum,
quam ad Novum Templum Londoniarum et alibi.
Item de prisis factis pro jure suo relaxando, tam in
terris quam in mobilibus; item de ipsis, quæ ipse rex
amisit per negligentiam Huberti; item de vastis factis
sine commodo ipsius regis, tam per guerram quam
alio modo; item de libertatibus, quibus idem Hubertus
usus est in terris sibi datis vel emptis et custodiis,
sine warranto, quæ pertinent ad dominum regem;

---

[1] Orivallis in D., marked for correction.

A.D. 1232. item de injuriis et damnis illatis, et clericis Romanis et Italicis, et nuntiis domini papæ, contra voluntatem domini regis, per [1] auctoritatem ipsius Huberti tunc justiciarii, qui nullum consilium voluit apponere ut illa corrigerentur, quod facere tenebatur ratione officii sui ad justiciarium pertinentis; item de pace regis, qualiter sit custodita, tam versus homines terræ suæ Angliæ, Hiberniæ, Wasconiæ et Pictaviæ, quam alios extraneos; item de scutagiis, carrucagiis, donis et xeniis, sive custodiarum exitibus, spectantibus ad coronam, quid inde actum sit; item de maritagiis, quæ rex Johannes dimisit in custodia ipsius in die quo obiit, et de aliis maritagiis sibi traditis tempore suo. Ad hæc respondit Hubertus, quod chartam habuit patris sui, per quam ipsum absolvit ab omni ratiocinio de rebus perceptis et percipiendis de the-sauris suis, qui ejus fidelitatem in tantum expertus fuerat, quod noluit ab eo ratiocinium audire. Tunc dixit Petrus, Wintoniensis antistes, quod talis charta post obitum regis Johannis non habebat vigorem; unde ad hunc regem non pertinere proposuit de charta patris sui, quin rationem exigat de prædictis. Hæc sunt quasi levia quædam, de quibus rex ratio-nem ab Huberto exegit; sed sequuntur gravia plura, in quibus idem Hubertus arguitur quasi de crimine læsæ majestatis, quæ sunt hæc;

De quibusdam criminibus a rege Huberto justiciario objectis.

Proposuit contra Hubertum idem rex, quod, cum nuntios solennes misisset ad ducem Austriæ, filiam ejus petens in uxorem, scripsit eidem duci Hubertus per literas in præjudicium ipsius regis et regni, dis-suadens ne illi filiam suam matrimonio copularet.

---

[1] Universitatem et, inserted in D.

Item proposuit, quod, cum militarem expeditionem A.D. 1232.
duxisset ad partes transmarinas, ut terras revocaret
amissas, idem Hubertus dissuasit ne rex Normanniam
intraret hostiliter vel in alias terras ad jus suum
spectantes; unde thesaurum suum inaniter consumpsit ibidem, et magnates alii, qui cum ipso erant.
Item arguit eum rex, quod filiam regis Scotorum,
quam rex Johannes tradidit illi in custodiam, ut eam
sibi matrimonio sociaret, ipse proditiose concubuit cum
ea et sub fornicatione liberos generavit ex illa
nobilemque puellam prostituit, et cum spe regni
Scotorum, si fratrem superviveret, eam sibi subtraxit.
Dixit etiam rex, quod lapidem quendam pretiosum
qui talem habuit virtutem, quod nulli, qui eum
portaret in bello, vinci potuisset, ipse de thesauro suo
furtive gemmam sustulit, et eam Loelino inimico suo,
regi Walliæ, proditiose transmisit. Item ei imposuit,
quod per literas, quas Loelino principi Walliarum
transmiserat, suspensus erat ut latro vir nobilis,
Willelmus de Brausia, et proditiose peremptus. Hæc
omnia, sive in veritate, sive malitiosa mendacitate,
sunt domino regi ab æmulis præfati Huberti suggesta,
quæ rex instantia vehementi ab eodem Huberto exegit sibi, juxta curiæ suæ judicium, emendari. Tunc
Hubertus in arcto positus, cum aliud remedium non
haberet, postulavit inducias deliberandi super præmissis, asserens, res magnas esse et arduas, quas rex
proposuit contra ipsum; et sic, induciis vix a rege
commoto concessis usque ad exaltationem sanctæ
Crucis, Hubertus nimis perterritus ad Mertoniæ prioratum ab urbe Londoniarum divertit. Sic Hubertus,
qui prius, ob regis amorem et regni defensionem, omnium Angliæ magnatum in se provocaverat odium,
nunc a rege desertus, absque amicis, fit solus et omni
solatio destitutus; solus Lucas, Dublinensis archiepiscopus, instantissimis precibus et lachrymis rogavit
regem pro eo, sed non potuit in tantis excessibus
exaudiri.

De quibusdam enormibus, quæ justiciario
objiciebantur.

Cumque vidissent multi, quod favor principis contra
Hubertum, quem prius quasi singulariter dilexerat,
fuerat permutatus in odium, insurrexerunt ei qui ode-
runt eum, multa enormia ei imponentes. Dixerunt
enim quidam in eum, quod duos nobiles viros, Willelmum comitem Saresbiriensem, et Willelmum Marescallum, comitem Penbroc, veneno procuravit necari, et
simili scelere Falcasium atque Richardum, Cantuariensem archiepiscopum, interfecit. Cives vero Londonienses coram rege querimoniam proposuerunt, quod
Hubertus sæpe dictus Constantinum concivem suum
fecerat sine judicio et injuste suspendi, de quo excessu
postulant sibi justitiam exhiberi; unde factum est,
quod rex fecit per civitatem Londoniarum communi
edicto proclamare, ut omnes, qui habebant querelam
contra Hubertum de quacumque injuria, venirent ad
regem justitiam illico recepturi. At Hubertus, cum
talia cognovisset, confugit ad ecclesiam Meritoniæ
inter canonicos pavidus delitescens.

Eodem anno, tempore autumnali, electus est magister
Johannes, cognomento Blundus, clericus, apud Oxoniam in theologia studens, in archiepiscopum Cantuariensem; qui a rege susceptus cum monachis quibusdam Cantuariensibus Romam profectus est, ut electionem suam confirmari a sede apostolica impetraret.

De quadragesima regi concessa, et quomodo Hubertus
de [Burgo] ad Mertonam fugit.

Convenerunt tempestate eadem apud Lamheiam ad
colloquium, in exaltatione scilicet sanctæ Crucis, coram
rege, episcopi et alii ecclesiarum prælati cum proceribus
regni, ubi concessa est regi pro debitis, quibus comiti

Britanniæ tenebatur astrictus, quadragesima pars rerum mobilium ab episcopis, abbatibus, prioribus,
clericis et laicis, sicut ea habuerunt, frugibus congregatis, in autumno, anno regni ejusdem regis decimo
sexto.

Hubertus quoque de Burgo, cui datus fuerat a rege
terminus ille ad respondendum super articulis et exactionibus supradictis, iram regis nimis habens suspectam non ausus est comparere, suggestum enim ei
fuerat, quod rex habuit consilium illum morte turpissima condemnare; unde ad pacem ecclesiæ confugiens
apud Meritonam inter canonicos delituit, donec sibi
aura felicior arrideret. Sed tandem cum rex ei signi-
ficasset, ut veniret ad curiam suam juri pariturus,
nuntiavit regi, quod iram ejus habens suspectam ad
ecclesiam confugerat, quæ ultimum remedium est omnibus injuriam patientibus, et quod inde non exiret,
donec illius animum in melius cognosceret immutatum.
Tunc rex in iram versus significavit per literas majori
Londoniarum, jam hora instante vespertina, quatenus
statim visis literis, conjunctis sibi universis civibus
urbis, qui arma movere possent, iret ad Meritonam
hostiliter, et Hubertum de Burgo vivum sibi seu mortuum præsentaret. At major, signo communi pulsato,
fecit convenire populum civitatis, et, coram eis regis
literis perlectis, præcepit omnibus, ut convolarent ad
arma et regium summo mane exsequerentur edictum.
Cives autem, cum hujus literas intellexissent, gavisi
sunt valde, quia Hubertum mortali odio perstringebant,
et in crastino ante lucem exeuntes ab urbe ad viginti
millia armatorum versus Meritonam vexilla moverunt
et arma, ut mandatum regium prosequerentur effectu.
Sed, dum hæc agerentur, suggestum fuit regi a comite
Cestrensi, quod, si talem excitaret seditionem in vulgo
irrationabili et fatuo, posset rex timere, ne seditionem
semel inchoatam sedare non valeret cum vellet; et
sic, mutato consilio, rex majori nuntiavit, ut promo-

tum exercitum illico revocaret. At cives animo nimis consternati, reversi sunt in civitatem negotio imperfecto.

Quomodo Hubertus de Burgo de quadam capella extractus in turri Londoniensi retruditur.

Post hæc archiepiscopus Dublinensis multis precibus impetravit a rege inducias Huberto sæpe dicto usque ad octavas Epiphaniæ, ut tempus haberet deliberandi super exactionibus præmissis, quæ urgentissimæ fuerunt, ut, habita deliberatione, regi posset rationabiliter respondere et satisfacere competenter. Tunc Hubertus, accepta, ut credebat, securitate per literas regis patentes, iter arripuit ut iret ad sanctum Eadmundum, ubi uxor ejus morabatur, et transiens per Essexiam hospitatus est in villa quadam, quæ ad jus episcopi pertinet Norwicensis, in domibus episcopi supradicti; quod factum cum regi relatum fuisset, ira vehementi incanduit, metuens, si Hubertus ita recederet, quod perturbationem machinaretur in regno; unde facti pœnitens misit post eum Godefridum de Craucumbe militem, cum trecentis armatis, præcipiens sub pœna suspensionis, quatenus illum captum reducerent et in turri Londoniarum vinctum incarcerarent. At illi cum festinatione profecti invenerunt Hubertum in quadam capella hospitio suo vicina, crucem in una manu Dominicam et in altera corpus Domini bajulantem; erat enim præmunitus de adventu quærentium animam ejus, et surgens de stratu soporatus ad capellam nudus confugit. At Godefridus supradictus cum sociis armatis capellam ingressus præcepit ex ore regis, ut exiret de capella et veniret Londonias cum rege locuturus; sed cum Hubertus respondit, quod nullo modo exiret, Godefridus et ejus complices rapuerunt de manibus illius crucem et Dominicum corpus, et vinculis illum constringentes arctissimis equo imposuerunt, et ad turrim Londoniarum ipsum ducentes posuerunt in A.D. 1232. carcere compeditum. Quo facto, nuntiaverunt regi quod factum fuerat; et ille, qui pervigil eorum exspectabat adventum, lætus stratum petivit.

Quomodo idem Hubertus reductus est ad capellam.

Mane autem facto, cum Rogerus, Londoniensis antistes, cognovisset quo ordine Hubertus extractus fuerat de capella, venit celer ad regem, increpans illum audacter, quod pacem sanctæ ecclesiæ violaverat, dixitque, quod, nisi ipsum cum festinatione a vinculis liberatum remitteret ad capellam, a qua erat violenter ejectus, ipse omnes hujus violentiæ auctores excommunicationis sententia innodaret. Rex autem, licet invitus, reatum suum intelligens remisit Hubertum ad capellam, et, ubi captus fuerat a militibus armatis, restituitur ab eisdem quinto kalendas Octobris; quo facto, rex dedit vicecomitibus Hertfordiæ et Essexiæ in mandatis sub pœna suspensionis, quatenus in propriis personis et cum omnibus hominibus duorum comitatuum capellam obsidione vallarent, et ne Hubertus evaderet, vel a quoquam cibum acciperet, explorarent. At vicecomites præfati, sicut eis præceptum fuerat, ad locum venientes capellam cum domo episcopi, quæ prope erat, obsidentes, cinxerunt capellam et locum per gyrum fossato lato satis et alto, decernentes ibi quadraginta dierum excubias observare. Et Hubertus hæc omnia æquanimiter ferens, puram habens conscientiam, ut dicebat, causam suam Domino commendabat; rogans jugiter divinam clementiam, quatenus illum ab instanti periculo liberaret, sicut ipse super omnia honorem regis semper dilexerat eatenus et salutem. Sed rex ipsius meritis male respondens, cui tanto servierat studio, quod regi soli sibi placere sufficiebat, nunc in tali statu constitutus est, quod rex omnibus generaliter prohibuit, ne quis pro eo rogaret vel de Huberto in ejus præsentia faceret

mentionem. Sed tamen Lucas, archiepiscopus Dublinensis, qui unicus ei erat amicus, regi pro eo cum
lachrymis incessanter supplicabat, ut saltem quid sibi
placeret de Huberto facere intimaret; cui rex respondisse fertur, ut ex multis eligeret unum, vel in
æternum Angliam abjurare, vel perpetuum carcerem
subire, vel palam se esse proditorem confiteri, vel se
in regis ponere voluntate. Ad hæc respondit Hubertus, quod nullum horum eligeret articulorum, ut qui
consilium regis nimis habebat suspectum, quia nihil
se fecisse recolit tanta confusione dignum; veruntamen, ut domino suo regi satisfaciat, libenter ad
tempus exiret a regno, sed illud non abjurabit.
Morabatur autem postea Hubertus in capella præfata
multis diebus et noctibus obsessus cum duobus servientibus, qui ei victualia ministrabant, donec ex præcepto
regis subtracta ei fuerunt omnia cibariorum genera et
servientes ejus de capella ejecti. Tunc Hubertus in
arcto positus, cum fame perire sibi turpe videretur,
sponte de capella exivit, offerens se vicecomitibus,
qui illum observabant; dixit enim, se potius velle
regis misericordiam experiri, quam fame detestanda
perire. Tunc vinculis arctioribus constrinxerunt illum
vicecomites sæpe dicti et equo illum imponentes
duxerunt ad urbem Londoniarum, ubi, rege jubente,
sub arcta custodia deputatur in turri compedibus
mancipatus.

De collectione quadragesimæ rerum mobilium regi
concessarum.

" Henricus, Dei gratia rex Anglorum, Petro de
" Thaneo, Willelmo de Culeworthe et Adæ filio Wil-
" lelmi, collectoribus quadragesimæ, salutem. Sciatis,
" quod archiepiscopi, episcopi, abbates, priores et
" clerici, terras habentes, quæ ad ecclesias suas non
" pertinent, comites, barones, milites, liberi homines

" et villani de regno nostro, concesserunt nobis in A.D. 1232.
" auxilium quadragesimam partem omnium mobilium
" suorum apparentium, sicut ea habuerunt in crastino
" sancti Matthæi anno regni nostri decimo sexto,
" videlicet, quod de bladis, carrucis, ovibus, vaccis,
" porcis, haraciis, equis carretariis et deputatis ad
" wainnagium in maneriis, exceptis bonis, quæ
" prædicti archiepiscopi, episcopi et aliæ personæ
" ecclesiasticæ habent de ecclesiis parochialibus et de
" ecclesiis præbendatis, et de præbendis, et terris ad
" praebendas pertinentibus et ecclesias parochiales
" spectantibus. Provisum est generaliter a prædictis
" fidelibus nostris, quod prædicta quadragesima hoc
" modo assideatur et colligatur ; quod, videlicet, de
" qualibet villa integra eligantur quatuor de meliori-
" bus et legalioribus hominibus, una cum præpos-
" tis singularum villarum, per quorum sacramentum
" quadragesima ' pars omnium mobilium prædictorum
" taxetur et assideatur super singulos in præsentia
" militum assessorum ad hoc assignatorum ; et postea
" per sacramentum duorum legalium hominum earun-
" dem villarum inquiratur et assideatur quadragesima
" omnium mobilium, quæ prædicti quatuor homines et
" præpositi habent ; et districte inbrevietur et aperte,
" de cujus vel de quorum baronia quælibet villa fuerit
" in parte vel in toto. Et, postquam quadragesima
" fuerit assisa et in scriptum redacta, rotulus omnium
" particularum de singulis villis et singulis comitati-
" bus liberetur senescallo singulorum baronum, vel
" attornato ipsius senescalli, vel ballivo libertatis, ubi
" aliquis libertatem habuerit, scilicet, quod baro vel
" dominus libertatis velit et possit prædictam quadra-
" gesimam colligere et pro ea habenda distringere ; si
" vero non velit, vel non possit, vicecomites distric-
" tionem faciant prædictam, ita quod nil inde re-
" cipiant, sed tota quadragesima prædicta prædictis
" militibus assessoribus liberetur in majori et securiori

" villa singulorum comitatuum. Et de qualibet villa
" fiat summa tallia inter senescallum baronis, vel ejus
" attornatum, vel senescallos domini libertatis, et
" prædictos assessores. Et deponatur pecunia per
" eosdem assessores in aliquo loco tutiori ejusdem
" villæ, ita quod assessores habeant sigilla sua et
" seras et claves suas super pecuniam prædictam, et
" vicecomites similiter sigilla sua et seras et claves
" suas. Et assessores, statim ex quo quadragesima
" assisa fuerit per ipsos, mittant rotulos suos ad
" scaccarium de toto itinere suo ; et similiter, ex quo
" dicta pecunia ab eis collecta fuerit, mittant rotulos
" suos ad scaccarium de recepta sua, et prædicta
" pecunia reservetur in locis ubi deposita fuit, donec
" ad mandatum nostrum deferatur usque ad Novum
" Templum Londoniarum. Nihil autem capietur ab
" aliquo homine nomine quadragesimæ, qui non
" habuerit de hujusmodi bonis mobilibus ad valen-
" tiam quadraginta denariorum ad minus. Ad
" prædictam siquidem quadragesimam assidendam in
" comitatu Hertfordiæ assignavimus vos, et manda-
" vimus vicecomiti nostro de Hertforde, quod singulas
" villatas comitatus sui certis diebus et locis, quos ei
" scire facietis, ad mandatum nostrum coram vobis
" venire faciat, et in omnibus, quæ ad dictum
" negotium pertinent, vobis intendant et obediant.
" Valete."

De morte Ranulphi, comitis Cestriæ.

Eodem tempore Ranulphus, comes Cestrensis et
Lincolniensis, apud Walingeford diem clausit extremum quinto kalendas Novembris, cujus corpus delatum
est apud Cestriam tumulandum. Successit ei in comitatum Cestrensem Johannes nepos ejus ex sorore sua,
quem genuit comes David, frater Willelmi, regis
Scotorum; alius autem nepos ejus ex sorore secunda

A.D. 1232.

Lincolniæ obtinuit comitatum et de barone comes effectus est; comes quoque Arundel, alius nepos ejus, quingentas libratas terræ ṣuscepit.

Circa hos quoque dies, instante festo beati Martini, suggestum fuit Anglorum regi, quod Hubertus, quondam justiciarius, apud Novum Templum habuit thesaurum non modicum sub eorundem Templariorum custodiâ deputatum. At rex magistrum Templi ad suum vocans colloquium sciscitabatur districtius ab eo si ita fuisset; at ille, non ausus regi veritatem negare, confessus est [quod] habebat pecuniam sibi ac fratribus suis fideliter commendatam, sed quantitatem et numerum penitus ignorabant. Tunc rex cum minis prædictam a fratribus exegit, ut pecuniam illam incontinenti sibi redderent, asserens eam de thesauro suo dolo fuisse subtractam; cui responderunt fratres, quod nulli pecuniam traderent sibi in fide commissam absque ipsius licentia, qui illam in Templo commendaverat reservandam. At rex, quia pecunia memorata sub protectione ecclesiæ fuerat deputata, non habuit consilium ut violentiam ingereret; unde thesaurarium curiæ suæ, cum justiciariis suis de scaccario, misit ad Hubertum, qui in turri Londoniarum compeditus tenebatur, ut pecuniam exigerent ab eo regi ex integro assignandam. Nuntii autem prædicti cum Huberto ex parte regis talia præsentassent, respondit continuo, quod seipsum et sua omnia regis submitteret voluntati. Præcepit ergo, ut fratres militiæ Templi claves ọmnes ex parte sua domino suo regi præsentarent, et de rebus ibi depositis suam faceret voluntatem; quod cum factum fuisset, jussit rex pecuniam illam fideliter numeratam in suo reponi thesauro, et rerum omnium inventarum summam in scriptum redigi et suæ præsentiæ exhiberi. Invenerunt autem clerici regis et thesaurarius cum eis in illo deposito octo millia libras argenti optimæ monetæ, septies viginti cupas aureas et argenteas bene deauratas, cum tanta pretiosorum

lapidum ac nobilitate gemmarum, quod pretium rerum
omnium inventarum, ut dicitur, excedebant. His
itaque divulgatis, venerunt ad regem quidam, qui
Hubertum persequi non cessabant, accusantes eum
et dicentes, quod nunc de furto convictus et fraude
dignus erat morte turpissima condemnari ; quibus rex
respondit, " Hubertus," inquit, " a pueritia prius avun-
" culo meo regi Richardo, et postea regi Johanni
" patri meo, satis servivit fideliter, ut audivi, qui,
" si contra me male egit, nunquam per me iniqua
" morte morietur ; malo enim rex fatuus reputari ac
" remissus, quam crudelis et tyrannus ; " et, his dictis,
concessit Huberto omnes terras, quas ex dono patris
sui vel ex emptione possidebat, ut inde sibi ac suis
necessaria provideret. Et paulo post susceperunt
Hubertum sub fidejussione Richardus comes, frater
regis, Willelmus comes Warenniæ, Richardus comes
Marescallus et Willelmus comes de Ferrariis, et
missus a rege ad castellum de Divisis traditus est
sub custodia quatuor militum prædictorum comitum,
ut sub libera custodia servaretur ibidem.

Eodem anno, in crastino sancti Martini, audita sunt
tonitrua horribilia, quæ vicissim per dies quindecim
continuata multos terruerunt, et præcipue cives Londonienses, qui hanc pestem adeo habent familiarem,
quod, si usquam sit in Anglia, ibi non desit ; secutum
est autem in regno Anglorum inter regem et barones
miserabile dissidium, sicut sequens historia declarabit.

De visitatione facta super viros cujuscumque religionis per orbem universum.

Hoc quoque anno papa Gregorius constituit visitatores super viros religiosos per orbem generaliter
universum Christi nomine insignitum sub hac forma ;
" Gregorius episcopus, venerabilibus fratribus suffra-
" ganeis ecclesiæ Cantuariensis, salutem et apostolicam

A.D. 1232.

" benedictionem. Egressus a facie Dei Sathan, ad
" fortia manum mittens, de sua calliditate confisus
" vitiorum laqueis irretire molitur electos in sortem
" Dominicam evocatos, majores ibi parans ille tor-
" tuosus insidiator insidias, ubi graviores conspexerit
" corruptelas. Sane cum frequenter ad nostram audi-
" entiam pervenisset, quod monasteria Cantuariensis
" provinciæ in spiritualibus enormiter et temporalibus
" per malitiam et incuriam in eis habitantium sunt
" collapsa, nos culpas eorum nolentes ulterius sub
" dissimulatione transire, ne, si eas dimiserimus in-
" correctas, ipsas nostras efficere videamur, monasteriis
" illis, quæ ad Romanam ecclesiam nullo noscuntur
" medio¹ pertinere, in eadem provincia constitutis,
" visitatores, reformatores et correctores, tam in capite
" quam in membris, deputavimus speciales; plenaria
" sibi potestate concessa, ut visitantes eadem monas-
" teria vice nostra corrigant et reforment, quæ in
" ipsis correctionis et reformationis officio noverint
" indigere, constitutionibus vel correctionibus aliis in
" provinciali capitulo rite factis in suo robore nihilo-
" minus duraturis. Licet autem nobis in plenitu-
" dinem potestatis assumptis cura cunctorum immineat
" generalis; quia tamen vos, qui vocati estis in partem
" sollicitudinis, super grege vobis commisso specialiter
" decet esse sollicitos et attentos, ne ovis morbida
" pereat; universitatem vestram monemus et hortamur,
" in virtute obedientiæ districte vobis præcipiendo
" mandantes, quatenus singuli vestrum, tam in civi-
" tatibus quam in diocesibus vestris, per vos ipsos,
" aut per viros religiosos, qui experimento rerum in
" hujusmodi visitationibus sunt instructi, loca mo-
" nachorum, monialium et canonicorum regularium,
" necnon secularium clericorum, vobis subjecta visitare
" curetis, tam auctoritate nostra quam vestra genera-

---

¹ Modo in D.

" liter universa reformantes et corrigentes in capite
" et membris, omni gratia et timore postpositis, in
" eisdem quæ reformanda noveritis et etiam corri-
" genda, salvis his, quæ circa religiosos in provinciali
" capitulo provide sunt statuta juxta constitutionem
" concilii generalis, contradictores per censuram eccle-
" siasticam, appellatione postposita, compescendo;
" præceptum nostrum taliter impleturi, quod ultionum
" [Deus] in illo tremendo judicio, qui unicuique
" juxta opera sua reddet, de manibus vestris non
" requirat sanguinem eorundem, et nos ad id limam
" correctionis apostolicæ apponere non cogamur. Data
" Spoleti, quinto idus Junii, pontificatus nostri anno
" sexto."

De visitatione facienda super ecclesias exemptas.

Aliis autem ecclesiis et viris religiosis, qui immediate ad Romanam spectabant ecclesiam, non episcopos,
sed abbates, ordinis Cisterciensis maxime et Præmon-
stratensis, visitatores dedit, viros scilicet indiscretos
et nimis asperos, qui in hac visitatione ita insolenter
et immisericorditer processerunt, quod in pluribus
monasteriis rationis metas excedentes compulerunt
multos ad remedium appellationis confugere ; qui
Romam profecti, post multas pecuniæ effusiones et
labores non modicos, visitatores alios impetrarunt. Et,
ut tandem breviter dicatur, ista visitatio per orbem
universum ad ordinis potius deformationem, quam reformationem, processit ; dum omnes, qui in diversis
orbis partibus unicam beati Benedicti secuti fuerant
regulam, per novas constitutiones ita inveniantur
ubique discordes, quod ex omnibus cœnobiis vel aliis
virorum religiosorum ecclesiis vix duo habeantur in
norma vivendi concordes. Verum abbas quidam
Montis-belli, dum in hac visitatione procedere for-
midaret, consuluit dominum papam super dubiis qui-

busdam articulis, a quo, in forma procedendi, talem A.D. 1232.
meruit habere responsionem;

De consultatione facta ad papam super visitatione praedicta.

" Ea, quæ pro religionis honestate et religiosorum
" salute provide ordinantur, apostolico sunt munimine
" roboranda, ut suscipiantur devotius et diligentius
" observentur. Cum ergo per dilectum filium abbatem
" Montis-belli quædam capitula nobis fuerint præsen-
" tata, quæ ad castigandum transgressiones multiplices
" et excessus, quos in quibusdam cœnobiis invenerat,
" videbantur pro salute ac honestate nostra lauda-
" biliter statuenda, nos examinari et corrigi fecimus,
" et præcipimus ut inviolabiliter observetis, quæ sigillis
" venerabilium fratrum nostrorum Hostiensis et Tus-
" culanensis muniri fecimus ad cautelam. Et adhuc
" volumus et præcipimus auctoritate apostolica, ut
" visitatores ad generale capitulum convocent abbates,
" et priores non habentes abbates proprios, tam ex-
" emptos quam non exemptos, qui non consueverunt
" hujusmodi capitulum celebrare; præsidentes in ipso
" capitulo generali, canonico impedimento ablato. Eos
" igitur, qui contempserint vel neglexerint convenire,
" cessante cujuslibet appellationis obstaculo, per censu-
" ram ecclesiasticam venire compellant, et usque ad
" satisfactionem condignam, quam in eos rite tulerint,
" non relaxent; eadem censura facturi, quæ in eodem
" capitulo deliberatione provida fuerint ordinata, firmi-
" ter observari; reddituri tam ipsi quam visitatores,
" et alii quilibet, ministerii Domino, in cujus conspectu
" nuda sunt omnia et aperta, in extremo examine
" rationem; sed et omnem sollicitudinem et diligentiam
" circa correctionem et reformationem ordinis ad visita-
" tionem cœnobiorum studeant adhibere. Porro cum
" visitatores, secundum statuta generalis concilii, in

" generali abbatum capitulo processerint ad visita-
" tionis officium exsequendum, de statu monas-
" teriorum et observantiis regularibus diligenter in-
" quirant, et tam in spiritualibus quam in temporali-
" bus corrigant et reforment quæ viderint corrigenda ;
" ita quod monachos delinquentes per abbates loci
" corrigi faciant, eisque injungi pœnitentiam saluta-
" rem, juxta beati Benedicti regulam et apostolica
" instituta, et non secundum normam pravæ consue-
" tudinis, quæ jam pro lege in quibusdam ecclesiis
" inolevit. Ipsi etiam visitatores monachos, quos con-
" tumaces invenerint et rebelles, juxta modum culpæ,
" vice nostra, regulari censura compellant absque per-
" sonarum delectu, non parcendo rebellibus ob suam
" pertinaciam vel potentiam amicorum, quin ovem
" morbidam ejiciant ab ovili, ne inficiat oves sanas.
" Si vero abbates in corrigendis, juxta visitatorum
" mandatum et regularia instituta, seipsis suis[ve]
" monachis inventi fuerint negligentes, proclamentur,
" corripiantur, et ita punientur publice in capitulo
" generali, quod pœna eorum sit aliis in exemplum.
" Prout si abbas aliquis, non exemptus, fuerit a visi-
" tatoribus nimis negligens et remissus inventus, id
" loci diocesano denuntient sine mora, et per illum
" detur ei fidus et prudens coadjutor usque ad ca-
" pitulum generale. Quod si dilapidator inventus
" fuerit, aut alias merito amovendus, per diocesanum,
" postquam sibi a visitatoribus fuerit denuntiatum,
" amoveatur absque judiciorum strepitu a regimine
" abbatiæ et a monasterio; provideatur interim ad-
" ministrator idoneus, qui temporalium curam gerat,
" donec ipsi monasterio fuerit de abbate provisum.
" Quod si forsan episcopus hoc implere noluerit vel
" neglexerit, visitatores, vel præsidentes in capitulo
" generali, defectum episcopi ad sedem apostolicam
" non differant intimare. Hæc eadem circa exemptos
" abbates fieri præcipimus, depositione tantum ipso-

" rum sedi apostolicæ reservata; ita tamen, ut
' abbate,[1] qui videbitur amovendus, interim per visi-
" tatores vel in capitulo præsidentes ab administra-
" tione suspenso, administrator idoneus monasterio
" deputetur. Illorum autem excessus, et alia quæ
" visa fuerint intimanda capitulis, præsidentes nobis
" denuntient per fideles nuntios et prudentes, quibus
" de communi abbatum contributione, juxta cujuslibet
" facultatem, sufficienter ministrentur expensæ. Se-
" quentes autem visitatores priorum perquirant ves-
" tigia diligenter visitatorum, et eorum negligentias
" et excessus referant sequenti capitulo generali, ut
" juxta culpam debitam pœnam portent." Et hæc de
visitatione dicta sufficiant.

Eodem anno Rogerus, Londoniensis episcopus, accu-
satus inter alios de consensu distractionis frugum
clericorum Romanorum, profectus est ad sedem apostolicam, ut suam ibi innocentiam excusaret.

*Quod rex Anglorum ministros a curia sua
removit.*

Anno Domini MCCXXXIII. rex Anglorum Henricus,
anno regni sui decimo septimo, tenuit curiam suam
ad Natale apud Wigorniam, ubi, ut dicitur, de consilio Petri, Wintoniensis episcopi, omnes naturales
curiæ suæ ministros a suis removit officiis, et Pictavenses extraneos in eorum ministeriis subrogavit.
Willelmum quoque de Rodune, militem, expulit, qui in
curia regis vices gerebat Richardi magni Marescalli;
quod idem Richardus nimis moleste tulit. Walterum
Karleolensem episcopum idem rex, per consilium prædictum ab officio thesaurarii prius expellens, centum
libras argenti ab eo cepit, et custodias quasdam, quas
ei per chartam suam confirmaverat dum viveret, con-

---

[1] Abbas in D.

A.D. 1233. tumeliose subtraxit. Consiliarios vero suos omnes, tam episcopos quam comites, ac barones et quosque de regno suo nobiles, ita præcipitanter abjecit, quod nulli credebat in aliquo, nisi episcopo memorato et filio ejus Petro de Rivallis; unde factum est, quod, expulsis castrorum custodibus per totam Angliam, rex omnia sub ipsius Petri custodia commendaret. Tunc Petrus, Wintoniensis episcopus, ut regis favorem liberius obtineret, attraxit in suum consortium Stephanum de Segrave, virum flexibilem, et Robertum Passelewe, qui sub Petro de Rivallis thesauros regis servabat; et sic contigit, ut illorum consilio et arbitrio universa regni negotia ordinaret. At rex, invitatis Pictavensibus et Britonibus transmarinis, venerunt ad duo millia cum equis et armis milites et servientes, quos in suo retinens obsequio posuit in præsidiis castrorum regni in locis diversis, qui homines Angliæ naturales et nobiles totis viribus opprimebant, proditores eos vocabant, quos etiam de proditione apud regem accusabant; quorum mendaciis rex simplex fidem adhibens tradidit custodias comitatuum et baroniarum cum juvenibus nobilibus et puellis generosis; horum autem utrumque sexum turpiter degenerabant, cum ignobiliter maritabant. Thesaurorum etiam suorum rex eis custodias cum legibus patriis et judiciis commisit. Quid plura? Judicia committuntur injustis, leges exlegibus, pax discordantibus, justitia injuriosis; et cum nobiles de regno de oppressionibus sibi irrogatis coram rege querimoniam deponerent, episcopo impediente prædicto, non fuit qui eis justitiam exhiberet. Episcopos etiam quosdam Angliæ idem episcopus ita apud regem accusabat, quod eosdem quasi hostes publicos devitaret.

Quod Marescallus regem increpavit.

Cumque his et consimilibus injuriis Richardus comes, regni Marescallus, videret tam nobiles quam

ignobiles opprimere et jura regni penitus deperire, A.D. 1233.
zelo justitiæ provocatus, associatis sibi quibusdam
magnatibus, ad regem audacter accessit, increpans eum,
audientibus multis, quod per pravum consilium advo-
caverat extraneos Pictavenses, in oppressionem regni
et hominum suorum de regno naturalium, legum
pariter ac libertatum ; unde regem humiliter rogabat,
ut tales excessus corrigere festinaret, per quos coronæ
suæ et regni subversio imminebat ; affirmabat insuper,
quod, si hæc emendare diffugeret, ipse et cæteri de
regno magnates tamdiu se ab ipsius consilio sub-
traherent, quamdiu alienigenarum consortio frueretur.
Ad hæc autem respondens Petrus, Wintoniensis
episcopus, dixit, quod bene licuit domino regi extraneos quoscumque vellet vocare pro defensione regni
sui et coronæ, et etiam tot et tales, qui possent
homines ejus superbos et rebelles ad debitum compellere famulatum. Comes vero Marescallus et cæteri
magnates perturbati a curia recedentes, cum aliud non
poterant habere responsum, firmiter promiserunt ad
invicem, quod pro hac causa, quæ omnes tangebat,
usque ad divisionem corporis et animæ decertarent.

De tonitruo hyemali.

Eodem anno, decimo kalendas Aprilis, audita sunt
tonitrua terribilia, et secuta est per totam æstatem
tanta pluviarum inundatio, quod ubique vivaria con-
fregit, et stagna atque molendina per universam fere
Angliam a suis sedibus violenter evulsit ; nempe in
campis arabilibus et fructiferis, in partibus diversis, et
aliis insolitis locis, proruperunt fontes per rivulos
discurrentes, ex quibus aqua inter fruges stans, ad
modum stagni collecta, admirantibus multis, pisces
fluviales produxit ; molendina etiam in stationibus et sedibus fiebant diversis, ubi nunquam antea visa fuerunt.

A.D. 1233. Eodem quoque tempore, sexto scilicet idus Aprilis, circa horam diei primam, in finibus Herefordiæ et Vigorniæ apparuerunt in cælo quatuor soles adulterini circa solem naturalem diversi coloris, quidam in semicirculis, quidam in rotundis. Hi soles plusquam mille viris fide dignis apparentes terribile illis spectaculum præbuerunt; unde quidam eorum propter visionem insolitam pinxerunt soles et circulos diversis coloribus insignitos in pellibus literalibus, ne res tam insolita a memoriis hominum laberetur. Secuta est autem eodem anno in partibus illis guerra crudelis, et humani sanguinis effusio terribilis, et per totam Angliam, Walliam et Hiberniam perturbatio generalis. Circa idem denique tempus, mense Junio, in parte australi Angliæ visi sunt a multis secus maris littus immanissimi duo dracones in aere graviter præliantes, atque post diutinam pugnam unus alterum superavit, et fugatum usque in profundum abyssi insecutus est, nec amplius visi fuerunt.

De cassatione Cantuariensis electi.

Per idem tempus cassatus est magister Johannes, cognomento Blundus, Cantuariensis electus. Divulgatum quidam erat Romæ, quod post electionem suam acceperat ex dono Petri, Wintoniensis episcopi, mille marcas argenti, præter alias mille marcas, quas eidem Johanni crediderat, ut promoveretur, unde constat manifeste, quod magis ei nocuit quam profuit familiaritas episcopi memorati: confessus præ terea Romæ fuerat idem Johannes, ut dicitur, quod duo habebat beneficia, quibus cura connexa extiterat animarum, contra statuta concilii generalis, qua præsumptione creditur reprobatus. Sed quoniam, jam cassatis tribus ecclesiæ Cantuariensis electis, præfata diu extiterat ecclesia a pastore viduata, dedit monachis, qui cum electo cassato venerant, potestatem eligendi magistrum Eadmundum, ecclesiæ Saresbiriensis canoni-

cum, in pastorem animarum suarum ; cui etiam pallium
transmisit, ne tanta sedes metropolitana a pastore
diutius frustraretur. Monachi vero nec ipsum nec
alium quemlibet, nisi de consensu conventus sui, re-
cipere decreverunt

De discordia orta inter regem et magnates regni.

Circa dies istos, cum Petrus, Wintoniensis episcopus,
et complices ipsius in odium gentis Anglorum pariter
et contemptum cor regis ita immutaverant, ut eorum
exterminium modis omnibus moliretur, invitavit paulatim tot Pictavensium legiones, quod totam fere
Angliam repleverunt, quorum rex agminibus quocum-
que pergebat vallatus incessit ; nec quicquam fiebat
in regno, nisi quod Wintoniensis episcopus et Pictavensium turba disponebant. Tunc rex, missis literis
suis, vocavit omnes de regno comites et barones ad
colloquium, ut venirent apud Oxoniam ad festum sancti
Johannis ; sed ipsi noluerunt ad ejus mandatum venire,
tum propter insidias alienigenarum, tum propter indignationem quam conceperant adversus regem, qui extraneos ob eorundem baronum vocavit contemptum ;
et, cum hoc regi per nuntios solennes denuntiassent,
iratus est vehementer, et judicialiter jussit diffiniri,
quo ordine debeat eos compellere ad suam curiam
venire. Tunc decretum est per judicium, ut tertio
vocentur a rege, ut probet si venire velint, an non.
In hoc autem colloquio frater quidam de ordine Prædicatorum, qui coram rege et quibusdam episcopis
præsentibus verbum Dei prædicabat, libera voce regi
patenter dixit, quod nunquam diuturna pace frueretur,
nisi Petrum, Wintoniensem episcopum, et Petrum de
Rivallis, ejus filium, a suo consilio removeret. Cumque
alii multi, qui aderant, idipsum regi protestarentur,
significavit magnatibus memoratis, ut venirent apud
Westmonasterium quinto idus Julii ad colloquium, et

D 2

ibi per eorum consilium emendaret quicquid de jure
noverat corrigendum. Sed cum audissent magnates
præfati, quod paulatim applicuerunt in regno prædones
multi cum equis et armis a rege invitati, cum nullum
pacis signum vidissent, supersederunt ad diem sibi
statutum venire, denuntiantes regi per nuntios solennes, quatenus, omni dilatione remota, ejiceret Petrum,
Wintoniensem episcopum, et cæteros Pictavenses de
curia sua, sin autem, ipsi omnes de communi consilio
totius regni ipsum cum iniquis consiliariis suis a regno
depellerent et de novo rege creando tractarent.

Quod rex Anglorum quosdam viros nobiles exulavit.

His ita gestis, rex animo consternatus est vehementer et ejus curia tota, vultum demittentes et non
mediocriter metuentes, ne fieret error filii patris errore
deterior, quem homines sui de fastu regni deponere
satagebant. Tunc Petrus sæpe dictus episcopus consilium regi dedit, ut arma moveret contra rebelles
homines suos, et castella eorundem ac terras Pictavensibus conferret, qui regnum Angliæ a suis proditoribus
tuerentur. Rex autem imprimis iram conceptam in
Gilebertum Basset, virum nobilem, retorquens spoliavit
eum a quodam manerio, quod ex dono Johannis regis
acceperat ; qui cum a rege quod jus suum erat repe-
teret, vocavit eum proditorem, comminans, quod, nisi
a curia sua recederet, suspendio traderetur. Richardum
quoque Siuard, militem strenuum, qui ejusdem Gileberti
sororem habuit sibi matrimonio copulatam sine ipsius
licentia, ut dicebat, jussit rex capi et captum sibi
præsentari. Alios quidem omnes de regno nobiles et
potentes suspectos habens obsides exegit ab eis, significans universis per literas suas, quatenus infra
kalendas Augusti tot et tales sibi obsides præsentarent, quibus ab ejus animo omnem rebellionis sus-
picionem auferrent.

Quod Marescallus præmunitus sit de proditione.

Cumque comites ac barones Angliæ in magno militiæ apparatu Londonias tenderent ad colloquium in kalendis Augusti sibi præfixum, Richardus comes Marescallus cum cæteris venire proponens hospitatus est cum sorore sua, uxore scilicet Richardi fratris regis Anglorum, quæ cum fratrem interrogasset, quo iter haberet, respondit ille, quod ad colloquium apud Westmonasterium constitutum venire festinaret. Cui illa " Noveris, frater carissime, quod paratæ sunt insidiæ " tibi, si venias, ut capiaris ab inimicis tuis, qui te " regi et Wintoniensi episcopo præsentabunt, ut de te " faciant, sicut de Huberto comite Cantiæ fecerunt." Marescallus vero vix credere consensit verbis sororis suæ, quousque modum captionis et a quo caperetur probabilibus argumentis ostendit. At comes Marescallus tunc primo dictis sororis fidem adhibens nocte superveniente iter arripuit, nec prius frænum cohibuit, donec in Walliam festinus viator pervenit. Venerunt autem ad colloquium prædictum comes Cestrensis, comes Lincolniensis, comes de Ferrariis et comes Richardus frater regis, cum aliis comitibus et baronibus multis, sed nihil ibi actum fuit propter absentiam comitis Marescalli et Gileberti Basset et quorundam aliorum qui absentes erant magnatum; unde rex, per consilium episcopi Wintoniensis et Stephani de Segrave, fecit invitare per literas omnes de regno magnates, qui sibi ad militare servitium tenebantur, ut venirent apud Gloverniam cum equis et armis [die] Dominica ante assumptionem beatæ Mariæ. Sed Richardus Marescallus et alii multi, qui fuerant confœderati, cum venire noluissent ad diem statutum, fecit rex, ac si proditores essent, villas eorum concremari, parcos et vivaria destruere, castella obsidione vallare. Erant autem viri nobiles, qui confœderati dicebantur, comes Marescallus, Gilebertus Basset et fratres ejus, Richardus Siuard, et miles strenuus

Walterus de Clifordis, cum aliis multis, qui eis adhærebant; quos omnes rex absque judicio curiæ suæ
et parium suorum exules et proscriptos denuntiari
fecit, terras eorum Pictavensibus dedit, præcipiens ut
eorum corpora carperentur, ubicumque invenirentur in
regno.

Quod Wintoniensis episcopus quosdam confœderatos comitis Marescalli corrupit.

Tunc Petrus, Wintoniensis episcopus, qui vires
comitis Marescalli et confœderatorum suorum infirmare
modis omnibus conabatur, comites [1] Cestrensem et
Lincolniensem, datis mille marcis, corrupit, ut, relicto
Marescallo et causa justitiæ, ad regem converterent
et partem ejus foverent; nam Richardus, frater regis,
diu ante ad regem reversus erat, qui Marescallo prius
adhærebat. Hæc cum Marescallus cognovisset, confœderatus est Loelino, principi Norwalliæ, et aliis
potentibus regionis illius, interposito juramento, quod
nullus eorum contra regem sine altero concordaret.
Tunc in crastino assumptionis beatæ Mariæ applicuerunt apud Doveram viri armati multi ex regionibus
transmarinis venientes et ad regem apud Gloverniam
pervenerunt; at rex illorum et aliorum multorum
vallatus catervis ad Herefordensem urbem exercitum
promovit.

De injuria Waltero, Karleolensi episcopo, illata.

Per idem tempus quum Walterus, Karleolensis episcopus, pro quibusdam injuriis a rege sibi, ut dicebat, illatis,
apud Doveram navem erat ingressus, ut transfretaret
supervenerunt quidam ministri regis ejicientes eum

---

[1] Comitem in D.

cum suis omnibus de navi, et firmiter ex parte ipsius
regis prohibebant, ne absque illius licentia de regno
exiret. Applicuit autem tempore, quo hæc facta erant
ibidem, Rogerus, Londoniensis episcopus, a curia
Romana reversus, qui videns injuriam, quæ præfato
inferebatur episcopo, excommunicavit omnes, qui in
eum manus injecerant violentas, et inde profectus ad
regem invenit eum apud urbem Herefordensem in
Wallia cum exercitu copioso ; ubi in præsentia regis
et quorundam episcoporum de violentia Karleolensi
episcopo illata supradictam excommunicationis sententiam innovavit, non mediocriter rege murmurante, et,
ne talem ferret sententiam, prohibente ; cum quo etiam
omnes qui adfuerunt episcopi illos excommunicaverunt
universos, qui hujus perturbationis occasionem præ-
stabant.

De diffidatione Marescalli et obsidione cujusdam castelli ipsius.

Et, his ita gestis, rex, de consilio episcopi Wintoniensis, Marescallum diffidavit per episcopum Menevensem, et sic jussit contra eum arma movere et ejus
castella obsidere. Ingressus igitur rex terram comitis
Marescalli obsedit quoddam castellum ipsius, cujus
nomen non teneo, sed cum per dies plurimos illud
graviter impugnasset et parum vel nihil profecisset,
deficientibus exercitui alimentis, cum obsidionem sol-
vere oportebat, puduit regem illuc venisse ; unde, missis
quibusdam episcopis ad comitem Marescallum, exegit
ab eo, quatenus propter honorem ipsius regis, ne
videretur castellum inaniter obsedisse, illud sibi tali
conventione redderet, ut infra dies quindecim illud
integrum ipsi restitueret Marescallo, atque omnia, quæ
in regno erant corrigenda, interim [1] per consilium

---

[1] Ipsi . . . . interim wanting in C.

A.D. 1233. episcoporum, qui super his fidejussores fuerant, emendaret. Et ad hoc perficiendum constituit rex diem
ipsi Marescallo ac cæteris exulatis Dominica proxima
post festum sancti Michaelis apud Westmonasterium ;
et sic redditum est regi castellum, obsidione soluta.

De liberatione Huberti de Burgo.

Circa dies istos Petrus, Wintoniensis episcopus, qui
modis omnibus in mortem Huberti de Burgo aspirabat,
qui in castro de Divisis in vinculis tenebatur, nulla
de Huberto mentione facta, regem rogavit attentius,
ut concederet sibi castri custodiam memorati, hac
occasione ductus, ut copiam haberet illum, sicut dicitur,
perimendi. Sed Hubertus, de his omnibus ab amicis
suis, qui in curia regis erant, præmunitus, duobus
ministris,[1] qui ei [2] in illius castri præsidio serviebant,
hoc consilium revelavit, qui ipsius miseriæ compatien-
tes sollicite cogitabant, qualiter illum a mortis dis-
crimine liberarent. Considerata igitur opportunitate,
dormientibus castelli custodibus, unus eorum, altero
explorante, in prima noctis sancti Michaelis vigilia,
præfatum Hubertum in humeris arripuit compeditum,
et de turri clam custodibus descendens ct pium furtum
ferens latitudinem eastelli pertransiit, veniensque ad
majorem portam per ostium exivit, et sic quoddam
ingens fossatum, licet cum difficultate, transcendens
ad ecclesiam villæ parochialem impiger viator conscendit, nec sarcinam prius deposuit quam ad majus
altare lætus pervenit. Juvenes vero, qui Hubertum
liberaverant, ab eo recedere nolentes pro laude sibi
futurorum reputabant et mercede cælesti si pro tanti
viri liberatione mortem incurrerent temporalem.

---

[1] Duos ministros in D. and C.,   [2] Wanting in C.
marked for correction in D.

Quod Hubertus ab ecclesia violenter extractus
incarceratur in castello.

Evigilantibus interea castellanis, cum Hubertum in loco non reperiunt consueto, perturbati sunt valde, et catervatim exeuntes de castro cum laternis et fustibus et armis omnia quærendo perlustrabant, donec a referentibus audierunt Hubertum esse in ecclesia ex compedibus liberatum, quo cum tumultu concurrentes invenerunt eum ante altare crucem Dominicam manibus bajulantem; quem atrociter arripientes et fustibus pariter ac pugnis impie cædentes, cum duobus liberatoribus suis illum ad castellum reducunt et graviori quam prius custodiæ committunt. Sed res gesta cum ad aures Roberti, Saresbiriensis episcopi, pervenisset, venit celeriter ad castellum, præcipiens ipsis ecclesiæ violatoribus, ut Hubertum ad pacem ecclesiæ quantocius reductum in illo statu, quo illum invenerant, dimitterent absolutum; sed castellani tumultuose satis episcopo respondentes dixerunt, se malle quod Hubertus suspenderetur, quam ipsi; et, cum illum reducere noluissent, episcopus de commissa sibi potestate omnes nominatim excommunicavit, qui illum detinebant et qui in eum manus injecerant violentas. Tunc episcopus ille, conjuncto sibi Rogero, Londinensi episcopo, et quibusdam aliis episcopis, venit ad regem super injuria Huberto illata coram eo querelam deponens, nec prius ab eo recessit quam Huberti liberationem impetravit; et sic in ecclesia, invito rege, remissus est decimo quinto kalendas Novembris. Sed rex iratus vicecomiti provinciæ illius dedit per literas in mandatis, ut ecclesiam obsideret, donec Hubertus in ea ex ciborum inedia moriretur.

Quod Marescallus castellum cepit, quod regi
tradiderat.

Per idem tempus, elapsis quindecim diebus postquam comes Marescallus regi castellum suum tradiderat, ut prædictum est, ut sibi redderet repetenti, misit ad regem, termino evoluto, rogans, ut juxta pactum restitueret sibi castrum suum, de quo fidejussores constituerat episcopum Wintoniensem et Stephanum de Segrave, qui tunc vices justiciarii gerebat sub rege, quod etiam firmaverant interposito juramento. Rex autem cum indignatione respondit, quod illud non redderet, sed alia potius ejus castella subjugaret. Sed idem Marescallus, cum neque fidem neque juramentum vel pacem aliquam viderat a regis consiliariis observari, collegit exercitum copiosum, et castellum, quod suum fuerat, obsidione vallavit, machinas per gyrum adhibuit et municipium illud levi negotio subjugavit.

Erat interea rex apud Westmonasterium ad colloquium septimo idus Octobris, sicut magnatibus promiserat, ut per eorum consilium emendaret ea, quæ in regno fuerant corrigenda; sed iniquum, quod tunc sequebatur, consilium id fieri non permisit. Plures autem episcopi, qui præsentes erant, regem humiliter rogabant in Domino, quatenus pacem faceret cum baronibus suis et nobilibus, quos absque judicio parium suorum exulaverat, villas eorum et ædificia igne cremaverat, silvas et pomeria succiderat, parcos et stagna destruxerat. Proditores eos vocabat, per quos pacem regni sui et consilia ordinare et negotia disponere debebat. Ad hæc respondens Petrus, Wintoniensis episcopus, dixit, quod non sunt pares in Anglia, sicut in regno Francorum; unde licet regi Angliæ per justiciarios, quos constituere voluerit quoslibet de regno reos exulare et mediante judicio condemnare. Episcopi quoque hæc audientes quasi una voce comminabantur, quod nominatim excommunicarent principales regis consiliarios iniquos; ex quibus in capite expresserunt Petrum, Wintoniensem episcopum, et filium ejus Petrum de Rivallis, Stephanum de Segrave, justiciarium, et Robertum Passelewe, thesaurarium. Quibus respondens Petrus Wintoniensis episcopus allegavit quod Romæ fuerat a summo pontifice episcopus consecratus et inde ex eorum potestate exemptus, unde, ne in eum ferrent A.D. 1233. sententiam, sedem apostolicam appellavit. Tunc episcopi omnes illos excommunicaverunt, qui animum regis immutaverant in odium naturalium hominum suorum de regno, et omnes qui perturbarent pacem regni.

Quod rex omnes citari fecit, qui sibi tenebantur ad servitium militare.

In hoc quidem colloquio venerunt nuntii ad regem, dicentes, quod comes Marescallus ceperat castellum suum in Wallia, et quosdam ex militibus suis ibidem interfecerat et ministris. Hæc audiens rex perturbatus est valde, et præcepit episcopis cunctis, ut Marescallum nominatim excommunicarent, qui castrum occupaverat memoratum ; sed illi e contra communiter dixerunt, indignum esse illum excommunicare, quia castellum quod suum fuerat occupavit. Tunc rex perturbatus misit literas in omnes Angliæ fines, præcipiens cunctis, qui sibi ad militare servitium tenebantur, quatenus in crastino festivitatis Omnium sanctorum essent apud Gloverniam cum equis et armis, quo ipse vellet conducere illos, ituri. Per idem tempus Hubertus de Burgo, quondam Angliæ justiciarius, raptus est ab ecclesia de Divisis a viris armatis, ubi militaribus armis decenter indutus circa horam diei primam in Walliam adductus est ac regis hostibus sociatus tertio kalendas Novembris.

Quod exulati invaserunt exercitum regis Angliæ apud Grosmunt.

Circa eosdem etiam dies, cum rex Anglorum apud Gloverniam copiosum collegisset exercitum, versus Herefordiam in Walliis legiones promovit, et inde terram ingressus Marescalli, ad ipsius exhæredationem et corporis captionem modis omnibus anhelabat. Sed ille, ut bellator providus, ante regis adventum armenta subtraxerat et victualia, unde rex, pro alimentorum defectu moram ibi facere non valens, ad castellum de Grosmunt cum exercitu suo divertit; ubi cum per dies aliquot moram protraxisset, Marescallus et ejus con-fœderati cum proscriptis ab Anglia et exulatis, missis exploratoribus, cognoverunt regem infra castelli ambi-tum pernoctare, et majorem partem exercitus extra in tentoriis excubias celebrare. Tunc omnis multitudo, præter Marescallum, qui regem invadere noluit, cum Wallensibus et exercitu copioso, in die sancti Martini episcopi post crepusculum vespertinum illuc prope-rantes, et illos, qui in tentoriis soporati jacebant, in-vadentes, equos plusquam quingentos cum clitellis et spoliis ac supellectili universa occuparunt, fugientibus cæteris fere nudis quo impetus quemque ducebat; nec ex eis quenquam lædere vel captum abducere volue-runt victores illi, præter duos milites, qui ex omnibus interfecti fuerunt. Ceperunt ergo bigas et vehicula cuncta, quibus pecunia et victualia deferebantur vel arma, atque sarcinis bene dispositis ad tuta latibula sunt reversi. Hujus autem rei testes sunt Petrus Wintoniensis, Radulphus Cicestrensis, episcopi, Ste-phanus de Segrave, regis justiciarius, Petrus de Rival-lis, thesaurarius, Hugo Bigod comes de Nortfolc, Willelmus comes Saresbiriensis, Willelmus de Bello-campo, Willelmus de Albeneio junior, et alii multi, qui nudi fugientes omnia quæ sua erant amiserunt; unde factum est, quod multi de exercitu regis, et illi præcipue qui equos et arma et pecuniam amiserant universam, recedentes cum maxima confusione ad pro-pria sunt reversi. Tunc rex, qui quasi solus inter hostes remanserat, posuit in castris Walliæ ruptarios Pictavenses, qui impetum reprimerent inimicorum suorum, et constituit principes illius militiæ viros nobiles, Johannem Monemutensem et Radulphum de

Thoenio, cui etiam dedit castellum Matildis, quod antiquitus sui juris erat; et, his ita gestis, rex apud Gloverniam reversus est.

Eodem tempore, in principio mensis Novembris, audita sunt tonitrua horribiles coruscationes emittentia per dies plurimos; unde dici solet in antiquo proverbio, quia mulier non debet lugere mortem mariti vel filiorum suorum, sed tonitrum potius hyemale, quia semper aut famem aut mortalitatem vel tale aliquid denuntiat adfuturum.

De gravi conflictu inter Marescallum et gentes transmarinas.[1]

Eodem tempore, cum comes Marescallus terras hostium suorum ingressus prædas ageret et armenta contraheret, venit casu ad oppidum Monemutense, quod erat sibi contrarium, ubi jubens exercitum suum procedere ad expeditionem inchoatam, cum centum sociis equitibus ad castellum divertit, ut situm ejus exploraret, quod post dies paucos proposuit obsidere; qui cum oppidum circuiret, conspexit eum Baldewinus de Gysnes, miles strenuus, cui rex illud custodiendum commiserat cum Pictavensibus multis, et intelligens quo Marescallus erat, quem vidit castellum cum paucis explorare, exivit cum mille viris fortissimis et eleganter armatis, et rapido equorum cursu ad illum tendens captum cum suis omnibus ad oppidum perducere cogitabat. Videntes autem commilitones comitis Marescalli hostes cum impetu advenire, dederunt ei consilium, ut sibi per fugam consuleret, inconsultum dicentes cum paucis armatis cum tot hostibus dimicare; quibus respondens Marescallus dixit, se nunquam eatenus in prælio hostibus terga dedisse; nec se modo id facturum affirmat, exhortans omnes, ut viriliter defensioni

---

[1] Gentibus transmarinis in D., marked for correction.

A.D. 1233.
___.
vacarent, ne morirentur inulti. At castellani interim in eos fortiter irruentes cum lanceis et gladiis rem agebant. Fit gravissimus utrobique conflictus, sed nimis inæqualis, dum centum solummodo viri contra mille adversarios in multo diei spatio dimicabant. Baldewinus vero de Gysnes tandem, associatis sibi duodecim bellatoribus fortissimis et eleganter armatis, impetum faciens in comitem Marescallum voluit ipsum sub captione conclusum vivum perducere ad castellum; sed ille hostes non permisit propius accedere, gladium vibrans a dextris et a sinistris, sed, quoscumque cum illo contingebat, aut in terram mortuos prosternebat aut attonitos ictuum collisione reddebat, et sic solus contra duodecim, et illi contra solum, diutius decertabant. Sed demum, cum ad eum accedere non auderent, cum lanceis suis equum, in quo sedebat, peremerunt; sed ille, qui doctus erat in præliis Gallicanis, militem quendam sibi importunum per pedem arripuit, quem cum in terram prostravisset, equum ipsius agili saltu conscendit et iterum defensioni vacavit. Tunc Baldewinus, miles in armis strenuus, indigne ferens quod Marescallus contra tot adversarios sese tamdiu defendebat, potenter[1] irruit in eum, et, arrepta ipsius galea de capite ejus, eam ita truculenter evulsit, quod sanguis ex ore ejus et naribus emanavit; et arripiens per frænum equum illius cœpit sessorem trahere versus castellum, aliis a tergo illum impellentibus, ut ferrent auxilium Baldewino, qui Marescallum per frænum trahebat. Tunc ille, quasi in arcto positus, ensem in gyrum vibrando, ictus importabiles hostibus imprimens, duos ex illis in terram attonitos prostravit; sed nec sic sese ab eorum manibus liberavit. Videns autem balistarius quidam ipsius Marescalli dominum suum in periculo constitutum, de balista spiculum emisit, et percutiens in pectore Baldewinum, qui

---

[1] Wanting in C.

Marescallum ducebat, armis non obstantibus, illum perforavit, qui corruens in terram credidit se lethaliter vulneratum; at sodales Baldewini, hoc viso, Marescallum relinquentes dominum in terra jacentem erexerunt, quem quasi mortuum reputabant.

De strage facta a Marescallo apud castrum Monemutense.

Et, dum hæc agerentur ibidem, nuntiatum est exercitui ipsius Marescalli, quæ facta fuerant de illo, et venientes cum festinatione in auxilium ejus hostes quantocius compulerunt in fugam. At illi fugientes ad fluvium quendam, qui prope erat, ut evaderent, invenerunt pontem confractum, per quem transire sperabant, unde plurimi in flumen sese mittentes cum equis et armis submersi perierunt; alii autem, quo fugerent non invenientes, interfecti sunt, atque alii sub captione conclusi; unde pauci ex omnibus, qui de castello exierant, incolumes sunt reversi. Capti sunt autem in parte Marescalli Thomas Siuard, juvenis in militia præclarus, cum duobus sociis militibus, qui perducti sunt ad castellum captivi. Ex castellanis autem capti sunt milites quindecim et plurimi servientes, quos Marescallus in vinculis cum equis et armis ac manubiis multis abduxit. In loco quidem certaminis remansit occisorum multitudo, tam Wallensium quam Pictavensium et transmarinarum nationum; atque Baldewinus de Gysnes ad castellum a sociis perducitur graviter vulneratus. Acta est autem hæc belli congressio in die beatæ Catharinæ virginis apud castellum memoratum.

Post hunc quoque conflictum comes Marescallus, cum Gileberto Basset et Richardo Siuard ac cæteris exulatis et eorum confœderatis, Pictavensibus, qui erant in castris regis Anglorum, lethiferas posuerunt insidias, ita ut, quotienscunque aliquis eorum ad

A.D. 1233. prædandum exivit, nihil aliud quam capita singulorum
pro redemptione ceperunt; unde contigit in brevi,
quod tam numerosa extraneorum multitudo in viis et
locis diversis interfecta jaceret, quod aerem totum
corrumperet regionis.

De admirabili prudentia et zelo justitiæ comitis Marescalli.

Per idem tempus, cum comes Marescallus in abbatia
de Margan pernoctaret, venit ad eum[1] die Jovis
proximo ante Natale frater quidam de ordine Minorum, Agnellus nomine, qui familiaris erat domino regi
et consiliarius ipsius, ut ostenderet ei quæ audierat
in curia regis de eo ab ipso rege et consiliatoribus
ejus. Ab ore regis audivit, ut dicebat, quod, licet
dictus comes Marescallus proditiose nimis et inique
egerit contra ipsum, si, nulla facta narratione de aliquo
opere præambulo, se vellet omnino supponere misericordiæ domini regis, rex concederet ei vitam cum
membris, et tantum de Herefordschire quod inde
honeste vivere posset. Audivit etiam a Stephano de
Segrave, quod forma misericordiæ revelaretur duobus
de amicis Marescalli, de quibus confideret, qui Marescallo scire facerent, quod secure se posset ponere in
misericordia regis; ita tamen, quod nec ipsi Marescallo, nec alii, formam misericordiæ revelarent, et sic
ignorans formam hoc faceret. Ab aliis autem de curia
audivit, quia expediebat[2] Marescallo facere prædicta;
quia debet, quia utile, quia tutum. Debet, quia fecit
injuriam domino suo; qui, antequam rex invaderet
terram aut personam Marescalli, ipse invasit terram
domini regis, combussit, destruxit, et homines interfecit. Et si ille dicit, se hoc fecisse ad tutionem

---

[1] Ibidem inserted in C.

[2] Marescallo . . . . expediebat wanting in C.

corporis sui et hæreditatis suæ; dicunt, quod non, A.D. 1233.
quia in ipsius corpus aut exhæredationem non fuit
unquam aliquid machinatum. Nec ob hoc tamen
deberet prorumpere contra dominum suum, donec
oculata fide cognosceret regem contra ipsum talia
cogitare; et ex tunc liceret talia facere. Ad hoc
respondens Marescallus fratri Agnello dixit, " Ad
" primum, quod dicunt, debeo, quia terram regis
" invasi, non est verum ; quia rex ipse, cum semper
" paratus essem stare juri et judicio parium meorum in
" curia sua, et per plures internuntios pluries petii
" illud, quod ab ipso mihi semper exstitit denegatum,
" terram meam violenter ingressus contra omnem
" justitiam invasit. Cui sperans in humilitate
" placere, formam pacis cum eo mihi plurimum dam-
" nosam gratis inivi, in qua etiam convenit, quod, nisi
" illa ex parte regis mihi observaretur,[1] omnia omnino
" ex parte mea essent in statu, in quo fuerunt ante
" dictam pacem initam, videlicet, quod ego essem
" extra homagium suum et diffidatus ab eo, sicut
" prius fui per dominum episcopum Menevensem ;
" unde, cum fere in omnibus articulis in forma pacis
" contentis deficeret, licuit mihi, juxta conventionem
" meam, quod meum erat recuperare et posse suum
" modis omnibus debilitare, maxime cum ad meam
" destructionem et exhæredationem et corporis cap-
" tionem anhelaret ; et hoc pro certo didici, et, si
" necesse est, probare possum. Et, quod magis est,
" post pacem per dies quindecim antequam Walliam
" intrarem aut ab aliquo me defenderem, sine judicio
" spoliavit me ab officio marescalciæ, quod jure hære-
" ditario ad me pertinet et possedi, nec aliquo modo
" ad illud me restituere voluit requisitus ; unde aperte
" didici, quod nullam pacem voluit mihi observare,
" cum post pacem deterius quam ante me pertracta-

---

[1] Observatur in D., marked for correction.

" ret ; unde homo suus non fui, sed ab ipsius homagio
" per ipsum absolutus, cum ad primam diffidationem
" redirem, juxta dictam conventionem, ut prædictum
" est. Quapropter licuit et licet me defendere, et
" malitiæ consiliatorum suorum modis omnibus
" obviare." Item dicunt consiliarii regis, utile fore
Marescallo, ut se supponat misericordiæ ejus, quia rex
ditior et potentior est ; et, si Marescallus confidit in
auxilio alienigenarum, rex ad unum, quem ille adducet,
poterit adducere septem ; quia offerunt se quidam
consanguinei regis alienigenæ, qui non sunt Scoti vel
Gallici aut Wallenses, qui venient in Angliam et
suppeditabunt omnes inimicos ejus, qui venient in
tanta multitudine, quod cooperient totam terram. Ad
hæc dicit Marescallus, " Quod rex ditior me sit et
" potentior, verum est, sed non potentior est Deo, qui
" est ipsa justitia, in quem confido in conservatione
" et persecutione juris mei et regni ; nec confido in
" alienigenis, nec ipsorum confœderationem appeto,
" nec auxilium invocabo, nisi, quod absit, inopinata et
" immutabili fuero necessitate compulsus. Et bene
" scio, quod rex potest septem contra unum adducere,
" quem ego adducere possum, et credo quod nimis
" cito tot adducet per consilium suum, quod non habet
" per quos ipse et regnum ipsius ab ipsis possit
" liberare ; nam a viris fide dignis didici, quod Win-
" toniensis episcopus obligatus sit imperatori Romano,
" quod faciet totum Angliæ regnum ipsi subjugatum,
" et hoc a tempore quo cum ipso fuit in partibus
" transmarinis ; et ideo guerram istam specialiter in-
" cepit, ut ex hoc sumpta occasione prius posse im-
" peratoris, et postea ipsum imperatorem vocaret ; et
" hoc probabile videtur, quia in discordia regis
" abscessit ab Anglia, et modo jurat, quod tot faciet
" venire in Angliam, quod cooperient totam terram."
Item dicunt consiliarii regis, tutum esse Marescallo,
ut se supponat misericordiæ ejus, quia potest in regem

confidere et consiliariis ejus; in regem, quia misericors A.D. 1233.
et credibilis est; in consiliariis, quia nunquam Marescallo malum procuraverunt, imo diligunt eum in
veritate. Ad hæc respondens Marescallus dicit, quod
" bene potest esse quod rex misericors sit, sed deditus
" est consilio eorum per quos nos graviter læsos senti-
" mus. Et quod rex sit credibilis patet[1] quantum in
" se ipso; sed, quantum ad consilium ejus pertinet,
" dico, quod nulla mihi promissio fuit hactenus obser-
" vata. Quod dicitur de consiliariis, quod nunquam
" mihi malum procuraverunt, falsum est; quia mala
" mea universa mihi procuraverunt, et omnia eis
" principaliter imputo. Nec in hoc, quod dicunt se
" me diligere, credere non debeo, nisi cum opera videro,
" quæ nondum vidi; nam plura sacramenta corpora-
" liter præstita violaverunt, videlicet contra comitem
" Cantiæ, cui omnes tres plura sacramenta fecerunt,
" quæ omnino spreverunt et fregerunt, tam de forma
" provisa de prædicto comite, de qua similiter pejera-
" verunt, quam de sacramento libertatum in magna
" charta contentarum, quas infregerunt, propter quæ
" excommunicati sunt et perjuri. Perjuri sunt etiam
" de fideli consilio, quod juraverunt se domino regi
" præstituros, cum in omnibus ei consilium contra
" justitiam impendant. Stephanus quoque de Segrave,
" qui juravit justas leges observare, et illas corrumpit
" et inusitatas introducit; et propter alia multa, pro
" quibus Deus aut homo non debet ei fidem aut suis
" complicibus adhibere, nonne tam ille quam illi ex-
" communicati sunt?" Item dicunt consiliarii regis
contra Marescallum, quod invasit corpus domini regis
apud castellum de Grosmunt, antequam rex intrasset
terram suam, et, si hoc fecit, injuriam regi fecit; unde
debet se subjicere misericordiæ ejus, ut prædictum est,
ut faciat honorem domino regi, ne alii habeant ex-

---

[1] Potest esse in C.

E 2

emplum insurgendi contra ipsum. Ad hæc respondit
Marescallus ; pro persona sua dixit, quod falsum est ;
quod non interfuit illi invasioni ; et, si forte aliqui de
familia sua adfuerunt, familiam tantum regis invaserunt, et non corpus regis. " Quod tamen si fecissent,
" non esset mirum, cum rex veniret cum exercitu suo
" in terram meam, et me invaderet et, modis omnibus
" quibus posset, gravaret ; quod omnibus liquere potest
" per tenorem literarum suarum, quibus per Angliam
" generalem fecit convocationem in meum exitium.
" Et cum prædicta ab ipsis mihi imposita falsa sint,
" et verum est quod rex se pejus habuit contra me
" tempore, quo ipsius misericordiam exspectavi quam
" in alio aliquo tempore, et adhuc utitur eodem con-
" silio quo etiam tunc, et cum præcise nitatur semper
" consiliis eorum in omnibus utendum, de quorum
" consilio sentio omnia prædicta gravamina mihi et
" meis illata, ejus nos subjicere, misericordiæ non
" debemus. Nec hoc esset honor regis, quod voluntati
" suæ consentirem, quæ non esset ratione subnixa ;
" imo facerem sibi injuriam et justitiæ, quam ipse in
" subditos exercere debet et conservare. Et malum
" exemplum darem omnibus, videlicet deserendi justi-
" tiam et juris persecutionem, propter voluntatem
" erroneam, contra omnem justitiam et injuriam sub-
" ditorum ; nam ex hoc appareret nos diligere plus
" possessiones nostras mundanas quam ipsam justi-
" tiam." Item proponunt contra Marescallum consiliarii regis, quod confœderatus est capitalibus inimicis
ejus, videlicet Francigenis, Scotis et Wallensibus, et
videtur eis hoc fecisse in odium et damnum domini
regis et regni. Ad hoc dicit Marescallus, " quod de
" Francigenis falsum est simpliciter. Quod dictum est
" de Scotis et Wallensibus similiter falsum est, præ-
" terquam de rege Scotiæ et Loelino principe Nor-
" walliæ, qui non inimici, sed fideles ejus fuerunt,
" quousque per injurias ipsis a rege et ejus consiliariis

" illatas a fidelitate sua inviti et coacti, sicut et ego, A.D. 1233
" alienati sunt; et propter hoc cum illis confœderatus
" sum, ut melius simul, quam separati, jura nostra
" perquiramus et defendamus, a quibus injuste privati
" sumus et in parte magna spoliati." Item proponunt
consiliarii regis, quod non debet Marescallus confidere
de confœderatis suis, quia rex sine aliquo dispendio
terræ suæ poterit confœderatos Marescalli ab amicitia
sua cum voluerit separare.   Ad hoc dicit Marescallus,
" quod super hoc non dubitat; sed ex hoc maxime
" apparet iniquitas consiliariorum suorum, quod aliquo
" modo facerent regem dispendium subire erga eos,
" quos specialiter vocant capitales inimicos, in meam
" injuriam, qui semper fui ejus fidelis, quousque per
" ipsum remaneret, et adhuc essem, si vellet mihi et
" meis amicis reddere jus nostrum." Item dicunt
consiliarii sæpe dicti, quod papa et ecclesia Romana
specialiter diligunt regem et regnum, et excommuni-
cabunt omnes ejus adversarios; et hoc videtur jam
esse in januis, quia jam pro legato miserunt.   " Ad
" hoc, quod de papa [et ecclesia Romana] dicitur, placet
" mihi," dicit Marescallus, " quia, quanto plus regem
" et regnum diligunt, tanto plus desiderabunt, quod re-
" gnum suum et subditos secundum justitiam pertractet.
" Et placet mihi, quod adversarios regni excommunicent,
" quia illi sunt qui contra justitiam consilium regi im-
" pendunt, quos opera manifestant; quia justitia et
" pax osculatæ sunt, et propter hoc, ubi justitia cor-
" rumpitur, pax similiter violatur.   Item de legato,
" placet quod veniat; quia, quanto plures justitiam
" nostram audierint, tanto vilius adversarii justitiæ
" confundentur.   Et nunc, licet gravamina mea
" specialiter enumeraverim, idem dico de omnibus
" amicis meis et confœderatis; de quibus sicut de
" meipso conqueror, et sine quibus nihil omnino facere
" possum, quod ad aliquam stabilem conventionem
" pertineat."

*Quod rex Anglorum fuit apud Gloverniam ad
Natale.*

A.D. 1234. **Anno** Domini MCCXXXIV., qui est annus regni
Henrici, regis Anglorum, decimus octavus, idem rex
ad Natale tenuit curiam suam apud Gloverniam cum
parvo admodum comitatu, quia recesserant ab eo
magnates multi, qui spoliati erant paulo ante a rebus
omnibus apud Grosmunt castellum, sicut superius
habetur expressum.

Quo utique tempore cœpit terra gelu graviter
constringi, ita quod fruges suffocabat in agris, radices
herbarum in hortis, et quasi pedibus quatuor in humo
demersum lignum in pomeriis desiccavit, quod usque
ad purificationem beatæ Mariæ absque nive se con-
tinuans agriculturam suspendit; secuta est autem in
anno eodem tanta aeris et elementorum intemperies,
quod sterilitatem rerum omnium de terra nascentium
mortalibus ministravit.

Quod Marescallus multos ex hostibus peremit.

In crastino quidem diei Dominicæ nativitatis
Johannes Monemutensis, vir nobilis, qui cum rege
militabat in Wallia, copiosum collegit exercitum, ut
furtivum faceret impetum in comitem Marescallum;
sed, cum hoc Marescallo esset intimatum, misit se in
quadam silva, per quam hostes venturi erant, ut eos
deluderet, qui illum decipere cogitabant. Cum igitur
adversarii memorati ad locum insidiarum pervenissent,
Marescallus et exercitus ejus totus strepitum horribilem
cum tubis emittentes et buccinis in hostes irruunt
venientes et non præmunitos omnes illico compulerunt
in fugam, et fugientes insecuti interficiunt terga
vertentes, ita quod, innumera ex eis multitudine
perempta tam Pictavensium [quam aliorum], ipse
Johannes vix per fugam evasit; et progrediens cum

suis legionibus Marescallus villas ejus et ædificia, cum omnibus quæ ipsius erant, ferro devastavit et flamma, atque ex divite fecit pauperem et mendicum, et sic cum spoliis impretiabilibus et armentis in sua sese Marescallus recepit.

Quod exulati seditionem moverunt contra consiliarios regis.

In ipsis præterea diebus Natalitiis bellum contra regem et suos consiliarios graviter accenditur, nam Richardus Siuard, conjunctis sibi cæteris exulatis, terras Richardi comitis et fratris regis, non longe a Brehulle sitas, cum ædificiis et frugibus ac bobus in stabulis stantibus, incendio concremarunt; Segrave, natale solum Stephani, Angliæ justiciarii, per idem tempus cum domibus valde sumptuosis, et bobus atque frugibus, combusserunt, equos pretiosos plures cum spoliis et rebus aliis inde recedentes abduxerunt; villam quoque quandam episcopi Wintoniensis, non longe ab eadem villa positam, igne consumpserunt et spolia diripuerunt, cum cæteris rebus inventis. Hanc autem laudabilem constituebant regulam generalem inter se bellatores isti, quod nemini quicquam mali fecerunt vel aliquem læserunt, præter iniquos regis consiliarios, per quos erant in exilium pulsi; et quæ sua fuerant igne cremata nemora, et pomeria radicitus exstirpata.

De equitatione facta apud Salopesberi.

Deinde, infra octavas Epiphaniæ, comes Marescallus et princeps Norwalliæ Leolinus, collectis omnibus viribus quas habere poterant, terras regis longe ingressi ferro [et] incendio destruxerunt, ita quod a finibus Walliæ usque ad Salopesberi nihil omnino reliquerunt intactum; villam vero Salopesberi igne combusserunt et pretiosa inde reversi spolia reportarunt. Rex autem Anglorum inter hæc omnia, quæ fiebant ab hostibus suis, apud Gloverniam cum episcopo Wintoniensi morabatur imbellis, quia vires non habuit militares, quibus auderet hostibus obviare, unde nimio rubore confusus versus Wintoniam profectus est, regionem illam adversariis depopulandam relinquens, sicut intuentibus apparuit evidenter; nam miserabile viatoribus erat videre in provincia illa tot occisorum corpora, quorum non erat numerus, nuda per plateas et insepulta jacere, quæ bestiis esca fuere voracibus et volatilibus cæli rapacibus, ex quibus tantæ corruptionis fœtor aerem circumquaque infecerat, quod etiam homines sanos mortui peremerunt. Induratum quidem adeo erat cor regis contra Marescallum per iniquum, quo utebatur, consilium, quod episcopis illum admonentibus, ut pacem cum eo faceret, qui pro justitia decertabat, responderet, se nunquam in pacem convenire cum illo, nisi laqueum in collo gerens et se proditorem esse recognoscens ejus misericordiam imploraret.

De proditione quam contra Marescallum consiliarii regis egerunt.

Circa dies istos Petrus, Wintoniensis episcopus, et filius ejus Petrus de Rivallis, et alii iniqui consiliarii regis, cum se victos ubique cernerent a comite Marescallo, et villas suas igne crematas irremediabiliter dolerent, cogitabant proditione saltem, quem armis non poterant, superare; siquidem, qui præter alia incommoda a suo desiderio defraudati turbam Pictavensium innumeram [in] finibus Walliæ viderent interfectam, literas composuerunt proditionis inauditæ, et, cum earundem tenorem literarum rex penitus ignoraret, compulerunt eum sigillum suum apponere, cum quo etiam et ipsi sua apponentes sigilla numero undecim,

cruentum illud scriptum in Hiberniam transmiserunt. A.D. 1234.
Missa est autem hujus proditionis charta ad magnates
Hiberniæ, Mauricium scilicet filium-Geroldi, qui vices
justiciarii ibidem sub rege gerebat, ad Walterum et
Hugonem de Lasceio, ad Richardum de Burgo, et
Gaufridum de Marisco, et ad alios homines ejusdem
Marescalli juratos, sed infideles; quæ hanc iniquitatem,
pro parte quæ sequitur, continebat. In primis significaverunt magnatibus prædictis consiliarii memorati,
quod Richardus, quondam regis Angliæ Marescallus,
propter proditionem manifestam per judicium curiæ
ejusdem regis proscriptus erat de regno Angliæ, et
aliis terris illius, villis ejus et ædificiis igne crematis,
parcis et pomeriis succisis, stagnis et piscariis destructis,
et, quod his omnibus majus est, ab hæreditate paterna
in perpetuum abjudicatus; et, cum a bonis omnibus
hoc ordine sit privatus, regem adhuc persequi non
omittit, sed in incepta contra eum malitia perseverat.
" Significamus ergo vobis, ut fidelibus domini regis et
" juratis, quatenus, si casu in Hiberniam venerit, illum
" vel vivum vel mortuum comprehensum regi præ-
" sentare corporaliter studeatis; quod si facere cura--
" veritis, totam hæreditatem ejus et possessiones de
" terra Hiberniæ, quæ nunc in voluntate domini regis
" sunt, concedet vobis inter vos dividendas et jure
" hæreditario possidendas. Super hac domini regis
" promissione fideliter vobis tenenda nos omnes, quo-
" rum consilio rex et regnum regitur, fidejussores
" constituimus, si rem prætaxatam perducere cura-
" veritis ad effectum. Valete."

Quod proceres Hiberniæ consensum regis consiliariis
præbuerunt.

Cum igitur audissent Hiberniæ proceres memorati
tenorem literarum, concupiscentia subvertit singulorum
corda, et conspirantes ad invicem nuntios clam cum

literis ad præfatos regis consiliarios transmiserunt, significantes illis communiter sub sigillo secreti, quod, si promissio in literis contenta per chartam regis confirmaretur eisdem, ipsi rem prælocutam ad effectum perducere conarentur. Tunc consiliarii sæpe dicti per chartam regis magnatibus illis omnia Marescalli jura Hiberniæ inter se dividenda concesserunt, singulorum loca, possessiones et jura singulis exprimentes. Cumque tandem hoc damnabile scriptum ad proditores nequissimos in Hiberniam pervenisset, confœderati sunt protinus, interposito juramento, quod visa opportunitate rem detestabilem perpetrarent ; et conflantes in invicem, ut perimerent innocentem, congregaverunt exercitum copiosum, et terram comitis Marescalli hostiliter ingressi quædam castella ejus ceperunt, prædas et spolia inter se diviserunt.[1]

Quod hæretici Albigenses in campestri prælio sunt perempti.

Hoc quoque anno hæretici Albigenses in partibus Hispaniæ et illis regionibus ita invaluerunt, ut, ordinatis episcopis hæreticis, qui suam prædicarent abusionem, asserebant constanter fidem Christianam, et incarnationis mysterium, frivolum esse ac penitus abrogandum ; et congregantes exercitum copiosum ingressi sunt hostiliter fines Christianorum, comburentes ecclesias et homines Christianos cujuscumque sexus vel ætatis immisericorditer trucidantes. Sed, hoc tandem divulgato, compressa est eorum superstitiosa præsumptio a fidelibus Christianis, qui ad mandatum Gregorii papæ ex diversis regionibus occidentis cruce signati advenerant ad defensionem fidei Christianæ. Perempti sunt autem ab eis in campestri prælio

---

[1] A sentence is here inserted in C. of which all but the concluding words " ad Hiberniam transfretaret " have been destroyed by fire.

tempore vernali cum suis episcopis hæretici memorati, A.D. 1234.
ita quod nec pes unus ex omnibus evasit; Christiani
quoque civitates eorum occupantes repleverunt eas
fidelibus Christianis, et, ordinatis in eis episcopis
catholicis, reversi sunt victores in patriam suam, et
qui pauperes advenerant a partibus remotis, singuli
divites recesserunt.

Consilium episcoporum regi datum pro perturbatione regni.

Dum hæc in Hispania agerentur, rex Anglorum
venit ad colloquium apud Westmonasterium in purifi-
catione sanctæ Mariæ, in quo quosdam episcopos,
et maxime Alexandrum, Cestrensem episcopum, graviter increpavit de nimia familiaritate comitis Marescalli et quod ipsum a regni solio depellere nitebatur;
episcopus autem[1] ille pontificalibus indutus, cum talia
sibi objecta cognovisset, excommunicavit omnes, qui
contra regem iniquitatem hujusmodi cogitabant, et sic,
intervenientibus episcopis qui aderant, cum rege paci-
ficatus est.   Adfuit quidem huic colloquio magister
Eadmundus, Cantuariensis electus, cum multis episcopis
suffraganeis, qui omnes regis et regni desolationi con-
dolentes venerunt ad regem et quasi uno corde,
animo et ore dixerunt, "Domine rex, dicimus vobis
" in Domino, ut fideles vestri, quia consilium, quod
" nunc habetis et quo utimini, non est sanum nec
" securum, sed crudele et periculosum vobis et regno
" Angliæ, Petri scilicet Wintoniensis episcopi et Petri
" de Rivallis.   In primis, quia gentem Anglicanam
" odio habent, vocantes eos proditores et facientes
" omnes sic vocari, et avertentes animum vestrum a
" gente vestra et gentis vestræ a vobis, ut apparet in

---

[1] Enim in D.

" facto Marescalli, qui melior homo est terræ vestræ,
" et hæc per mala mendacia, quæ vobis dicunt de eis,
" omnia eorum dicta et facta pervertunt. Et per
" hoc idem consilium, scilicet per dictum episcopum,
" amisit pater vester rex Johannes primo corda gentis
" suæ, et post Normanniam et alias terras suas, et in
" fine totum thesaurum suum et fere dominium An-
" gliæ, et nunquam postea pacem habuit. Per idem
" consilium turbatum fuit regnum et venit inter-
" dictum, et pater vester per tales angustias tandem
" mortem incurrit. Per idem consilium temporibus
" nostris contra vos detentum fuit castellum de Bede-
" ford, propter quod Rupellam perdidistis. Item, illa
" perturbatio, quæ nunc periculosa est in regno
" vestro, per eorum iniquum consilium accidit ; quia,
" si per justitiam et rectum judicium terræ tractati
" fuissent homines vestri, non evenisset ista turbatio,
" et haberetis terras vestras non destructas et in-
" tegrum thesaurum vestrum. Item, in fide dicimus,
" qua vobis tenemur, quia[1] consilium vestrum non
" est pacis, sed perturbationis terræ ; quia sic crescere
" volunt, qui per pacem non possunt, videlicet per
" regni perturbationem et aliorum exhæredationem.
" Item, quia castella vestra et fortitudinem terræ
" vestræ habent in manu sua, quasi de gente vestra
" diffidere debeatis. Item, quia scaccarium vestrum
" et omnes custodias et exchaetas maximas habent in
" potestate sua, et, quomodo vobis respondebunt,
" scietis postea. Item, quia per sigillum vestrum vel
" præceptum, sine sigillo Petri de Rivallis vel præ-
" cepto, vix aliquod magnum negotium fit in regno,
" unde constat quod vos non habent pro rege. Item,
" per idem consilium naturales homines de regno[2]
" vestro de curia vestra expulsi sunt, unde timendum

---

[1] Wanting in C.

[2] Unde . . . . . . regno wanting in C.

" est tam de vobis quam de regno, cum videamini A.D. 1234.
" magis esse in eorum potestate, quam ipsi in vestra,
" sicut per plurima constat exempla. Item, quia
" puellam Britanniæ et sororem vestram habent sub
" potestate sua, et alias plures puellas nobiles et
" mulieres, cum wardis ac maritagiis, quas dant suis
" et disparagant. Item, quia legem terræ, juratam et
" confirmatam atque per excommunicationem robora-
" tam, pariter et justitiam confundunt et perver-
" tunt; unde timendum est, ne sint excommunicati,
" et vos communicando eis. Item, quia non observant
" alicui promissionem, fidem, vel juramentum, vel
" scripturam, nec timent excommunicationèm; unde
" qui a veritate recesserunt sunt desperati, et qui
" remanent, in timore. Hæc autem fideliter vobis
" dicimus, et coram Deo et hominibus consulimus,
" rogamus et monemus, ut tale consilium amoveatis a
" vobis, et, sicut est in aliis regnis consuetudo, regnum
" vestrum tractetis per fideles homines vestros et
" juratos de regno vestro; denuntiamus enim vobis in
" veritate, quod, nisi infra breve temporis spatium
" ista correxeris, in vos et in omnes alios contra-
" dictores per censuram ecclesiasticam procedemus,
" nihil exspectantes nisi consecrationem venerabilis
" patris nostri Cantuariensis electi." Et, his ita dictis,
rex humiliter breves postulavit inducias, dicens se non
posse ita subito consilium suum amovere, donec de
thesauro suo illis commisso ratiocinium audisset; et
sic solutum est colloquium, recedentibus cunctis cum
fiducia concordiæ celeriter obtinendæ.

Quod exulati ad vindictam proruperunt.

Finito siquidem colloquio prædicto, cum rex gratia
orationis apud Bromholm festinaret, transitum fecit
per sanctum Eadmundum, ubi pietate motus concessit
uxori Huberti de Burgo octo maneria de terris acqui-

sitis a viro suo, quæ tunc fuerunt sub custodia Roberti Passelewe ex mandato ipsius regis ; ac deinde, expleto orationis voto, partes petiit occidentis. Et, cum venisset ad villam de Huntendona, venit Richardus Siuard cum Gileberto Basset et cæteris exulatis ad Alcmundeberi, villam Stephani de Segrave, quæ vix duobus a rege distabat milliaribus, et, injecto igne in ædificiis dicti Stephani, omnia concremavit et spolia colligavit. Stephanus vero, qui cum rege erat, videns flammas ædificiorum suorum regionem[que] totam illustrantes, cum manu armata non modica festinavit in auxilium rerum suarum ; sed, cum a referentibus cognovisset Richardum Siuard hujus violentiæ fuisse auctorem, quasi telis obviantibus fræna retorsit et calcaribus non parcens ad regem cum summa celeritate refugit, unde ipsum regem et alios qui aderant ad risum commovit. Per idem etiam tempus ipse Richardus et socii ejus, quosdam milites in finibus Walliæ sibi adversantes juxta legem guerræ ceperunt et ad gravem redemptionem compulerunt.

Eodem anno in ecclesia Christi Cantuariæ consecratus est Eadmundus, ejusdem ecclesiæ electus, a Rogero, Londinensi episcopo, in archiepiscopum Cantuariensem Dominica, qua cantatur "Lætare Hierusalem," quæ tunc fuit quarto nonas Aprilis, præsente rege cum tredecim episcopis ; et eodem die missam cum pallio solemniter celebravit.

Quod rex Anglorum episcopum Wintoniensem et Pictavenses a suo consilio removerit.

Circa eosdem denique dies convenerunt ad colloquium Dominica prima in passione Domini, quæ tunc fuit quinto idus Aprilis, apud Westmonasterium, rex cum comitibus et baronibus, et archiepiscopus nuper consecratus cum suis suffraganeis, ut regno perturbato salubriter providerent. Archiepiscopus quidem, con-

junctis sibi episcopis ac cæteris qui aderant prælatis, A.D. 1234.
ad regem veniens ostendit ei consilium suum et episcoporum super desolatione regni et periculo imminenti,
replicando suprascripta incommoda in colloquio superius habito sibi expressa. Denuntiavit etiam ipsi[1]
regi audacter, quod, nisi celerius errorem dimitteret et
cum fidelibus regni sui pacifice componeret, ipse incontinenti, cum omnibus qui aderant prælatis, in
ipsum regem sententiam ferret excommunicationis et
in omnes alios hujus pacis contradictores et concordiæ
perversores. Rex autem pius consilium audiens prælatorum humiliter respondit, quod consiliis eorum in
omnibus adclinaret ; unde post dies paucos, intelligens
proprium errorem, pœnitentia ductus præcepit Petro,
Wintoniensi episcopo, ut pergens ad episcopatum suum
curis intenderet animarum et ne de cætero regiis
negotiis interesset. Petro etiam de Rivallis immutabiliter jussit, cujus Anglia tota dispositionibus sub-
jacebat, ut, redditis sibi castellis suis et ratiocinio de
thesauris, incontinenti a curia recederet, affirmans cum
juramento, quod, nisi beneficiatus et in sortem clericorum fuisset admissus, ipse ei ambos ejus oculos
eruere faceret. Pictavenses insuper omnes, tam de
curia sua, quam de castrorum præsidiis, expellens
remisit in patriam suam, præcipiens ut ultra faciem
ejus non viderent. Ac deinde rex, qui modis omnibus
pacem sitiebat, misit Eadmundum, Cantuariensem
archiepiscopum, cum episcopis Cestrensi et Roffensi in
Walliam ad Loelinum et ad Richardum comitem
Marescallum, ut cum eis de pace tractarent. Et sic
rex, dismissis iniquis consiliariis suis, revocavit ad
obsequium suum naturales homines de regno suo, sub-
jiciens se consilio archiepiscopi et episcoporum, per
quos sperabat regnum perturbatum ad statum debitum
revocare.

---

[1] Wanting in C.

Quod comes Marescallus in Hiberniam veniens
guerram contra regem moverit.

Hoc quoque tempore venerunt nuntii ad Richardum
comitem Marescallum referentes quomodo sæpedicti
magnates Hiberniæ terram ejus hostiliter ingressi
quædam ipsius castella ceperant et eam pervagantes
rapinis et spoliis indulgebant. Marescallus autem,
cum rex Anglorum post dies Natalitios expeditiones
bellicas in Walliis dimisisset[1] et australes Angliæ
partes petisset, circa purificationem beatæ Mariæ cum
quindecim tantum militibus in Hiberniam transfretavit, ut hostium suorum malitiam refrænaret ; qui
cum ibidem applicuisset, venit ad eum Gaufridus de
Marisco, homo ejus ligius, sed infidelis, qui Mauricio
justiciario, Hugoni de Lasceio et Richardo de Burgo,
ac cæteris inimicis ipsius Marescalli confœderatus erat,
et adhærebat ei in dolo, consulens, ut contra hostes
prædictos arma moveret et Hiberniam subjugaret.
Marescallus vero per terram suam profectus congregavit exercitum copiosum, et hostes suos insecutus
castella, quæ ceperant, pro parte revocavit ; Lemeric
quoque, famosam Hiberniæ civitatem, quatriduana
obsidione cepit et ex civibus fidelitatem exegit ; deinde
hostiliter progrediens cepit tam regis castella quam
aliorum inimicorum suorum, accipiens a custodibus
juramentum, ne ejus propositum impedirent. Magnates
autem prædicti illi occurrere non audentes fugerunt a
facie ejus ad loca remotiora, ubi milites et equites
bellatores cum turba peditum armatorum innumera
congregantes ad campestre sese prælium præparabant ;
hos omnes, datis regiis thesauris cum magnis promissionibus, ita in necem Marescalli animaverant, ut, eo
perempto, se divites fieri æstimarent. Quo facto,
miserunt ad Marescallum viros Templarios, mandantes

---

[1] Dimissis in D.

quod proditiose nimis agebat contra dominum suum
regem Angliæ, quem sicut in Anglia ita in Hibernia
impugnabat; addiderunt etiam, quod ipsi, sub quorum
custodia rex terram Hiberniæ commiserat et cujus
homines erant fideles et jurati, non poterant sine proditionis nota hanc injuriam sustinere; postulaverunt
ergo inducias competentes, ut interim scirent a rege
Anglorum si velit Hiberniam defendere, quam si tueri
contemneret et eam relinquendo deserere decerneret,
ipsi terram totam ei sine lite et effusione sanguinis
resignarent.

Quod justum bellum idem comes contra regem susceperit.

His igitur ita dictis, ad singula sibi proposita comes
Marescallus respondit; " In primis respondeo, quod
" proditiose non egi contra regem; quia sine judicio
" parium meorum et injuste ab officio marescalciæ
" me spoliavit, exulem per totam Angliam denuntiari
" fecit, ædificia mea igne cremavit et terras meas
" destruxit. Semel et iterum me diffidavit, cum
" semper paratus essem in curia sua juri parere et
" stare judicio parium meorum; unde homo suus non
" fui, sed ab ipsius homagio, non per me sed per
" ipsum, absolutus." De cæteris autem sibi objectis
et de induciis concedendis significavit magnatibus
prædictis per eosdem Templarios, ut in crastino venirent ad colloquium in quodam prato sibi designato de
pace tractaturi, immutabiliter affirmans, quod licuit
sibi de jure quod suum erat repetere, et posse regis
et consiliatorum ejus modis omnibus quibus poterat
infirmare.

De iniquo consilio Gaufridi de Marisco.

Cumque verba comitis Marescalli magnatibus sæpe
dictis a Templariis fuissent declarata, placuit eis
vehementer ad colloquium venire, scientes se majores
habere vires et armatorum copias quam Marescallus
haberet ; habuerunt enim in proposito, quod sine campestri prælio ad propria non redirent. Marescallus
vero a militibus super dicto negotio consilium quærens
dixit, "Sufficere mihi debet, ut concedam proceribus
" istis inducias postulatas, quia justum mihi videtur
" et rationi subnixum quod petunt ; unde timeo, si
" eis æquitatem facere negavero, ne deterius mihi
" contingat." Hoc cum audisset Gaufridus de Marisco,
qui ei dolose adhærebat et conscius erat provisæ proditionis ac socius, prorupit in vocem blasphemiæ
adversus eum ; quasi ex caritate loquens dixit ipsum
non fuisse filium Willelmi magni Marescalli, qui in
consilio et prudentia, strenuitate pariter et audacia,
omnes occidentalis imperii milites superabat. "Et tu
" modo timidus effectus regnum Hiberniæ, quod nunc
" subjugare vales, per ignaviam obtinere contemnis ;
" induciæ siquidem, quas petunt inimici tui, frustra-
" toriæ sunt, ut sic impediant progressum tuum.
" Noveris autem certissime, quod hostes tui omnes,
" cum te viderint armatum et ad pugnam licet cum
" paucis præparatum, terga vertentes per fugam
" evadere conabuntur." Erant præterea ibidem et alii
milites quater viginti vel plures, qui de Marescallo
in Hibernia terras tenebant, ab hostibus ejus corrupti,
qui ei consuluerunt idipsum, proditiose illum decipere
cupientes.

*De colloquio habito inter proceres Hiberniæ et
comitem Marescallum.*

Mane autem facto, venerunt ad colloquium in prato
sibi designato Mauricius justiciarius, Hugo de Laceio

et Richardus de Burgo, cum militibus septies viginti A.D. 1234
fortissimis et audacissimis, quos a tempore proditionis
inchoatæ elegerant ex toto Hiberniæ regno, ut perimerent Marescallum, et ad hoc conduxerant magnis
muneribus et promissionibus, qui campestre prælium
magis quam concordiam sitiebant. Marescallus vero
cum suis armatis, qui omnes ficte sibi adhærebant,
præter quindecim milites, quos de propria familia
habebat, ad colloquium veniens per unum fere milliare
ab hostibus divisus suam composuit stationem.
Deinde, Templariis mediantibus, qui inter utrumque
exercitum verba ferebant, de pace tractare cœperunt.
Sed tandem magnates Hiberniæ, ut breviter dicatur,
cum cognovissent quod Marescallus cum paucis adve-
nerat, significaverunt ei immutabiliter et præcise,
quod, nisi prædictas concederet inducias, diffidabant
eum, ut continuo gladiis discurrentibus experirentur,
quis ex illis in prælio fortior haberetur. Comes vero
Marescallus, per consilium Gaufridi de Marisco et
aliorum hominum suorum, sed infidelium, invitus et
coactus plane negavit eis treugas postulatas, petens
constanter per internuntios memoratos, ut redderent
sibi quædam castella sua, quæ injuste occupaverant et
detinebant, quia injustum ei videbatur inducias con-
cedere spoliatus; cumque illi id facere denegassent
dispositis aciebus ad pugnam contra Marescallum pro-
cedunt, quasi securi [de] victoria obtinenda. Quod
videns Gaufridus de Marisco dixit ad Marescallum,
" Consilium do tibi in fide, ut concedatis magnatibus
" istis inducias petitas; uxor enim mea soror est
" nobilis viri Hugonis de Lasceio, unde non possum
" in prælium contra ipsum tecum ire, cum quo con-
" fœderatus existo." Ad quem Marescallus, "O," inquit,
" proditor nequissime, nonne modo denegavi eis in-
" ducias, contra voluntatem meam, per consilium
" tuum? Inconstantis hominis esset tam cito con-

F 2

A.D. 1234. " cedere, quod modo eis negavi, quia id magis timore[1]
" facere viderer, quam amore. Scio enim, quod hodi-
" erno die morti traditus sum ; sed melius est mihi
" mori cum honore pro causa justitiæ, quam campum
" per fugam deserere et probra militiæ in perpetuum
" obtinere." Et respiciens Walterum fratrem suum,
juvenem elegantissimum, dixit quibusdam ministris
suis, "Adducite fratrem meum," inquit, "ad castellum
" meum, quod prope est, ne in hoc certamine pereat
" omne genus meum ; quia in ejus probitate confido,
" si annos exspectaverit legitimos ad militiam exer-
" cendi." Proceres autem Hiberniæ, audaciam Marescalli ac probitatem metuentes, arma sua militibus
fortissimis tradiderant et ignotis, quos ad hoc conduxerant, ut perimerent innocentem ; sic eum occidere
cupientes, ut non occidisse viderentur.

De prœlio campestri in quo captus fuit comes
Marescallus.

Comes vero Marescallus hostes multos aciebus dispositis contra paucos venire considerans hortatur suos
ad pugnam, quam pro causa justitiæ et legibus
Anglicanæ gentis et oppressione Pictavensium assump-
serat, sperans habere fideles, quos habuit proditores.
In medium hostium audacter prorupit, et,[2] aciebus
eorum[3] potenter penetratis, militibus suis viam ferro
aperuit, quem solummodo quindecim milites de propria
familia sequentes obstantium cohortes acierum dissipare
cœperunt. Sed homines ejus jurati et milites, in
quibus confidebat, sicut prius inter proditores erat
provisum, hostibus sese Marescalli non coacti, non
hastis percussi vel gladiis, ad vincula reddiderunt,

---

[1] Timore hoc in D.
[2] Ut in C.
[3] Wanting in C.

quasi amici ad invicem congaudentes; quidam autem illorum absque sanguinis effusione ad ecclesias et abbatias fugientes Marescallum cum quindecim tantum militibus reliquerunt. Quibus inæqualiter nimis contra septies viginti pugnantibus et se viriliter defendentibus, pondus prælii versum est in comitem Marescallum, qui tunc primo de proditione in necem suam machinata[1] advertit; et, sic undique adversariis impetum facientibus in eum, sex milites ex eis sese[2] defendendo peremit. Indignatus autem, hoc viso, miles quidam ut gigas fortissimus, cui Richardus de Burgo arma sua tradiderat, ut Marescallum occideret, impetum fecit in eum, volens galeam de capite ejus evellere truculenter; quem videns Marescallus existimabat quod esset Richardus de Burgo, et ait, "Fuge, "proditor nequissime, ne te interficiam." Cui ille, "Non a te fugiam," inquit, "sed propius accedam;" et cum manus levasset, ut ipsum per cassidem arriperet, Marescallus interjecto gladio ambas[3] manus ejus armatas uno ictu præcidit. Alius autem miles socium læsum vindicare cupiens rapido equi cursu ad eum venit, et omnibus utens viribus in capite galeato percussit, sed, obstantibus armis Marescalli, nihil profecit; at comes ferientem se cum gladio percutiens corpus ejus totum usque ad umbilicum in duas partes divisit, unde post in multo diei spatio nullus ad eum accedere ausus fuit. Sed hostes ejus principales animo consternati compulerunt vulgi multitudinem, qui cum lanceis, furcis ferreis, securibus advenerant et bipennibus, ut illum circumdantes opprimerent et equum ejus eviscerantes ad terram prosternerent; qui protinus Marescallum circumvallantes equum ejus multis vulneribus confossum exsanguem fecerunt, et, cum sic eum ex equo dejicere non potuissent, pedes ipsius equi

---

[1] Machinatam in D.
[2] Wanting in C.
[3] Levasset inserted in C.

cum securibus præciderunt ; cumque equus cum Marescallo, jam in certamine ab hora diei prima usque ad
horam undecimam fatigato, corruisset in terram, ipsi
accurrentes percusserunt eum in posteriora loricam
levantes et lethaliter vulneraverunt. Magnates autem
cognoscentes quod vulneratus fuisset ad mortem, qui
quasi exanimis jacebat in terra, duxerunt illum, vix
palpitante in eo spiritu vitali, ad castellum suum, quod
Mauricius justiciarius paulo ante ceperat et captum
detinebat, ubi sub arcta servatus custodia cum uno
tantum juvene de suis inter hostes remansit. Actum est
autem hoc prælium primo die mensis Aprilis, in sabbato.

De morte et sepultura comitis Marescalli.

Et, his ita gestis, post triduum ita convaluit comes
Marescallus, quod manducare potuit et bibere, ad
aleas ludere, et huc atque illuc ire in thalamo ubi
infirmatus jacebat ; quod videntes inimici ejus petierunt ex parte regis Anglorum, ut redderet omnia
castella sua et terras Hiberniæ, cujus corpus in
voluntate ejus erat ac potestate, quacumque voluerit
morte et etiam turpissima puniendum, ut[1] qui per
judicium curiæ suæ primo exulatus ac postea diffidatus, et nunc in campestri prælio contra eum commisso
captus ; "Utile tibi erit hæc facias sine contradictione
" et ab eo misericordiam consequaris." Ostenderunt
præterea illi literas regis patentes, in quibus eis præceptum erat, quod, si casu veniret in Hiberniam, ipsi
illum caperent et vivum sibi aut mortuum præsentarent. Marescallus autem videns quia in potestate erat
inimicorum suorum præcepit continuo per literas suas,
ut omnia castella sua regi redderentur, nesciens quod
concessa erant magnatibus illis per cartam regis inter se
dividenda et jure hæreditario possidenda. Cœperunt

---

[1] Et in D.

deinde vulnera ejus dolere graviter et tumere, unde ^{A.D. 1234.} pro nimio cruciatu auxilium medici postulavit. Tunc Mauricius justiciarius, sub cujus custodia erat, medicum vocavit, magis, ut dicitur, in ejus exitium quam auxilium; sed Marescallus, ut fidelissimus Christianus, ante omnem medicinam carnalem, in confessione et viatico ac legitimo testamento exitum suum munivit et suæ mortis causam Domino commendavit. Medicus autem ad eum accedens cum ferro longo et ignito vulnera ejus aperuit, et tam sæpe et profunde ferrum demersit, quod ex vulneribus sanguinem elicuit. Marescallus vero pro nimia doloris angustia in febrem acutam decidens sexto decima die postquam in prælio vulneratus fuerat in Domino obdormivit decimo sexto kalendas Maii; in crastino autem sepultus est apud Kilkenni in oratorio fratrum de ordine Minorum, ubi ipse adhuc vivus elegerat sepulturam. Occubuit siquidem ob causam supra scriptam comes Marescallus, miles egregius, in literali scientia sufficienter eruditus, moribus decenter et virtutibus ornatus, in die Palmarum, ut palmam a Domino acciperet in cælestibus pro mercede, qui inter filios hominum adeo enituit forma speciosus, ut in compositione corporis ipsius visa sit natura cum virtutibus contendisse.

De ultione exulatorum contra consiliatores regis.

Hæc autem, quæ facta erant de comite Marescallo in Hibernia, nondum nota fuerunt in Anglia, unde Richardus Siuard cum cæteris exulatis de consiliatoribus regis, per quos exterminati fuerant. ultionem quærentes feria quarta in hebdomada Paschæ combusserunt ædificia Roberti Passelewe in Suaneburne cum frugibus et animalibus et aliis rebus inventis, quæ ei damnosa fuerunt; et post dies paucos combusserunt horrea ejusdem Roberti cum frugibus et rebus aliis prope villam de Stanes sexto kalendas Maii. Item, sexto nonas Maii inter Radingum et Wallingeford in quadam silva ceperunt septem summarios Stephani de Segrave oneratos, cum equo quodam pretioso, et omnia quæ domini regis erant dimiserunt in pace; Ivingeho quoque villam Petri, Wintoniensis episcopi, cum domibus et rebus cunctis episcopo damnosis concremarunt quarto idus Maii.

Et eodem tempore proceres Hibernenses castella Marescalli et jura Hiberniæ occupantes inter se diviserunt, sicut eis per cartam regis fuerant confirmata, possessionibus incumbentes.

Quod omnes exulati ad pacem regis venerunt.

Per idem etiam tempus, post Paschalem solennitatem, cum rex Anglorum versus Gloverniam tenderet cupiens obviare archiepiscopo et episcopis, quos in Walliam miserat, ut supradictum est, venit apud Wodestoke manerium suum, ut pernoctaret ibidem. Venerunt autem ibi ad eum nuntii ex Hibernia, casum ei referentes de morte comitis Marescalli; unde rex, admirantibus cunctis qui aderant, in fletum prorumpens conquestus est de morte tanti militis, asserens constanter, quod nullum sibi parem in regno moriens reliquisset; et continuo vocatis presbyteris de capella sua, fecit solenniter decantari obsequium defunctorum pro anima ipsius, et in crastino, completis missarum solenniis, largas pauperibus eleemosynas erogabat. Beatus ergo rex talis, qui novit inimicos diligere, et cum lachrymis potest[1] pro suis persecutoribus Dominum exorare. Cumque rex inde profectus ad Gloverniam pervenisset, venit ad eum ibi Eadmundus, Cantuariensis archiepiscopus, cum episcopis, qui cum ipso ad Loelinum fuerant destinati, denuntiantes ei, quod cum Loelino de quadam pacis forma tractaverant,

---

[1] Marked for correction in D.

ita tamen, quod ante omnia regi reconciliarentur viri
nobiles de regno, quibus confœderatus erat idem
Loelinus, qui per pravum consilium fuerant ab Anglia
exulati; quo rite peracto, præfata concordia plenius
firmaretur. Tunc rex, qui ut pax fieret modis omnibus
suspirabat, fecit vocare per literas suas exulatos omnes,
ut venirent apud Gloverniam Dominica proxima
ante ascensionem Domini, quarto scilicet kalendas
Junii, ad colloquium, recepturi plenam gratiam ipsius
cum hæreditatibus suis; et hoc facerent omni sus-
picione remota, sub salvo archiepiscopi et episcoporum
conductu. Venerunt ergo ad pacem regis, mediantibus
archiepiscopo et episcopis, Hubertus de Burgo, Angliæ
quondam justiciarius, Gilbertus Basset et fratres ejus,
Richardus Siuard, cum omnibus qui cum eis et pro
eis in exilium fuerant pulsi, quos rex in osculo pacis
recipiens reddidit eis omnia jura sua, quinto kalendas
Junii. Et in eodem colloquio venit ad regem Gilebertus, frater Richardi comitis Marescalli, protestans
mortem fratris sui, et postulavit ab eo, ut ipsum in
hæreditate sua reciperet, offerens homagium suum regi
et quicquid ei ut domino facere tenebatur. Tunc rex,
cum consilio archiepiscopi, reddidit ei hæreditatem
suam totam tam in Anglia quam in Hibernia, et
homagium ejus recepit; atque post hæc, in die
Pentecosten, apud Wigorniam eundem Gilebertum
cingulo militari donavit, tradens ei virgam marescalciæ curiæ suæ, sicut eam antecessores ejus melius
et liberius habuerunt. Hubertum quoque de Burgo,
Gilebertum Basset et Richardum Siuard inter domes-
ticos et familiares consiliarios admisit, tunc plene
intelligens, quod priorum fuerat consiliatorum astutia
seductus, qui se modo cauteriatam habentes conscientiam a regis præsentia subtrahebant.

A.D. 1234. *Quod rex ratiocinium exegit a Petro de Rivallis et Stephano de Segrave et Roberto Passelewe.*

In eodem autem colloquio Eadmundus, Cantuariensis archiepiscopus, fecit recitari exemplar literarum de proditione Richardi comitis Marescalli coram rege et universo conventu episcoporum, comitum pariter ac baronum, qui adfuerunt, quæ a consiliariis regis missæ fuerant ad magnates Hiberniæ; unde rex ipse et alii omnes, qui eas audiebant, contristati sunt valde et usque ad lachrymarum effusionem compuncti. Rex autem confessus est in veritate, quod compulsus ab episcopo Wintoniensi et Petro de Rivallis et aliis consiliariis suis jusserat sigillum suum apponi in quibusdam literis sibi præsentatis, sed tenorem illarum se nunquam audisse cum juramento affirmavit. Ad hoc respondens archiepiscopus dixit, "Scrutamini, rex, "conscientiam vestram, quia omnes illi, qui literas "illas mitti procuraverunt et hujus proditionis conscii "fuerunt, rei sunt de morte Marescalli, ac si illum "propriis manibus occidissent." Tunc rex, habito consilio, fecit vocare per literas episcopum Wintoniensem, Petrum de Rivallis, Stephanum de Segrave et Robertum Passelewe, ut venirent ad festum sancti Johannis ratiocinium reddituri de thesauris suis receptis pariter et expensis, sed et de sigillo suo, quod male tractaverant, ipso penitus ignorante, mandavit, ut tunc venirent responsuri et juri parituri; sed illi, proprias conscientias habentes suspectas in omnibus, ex una parte regem, ex altera vero fratres et amicos metuebant Marescalli, cujus necem procuraverant. Unde ad pacem ecclesiæ confugientes episcopus et Petrus de Rivallis in ecclesia cathedrali apud Wintoniam latebant, a conspectu hominum sese penitus subtrahentes; Stephanus vero de Segrave in ecclesia sanctæ Mariæ apud Legecestriam delituit, et, qui prius a clericatu ad militiam confugit, nunc e contrario ad clericatus officium reversus coronam, quam reliquerat A.D. 1234. inconsulto episcopo, renovavit; Robertus quoque Passelewe ad latibulum divertit ignotum, ita quod illum Romam petiisse multi contendebant; nec etiam ad mandatum regis limina ecclesiæ ausi sunt egredi, inde argumentum suspicionis trahentes, quod inimici eorum, qui villas suas et ædificia cum horreis frugibus plenis[1] et cætera quæque sibi damnosa concremaverant, non parcerent corporibus suis, si nocendi opportunitatem haberent.

Quod rex exegit ratiocinium a Petro de Rivallis.

Tandem Eadmundus, Cantuariensis archiepiscopus, qui pacis mediator erat hujus dissidii, impetravit a rege, ut sub salvo conductu ipsius et episcoporum possent ad diem certum coram illo venire responsuri super exactionibus prædictis, ut omnis in regno dissensionis occasio sopiretur. Statuit igitur illis diem rex pridie idus Julii apud Westmonasterium, ut breviter dicatur, ubi sub protectione archiepiscopi et episcoporum ad regis præsentiam sunt perducti; inter quos Petrus de Rivallis primus in causam vocatus apparuit coram rege in habitu clericali cum tonsura et lata corona, quem reverenter salutavit, cum justiciariis in banco sedentem. Quem rex torvo respiciens oculo, "O proditor," inquit, "per iniquum consilium " tuum sigillum meum ignorans apposui in literis de " proditione comitis Marescalli; per vestrum etiam " pravum consilium ipsum et alios de regno meo " homines naturales exulavi et eorum animos a me " pariter et amorem averti; per pravum consilium " vestrum utique guerram contra illos movi, per quam " thesaurum meum et hominum meorum divitias con- " sumpsi." Exegit ab eo præterea rex ratiocinium de

---

[1] Plena in D.

thesauro suo et custodiis puerorum nobilium et es-
chaetarum, cum aliis proventibus multis, quæ ad
coronam spectabant. Cumque hæc et alia multa rex
ab eo sub proditoris nomine exegisset, nihil omnino
de objectis sibi criminibus negavit, sed coram rege in
terram corruens per hæc verba ejus misericordiam
imploravit; "Domine rex," inquit, "nutritus sum a
" vobis et in bonis temporalibus dives factus, ne con-
" fundas hominem quem creasti; sed concede saltem
" tempus deliberandi, ut de rebus exactis competenter
" vobis valeam reddere rationem." Cui rex, "Mittam
" te in turrim Londoniarum, ut ibi deliberes, donec
" mihi satisfacias competenter." Ad hæc Petrus,
" Domine, clericus sum," inquit, " nec debeo incar-
" cerari vel sub laicorum custodia deputari." Respondit rex, " Ecce præsens est archiepiscopus, qui si pro
" te fidejubere voluerit, tradam te illi, ut mihi satis-
" faciat de exactionibus supradictis." Ut igitur
breviter dicatur, misit eum rex in turri memorata,
accipiens in manu sua omnes laicas possessiones ejus,
quia sub habitu clericali lorica erat armatus, quod
clericum non decebat. Fuit autem in turri Londoniarum die Jovis et sequenti die Veneris, et tunc ab
archiepiscopo liberatus apud Wintoniam perductus est
et in ecclesia cathedrali dimissus.

Quod Stephanus de Segrave apparuit coram rege.

Apparuit autem eadem die in regis præsentia
Stephanus de Segrave, veniens sub protectione archiepiscopi, de rebus sibi impositis responsurus; qui cum
staret in judicio juri pariturus, increpavit eum rex sub
nomine nequissimi proditoris de omnibus articulis,
quibus increpaverat Petrum de Rivallis, hoc etiam
adjiciens, quod consilium dederat ei, ut Hubertum de
Burgo ab officio justiciarii amoveret, incarceraret,
patibulo suspenderet, et nobiles de regno homines

exularet. Cumque hæc et alia multa ei imposuisset A.D. 1234. flagitia, exegit ab eo ratiocinium ab officio justiciarii, quod sub eo administraverat post Hubertum de Burgo, de rebus perceptis pariter et expensis. Super his autem archiepiscopus et quidam episcopi impetraverunt inducias a rege usque ad festum sancti Michaelis, ut deliberandi tempus haberet. De pravis quoque consiliis sibi imputatis hoc regi respondit, quod, cum plures haberet consiliarios, quod male gestum fuerat sibi soli non debuit imputari. Robertus vero Passelewe, qui post Walterum Karleolensem episcopum officium thesaurarii administraverat, abscondit se nec repertus fuit a quærentibus animam ejus.

Quod comes Britanniæ a rege Anglorum recessit.

Eodem anno, instante nativitate sancti Johannis Baptistæ, quo tempore erant exspirandæ treugæ in Britannia inter reges Francorum et Anglorum, rex Anglorum misit comiti Britanniæ milites sexaginta et Wallenses duo millia, qui terræ illius infirmiora communirent. Rex autem Francorum, treugis evolutis, congregavit exercitum copiosum ex omnibus viribus suis, et quoddam castellum comitis Britanniæ obsidione vallavit. Milites quidem regis Anglorum et Wallenses venientibus Francigenis occurrentes equos quorundam hostium suorum peremerunt, ex equitibus pedites multos fecerunt, bigas et vehicula, quibus victualia deferebantur et arma, invadentes ceperunt, equos et spolia rapuerunt, et damna eis non modica inferentes absque sui læsione ad propria sunt reversi. At rex Francorum, ex damno sibi illato perturbatus, divisis agminibus, undique[1] Britanniam invasit et Britannos gravi afflictione contrivit. Comes autem in arcto positus treugas usque ad festum Omnium sanctorum

---

[1] Wanting in C.

sub tali forma impetravit, ut sciret interim si rex
Anglorum, confœderatus erat, se corporaliter vellet in
ejus succursum venire ; pro his siquidem treugis obtinendis sub tali forma tradidit regi Francorum tria
castella optima, quod, si rex Anglorum infra terminum
memoratum ad liberationem terræ suæ corporaliter non
veniret, ipse tunc regi Francorum terram Britanniæ
totam cum castellis et urbibus ex integro resignaret.
Treugis autem in hunc modum confirmatis, comes
Britanniæ milites regis Angliæ et Wallenses remisit in
Angliam, a quibus rex præmunitus est, ne ultra
thesauros regni effunderet pro defensione comitis Britanniæ, quia jam fœdus iniit cum rege Francorum, ut,
diffugio a rege Anglorum facto, ad ejus pacem
veniret, nihil exspectans nisi ut thesauros Angliæ ex-
hausisset. Ipse siquidem comes, parvo post emenso
temporis spatio, in Angliam veniens regi suggessit,
quod pro treugis a rege Francorum obtinendis quicquid in auro habuit vel argento effuderat, petens sibi
restitutionem fieri quindecim millium marcarum, quas
consumpserat pro defensione terræ suæ et Anglorum
regis honore. Ad hæc respondens rex dixit, quod per
eum treugæ non erant obtentæ vel confirmatæ, adjiciens insuper, quod ad defensionem Britanniæ non
sufficiebant Angliæ thesauri, quod jam per triennium
comprobavit, nec voluit tam laboriosis expensis amplius
fatigari ; sed, si comes Britanniæ hoc sufficere crederet,
ipse mitteret quatuor comites de regno Angliæ cum
tot militibus et viris armatis, qui sufficerent ad defensionem terræ illius contra regem Francorum. Hæc
audiens comes Britanniæ iratus a rege recessit, et
transiens in terram suam continuo ad regem Francorum confugit ; et, ut proditionem contra regem factam
sub qualicumque schemate palliaret, venit ad regem
Francorum laqueum in collo gerens, et proditorem se
esse recognoscens reddidit ei Britanniam totam cum
municipiis et castellis. Cui rex Francorum dicitur

respondisse, "Licet, proditor nequissime, mortem pro- A.D. 1234.
" merueris turpissimam, parcam tamen tuæ nobilitati
" ut vivas, et dabo Britanniam filio tuo ad vitam suam,
" ita ut post mortem ejus reges Francorum terræ illius
" hæredes existant." Comes autem rebus omnibus ut
proditor spoliatus per internuntios regi Anglorum
reddidit homagium suum, quod ei pridem fecerat; et
rex e converso cepit in manu sua omnia jura comitis
Britanniæ in Anglia, et honores ad illum spectantes.

Miraculum de avaritia cujusdam episcopi.

Hoc denique anno, qui tertius erat sterilium annorum, exitialis mortalitas crudeliter ubique sæviebat et
fames; quæ pestilentiæ, tam exigentibus peccatis, quam
ex præcedente aeris intemperie et agrorum generali
sterilitate, absque dubio pervenerunt. Pauperes vero
diversis in locis ob inediam tabescentes moriebantur,
non invenientes Samaritanum, qui eos stabulario
pascendos committeret vel vulnera mortalitatis cu-
raret. Eleemosyna quidem, quæ etiam divitias augere
solet, ubique deserta languebat; dum divites, qui
in omnibus bonis temporalibus abundabant, tanta
cæcitate percussi erant, quod homines Christianos ad
imaginem Dei creatos mori ex alimentorum inopia
permiserunt. Cæci quidem fuerunt, qui non ex dono
Dei, sed propria industria, jactant se divitias acquisi-
visse. Et, si hoc quoque turpe fuit omnibus generaliter Christianis, turpissimum tamen exstitit episcopis et
ecclesiarum prælatis, unde inter primos ex vitio avaritiæ notabiles Walterum, Eboracensem archiepiscopum,
pono cæteris in exemplum; ad quem cum venissent
plurimorum maneriorum præpositi pariter et ministri
ostendentes, quod in locis diversis multum habuit
bladum quinquennali jam tempore inveteratum, quod
nimis habebant suspectum, ut vel a soricibus esset
corrosum vel corruptione aliqua putrefactum, archiepi-

A.D. 1234. scopus autem, non habens in tanta necessitate nec ad
Deum nec ad pauperes respectum, præcepit ministris
suis ac præpositis, ut traderent frumentum vetus
rusticis de maneriis suis, qui pro veteri novum sibi
redderent post autumnum. Contigit ergo cum præpositus ejusdem archiepiscopi in villa de Ripun bladum
circuiret, extra horrea positum illud trituraret, appar-
erunt ubique in garbis capita vermium, serpentium
scilicet, colubrorum, et bufonum terribilium; unde
ministri, qui cum præposito ad hoc spectaculum con-
venerant, fugientes timuerunt ne a vermibus læde-
rentur. Cumque hæc omnia archiepiscopo fuerant inti-
mata, misit senescallos suos nimio rubore confusus, ut
viderent, quid facere opus esset. At illi venientes ad
locum, non obstante vermium multitudine,[1] scalas ap-
posuerunt ad bladum, et rusticos quosdam compulerunt,
ut ascenderent et frumentum detegerent; qui cum ad
summitatem pervenissent, exivit de blado fumus niger-
rimus et fœtor quidam infernalis et intolerabilis, unde
cum festinatione descendentes, ut periculum mortis
evaderent, testificati sunt se nunquam antea talem
sensisse fœtorem; vocem etiam audierunt dicentem
sibi, ne ad bladum manus apponerent, quia etiam
archiepiscopus et omnia quæ habebat diaboli possessio
erat. Videns autem senescallus, et alii qui cum illo
erant, ex vermium multitudine grave periculum immi-
nere, fecerunt murum altum in circuitu bladi diabolici
et ignem adhibentes in gyrum omnia combusserunt, ne
vermes exeuntes totam inficerent regionem.

Item miraculum de avaritia cujusdam presbyteri.

Erat in eadem Eboracensi provincia sacerdos quidam
et vicarius dives valde et in officio prædicationis
sanctæ magnus, sed tamen avarus, qui in hac æstate

---

[1] Multitudinem in D.

mortaliter infirmabatur secundum judicium praesentium A.D. 1234.
medicorum. Venerunt autem ad eum visitandum
propter famam religionis, quam juxta opinionem totius
regionis habebat, vicini ejus abbates et priores, igno-
rantibus cunctis, quod lupus esset in fabula et anguis
esset in herba. Cum autem aeger ille praelatos ad se
venientes reverenter salutaret, nullam tamen de salute
animae suae fecit mentionem, nisi ob hoc, quod praelatos
illos diligens legavit illis bladum non modicum, quod
in curia sua extra horrea positum habebat, dividens
singulis illud, prout sibi melius competere videbatur.
Cumque abbates illi et priores ad praeceptum aegro-
tantis exirent, ut bladum sibi legatum viderent, con-
spexerunt juxta congeries illas quendam hominem
stantem, vicario, quem in domo reliquerant lethaliter
aegrotantem, in indumentis et forma corporis per
omnia similem, qui sibi nimis acerbe loquens dicebat,
" Quid hic," inquit, " quaeritis? Sciatis certissime
" quod bladum hoc totum, et ille, cujus esse videtur,
" possessio mea est; quia vicarius, qui illud vobis
" legavit, homo meus est et omnia quae habet mea
" sunt, ut qui junctis manibus mihi homagium fecit.
" Et noveritis indubitanter, quod die quarta morte
" morietur, et tunc plene recuperabo quod meum est,
" et quem divitem feci cum pauper esset." Audientes
autem hoc abbates et qui cum eis erant, nimio
terrore percussi, reversi sunt ad vicarium, quem invenerunt,[1] jam quasi in extremis laborantem, cui omnia
quae audierant et viderant per ordinem referebant.
Et cum haec coram illo replicassent, quod homo diaboli
esset, respondit vicarius, " Verum," inquit, " dicit, quia
" jam elapsis viginti annis, cum pauper essem, pro
" dignitate terrena et lucro temporali homagium dia-
" bolo feci, qui vobiscum locutus est." Et continuo
ad lamenta poenitentiae et confessionis remedium con-

---

[1] Quem invenerunt wanting in C.

A.D. 1234. fugiens diabolo abrenuntiavit et omnibus operibus ejus
et pompis, et confestim, miseratione divina illum
respiciente, ab omni corporali molestia sanus effectus
est, ut congruum haberet spatium pœnitendi; unde
manifeste constat, quod non vult Deus mortem pecca-
toris, sed ut magis convertatur et vivat.

De miraculo valde laudabili, quod hoc anno contigit.

Licet in suprascriptis duobus capitulis sit evidenter
expressum in quantum avaritiæ vitium omnibus
Christianis detestandum existat, adjiciam adhuc et
tertium, ut in ore duorum vel trium testium stet
omne verbum. Cum hic annus, de quo prædiximus,
pauperibus crudelis et sævus in diebus suis usque ad
Julium mensem processisset, pauperes, quos diuturna
fames afflixerat, ad agros proruunt fructiferos catervatim, ubi spicas frugum, licet nondum maturas, carpentes et manibus illas tremulis confricantes infelicem
vitam, quæ vix in eorum pectoribus palpitabat, pro-
trahere satagebant; nec id multum erat in pauperibus
reprehensibile, cum legatur in apostolorum actibus
Christi discipulos hoc fecisse. Sed rustici quarundam
villarum, qui ex avaritia inopiam semper habent suspectam, per agros suos transeuntes, cum hoc pium et
necessarium deprehendissent furtum, perturbati sunt
valde; unde contigit, quod homines villæ, quæ
Alboldeslea dicitur et in Cantebregensi provincia sita
est, cum sequenti die Dominica, quæ tunc fuit septimo
decimo kalendas Augusti, ad ecclesiam convenissent,
presbyterum tumultuosis clamoribus rogabant, ut incontinenti omnes illos, qui spicas in agro carpentes
bladum furati fuerant, anathematis sententia innodaret. Et, cum ad hoc rustici omnes vehementer
instarent, vir quidam ex eadem villa religiosus et pius,
cum videret presbyterum ad ferendam sententiam
paratum, surrexit, et ex parte Dei omnipotentis et

sanctorum omnium presbyterum adjuravit, ut ipsum, et omnes quas habuit in campo fruges, ab illa sententia sequestraret; addidit etiam, quod bene placuit sibi quicquid pauperes inedia compulsi de suis ceperant frugibus, et quod residuum erat Domino commendavit. Quid ergo? Instantibus pertinaciter cæteris in stulto proposito suo, cum presbyter compulsus ferre sententiam inchoasset, tanta subito exorta est in aere tempestas, tonitrui scilicet ac fulminis concussio, ventorum ac turbinum conflatio, pluviarum et grandinum inundatio, quod, quasi in momento turbine flatu diabolico agitata, fruges in agris, armenta cum arboribus ac cæteris quibusque crescentibus et avibus in campis, ita opprimendo contrivit, quod velut in curribus et in equis conculcata et in terra demersa videbantur. Visi sunt autem in aere sursum angeli Sathanæ volitantes, qui hujus tempestatis ministri fuisse credebantur. Sed, cum justis ac piis stabilis semper sit inventa divina benignitas, vir ille simplex et justus, cum, peracta tempestate omnibus vicinis suis nimis damnosa, visitare pergeret agros suos, invenit prædia sua et jugera, licet inter terras aliorum permixta, ita ab omni tempestate intacta et illæsa, ut nullum in eis læsionis vestigium appareret; unde omni luce clarius constat, quod sicut Deo gloria in excelsis canitur ab angelis, ita et in terra pax est hominibus bonæ voluntatis. Inchoavit autem hæc tempestas in finibus Bedefordiæ, et sic per insulam Eliensem et Norfolc ad orientem tendens in mare descendit. Sæviebant siquidem hoc anno multæ consimiles tempestates in locis diversis, quæ multis tam terribiles quam damnosæ fuerunt; sed et hoc similiter notabile videtur, quod reliquiæ frugum, quæ tempestate completa in agris remanserant, ita fœtidæ erant inventæ, quod non equus vel asinus, non bos aut porcus, non auca vel gallina comedere illas voluerunt, cum sæpe eis fuissent ad comedendum oblatæ.

De discordia inter dominum papam et Romanos exorta.

Eodem anno exorta est Romæ gravis dissensio inter dominum papam et cives Romanos his de causis. Usurpant sibi cives memorati ex antiquo jure, quod Romanus pontifex non potest aliquem ex civibus excommunicare, vel urbem pro quolibet excessu supponere interdicto. Ad hoc dicit summus pontifex, quod minor est Deo et major hominibus, ergo major civibus Romanis; et, cum eorum sit pater spiritualis, debet et de jure potest filios corrigere delinquentes, ut sibi in fide Christi subjectos, unde de jure potest rationabilibus de causis eos excommunicare et civitatem interdicere. Item, potestates urbis et senatores annuum tributum exigunt ab ecclesia Romana, quod eis, tam ex novo quam ex antiquo jure, Romani pontifices persolvebant, de quo etiam semper usque ad istius papæ tempora in possessione fuerunt. Ad hoc dicit papa, quod si ecclesia Romana temporibus persecutionis, pro defensione sua et pro bono pacis, aliquando majores civitatis in donis gratuitis liberaliter respexit, non debet hoc in consuetudinem trahi, quia illa sola consuetudo tenenda est, quæ jure constat et ratione subnixa; et, quod his omnibus majus est, Christus in cruce suo sanguine ita liberam fecit illam, quod nec portæ inferæ [1] prævalebunt adversus eam. His igitur et aliis de causis inter dominum papam et cives Romanos lite contestata, idem papa cum suis cardinalibus exivit ab urbe et apud urbem Perusium moram facturus divertit. At Romani contra eum invalescentes quædam ipsius ædificia in civitate prostraverunt, unde a papa excommunicati fuerunt; qui etiam, ipsum imperatorem cum in sui favorem attraxerat, congregavit exercitum copiosum, ut impetum reprimeret Romanorum. Tunc

---

[1] Inferi in D.

exercitus imperatoris et exercitus summi pontificis A.D. 1234.
simul convenientes casalia eorundem Romanorum per
gyrum urbis posita numero octodecim prostraverunt
et vineas succiderunt, unde cives ipsi perturbati
exierunt ab urbe octavo idus Octobris, viri ut dicitur
armati centum millia, ut civitatem Viterbii, quæ ad
jus domini papæ spectabat, spoliarent et igne spoliatam concremarent; sed, cum irrationabile vulgus civitatis absque disciplina militari exirent et agminibus
incederent dissolutis, acies militares ipsius papæ et
imperatoris ab insidiis prorumpentes irruunt in
Romanos et ex eis magnam stragem, non tamen sine
suorum læsione, fecerunt. Ceciderunt autem hinc inde
ad triginta millia armatorum; sed Romani tamen
majorem perpessi sunt stragem, ut qui agminibus
dissipatis ad suam civitatem præcipites confugerunt.
Exasperatum est quidem cor eorundem Romanorum
nimis adversus dominum papam, quia in illo conflictu
de civitate multi nobiles corruerunt. Duravit diu ista
dissensio inter eos, sed Romani tamen cives semper
aleam Martis sibi contrariam invenerunt.

Eodem tempore obiit Hugo Foliot, Herefordensis
antistes, et successit ei magister Radulphus de Maide-
nestan, vir in literali doctrina famosus, qui ab
Eadmundo, Cantuariensi archiepiscopo, munus consecrationis suscepit.

De Judæis, qui puerum Christianum
circumciderunt.

Anno Domini MCCXXXV. rex Anglorum Henricus A.D. 1235.
anno regni sui decimo nono ad Natale tenuit curiam
suam apud Westmonasterium, præsentibus episcopis et
principibus regni; et eodem tempore septem Judæi
adducti sunt coram rege apud Westmonasterium, qui
apud Norwicum puerum quendam, quem furatum jam
per annum a conspectu Christianorum absconderant,
circumciderunt, volentes eum crucifigere in solennitate

H 2

A.D. 1235. Paschali ; sed super hoc facto convicti in regis praesentia confessi sunt rei veritatem, et sic de vita sua et membris in ipsius voluntate sub carcerali custodia remanserunt.

Eodem tempore obiit Hugo,. Lincolniensis episcopus, omnium virorum religiosorum inimicus, septimo idus Februarii, et sepultus est apud Lincolniam in ecclesia cathedrali quarto idus ejusdem ; cui successit magister Robertus Grosseteste, vir honestus et religiosus atque in lege divina sufficienter eruditus, qui apud Radingum ab Eadmundo, Cantuariensi archiepiscopo, munus consecrationis suscepit tertio nonas Junii, reclamantibus monachis Cantuariensibus ne alibi consecraretur quam in ecclesia Cantuariensi, sed id tandem fieri hac vice permiserunt, ita tamen quod non ad consuetudinem de caetero traheretur.

Per idem tempus, post purificationem beatae Mariae, concordati sunt cum rege Stephanus de Segrave et Robertus Passelewe, datis mille marcis ; nec tamen in pristinam regis gratiam sunt recepti.

Circa eosdem dies Henricus de Sandfort, Roffensis antistes, diem clausit extremum sexto kalendas Martii ; post cujus obitum monachi Roffenses elegerunt magistrum Richardum de Wendene,[1] virum in liberali scientia eruditum ; qui Eadmundo, Cantuariensi archiepiscopo, ad electionem confirmandam, a praefatis monachis praesentatus non fuit admissus, unde monachi domini papae praesentiam appellarunt.

De morte Willelmi abbatis et de successione J. sancti Albani [abbatis] XXIII.

Eodem anno, in crastino sancti Matthiae apostoli, obiit Willelmus, abbas ecclesiae beati Albani, postquam eandem rexerat ecclesiam annis viginti et mensibus

---

[1] Wende in C.

fere tribus, et sepultus est tertio kalendas Martii in A.D. 1235.
capitulo monachorum. Deinde conventus, impetrata a
rege licentia abbatem eligendi, in crastino annuncia-
tionis beatæ Mariæ elegerunt solenniter Johannem,
priorem de Hertford, monachum suum professum, in
pastorem animarum suarum, qui regi præsentatus ab
eo favorabiliter receptus est Dominica in ramis palmarum; et tunc missi sunt monachi ecclesiæ ejusdem
et clerici ad curiam Romanam, ad quam immediate
spectat, ut electionem rite factam impetrarent a sede
apostolica confirmari, ubi sine difficultate electione
confirmata cum benedictione apostolica reversi sunt in
regionem suam. Post hæc autem idem electus in
crastino nativitatis beatæ Mariæ, in Dominica die, a
Rogero, Londoniensi episcopo, benedictionem abbatis
suscepit; medio autem tempore, quo hæc omnia facta
sunt, remansit abbatia cum omnibus pertinentiis sub
custodia conventus ex beneficio regis, hospitalitate
integra remanente.

Eodem anno Judæi privilegium protectionis impetraverunt a pontifice Romano, ne a regibus aut
principibus pro exactione pecuniæ turpiter tractaren-
tur vel in carcere ponerentur.

Per idem tempus Petrus, Wintoniensis episcopus,
ad mandatum domini papæ Romam profectus est,
instante solennitate Paschali, ut guerram ejus jam diu
contra Romanos accensam ordinaret; erat enim juvenis
in obsequio Richardi magnifici bellatoris atque Johannis
regum Angliæ, cum quibus prius didicerat usum loricæ
quam pontificalis planetæ, et acies castrorum disponere
quam verbum fidei prædicare.

De prædicatione crucis.

Hoc denique anno, qui est annus octavus postquam
constitutæ sunt treugæ decennales in terra promissionis
inter Romanum imperatorem Fredericum et Babyloniæ

Soldanum, facta est prædicatio crucis per orbem universum Christiana fide insignitum, ad commonitionem
et instantiam domini papæ Gregorii, qui literas in
diversas orbis partes sub hac forma direxit;

"Gregorius episcopus, servus servorum Dei, universis
Domini nostri Jesu Christi fidelibus per regnum Angliæ
constitutis, ad quos literæ istæ pervenerint, salutem
et apostolicam benedictionem. Rachel videns in veræ
fidei cognitione principium accrescentium in salutem,
et filiorum dexteræ pia mater sancta Romana ecclesia,
cujus magna est quasi mare de suæ prolis internecione
contritio, vocem lamentationis, fletus et luctus emisit
hactenus et emittit, quam audiri cupimus in excelso,
ut per diem et noctem fidelium oculi doloris lachry-
mam deducentes non taceant, et, donec misereatur
Dominus, non quiescant. Lamentatur autem, quia
domus cælestis panis, mons Syon, unde lex exiit,
civitas Regis magni, de qua dicta sunt multa gloriosa,
terra quam Dei Filius fuso pro nobis suo sanguine
consecravit, regni robur et pulchritudinem perdidit.
Flet, quia quondam libera sub impiæ tyrannidis jugo
servit. Luget, quia, ubi pacem multitudo militiæ
cælestis cecinit, ibi pressura gentis immundissimæ
scandala, simultates et schismata suscitavit, ac inno-
vans exordia præliorum misit ad desiderabilia manum
suam, sacerdotii et sacrorum ordinum pias leges et
ipsius naturæ jura relegans a templo Domini, diversis
ibi spurcitiis et abominationibus introductis; et ideo
Hierusalem in suis derisa sabbatis obsorduit, quasi
polluta menstruis inter hostes. Nam licet dudum
carissimo in Christo filio nostro Frederico, Romanorum
imperatori, semper augusto, Hierusalem et Siciliæ regi
illustri, civitas eadem, præter templum Domini, fuerit
restituta, tamen, quia Deus omnipotens tunc magnifi-
centius agere cum populo Christiano non adjecit,
imperator prædictus treugas iniit cum Soldano, quarum
terminus adeo est vicinus, quod tempus medium præ-

parationi vix sufficere creditur, nisi ad quæque neces- A.D. 1235.
saria per promptitudinem, spem et fervorem fidei
festinetur. Ad cujus ergo succursum nullum tædeat
peregrinari, et pro patria certare cum spe victoriæ,
pro corona mori, pro vita, pro Illo sustinere ad tempus
dura et tristia, qui, confusione contempta, sputo con-
spersus, colaphis cæsus, flagellis afflictus, spinis coronatus, coram Pilato sisti, tanquam multorum criminum
reus, pertulit, ad ultimum crucifixus et felle potatus,
lancea perforatus, emittens cum clamore valido spiri-
tum, pro conditionis humanæ viribus reparandis, cursum
præsentis vitæ saturatus injuriis consummavit. Hic
est autem, ut altius repetamus, qui de Paternæ solio
gloriæ, cælis mirabiliter inclinatis, ad nostræ mortalitatis ima descendens non dedignatus est Deus homo,
Creator creatura fieri, suscipere Dominus formam servi,
ut, qui non poteramus per nostram justitiam sperare
veniam, consecuti per hæc gratiam inauditam, hæredes
Dei, cohæredes autem Christi, divinitatis consortium,
felicitatis æternæ participium sortiremur. Et, licet per
gratiam adoptati quotidie causas ingratitudinis cumule-
mus, Ipse tamen abundat in divitiis bonitatis, dum
propter diversitatem voluntatum, virium facultatem,
delinquentibus diversa pro tempore satisfaciendi genera
contulit, varia medendi languoribus remedia suscitavit;
dum terram, in qua nasci, mori et resurgere voluit,
tamdiu ad exercitationem fidelium ab infidelibus detineri
permittit, cum non sit abbreviata manus Domini, nec
virtus ejus in aliquo diminuta, quin etiam, sicut fecit
cuncta de nihilo, liberare valeat in momento. Sed
illas compassionis et dilectionis [1] gratias exquirit ab
homine, quibus, ad omnis consummationis finem legis-
que plenitudinem ostendendam, Ipse prior homini
perdito et damnato voluit miseratus adesse, qui nullatenus permisisset manus impias contra pios [2] adeo

---

[1] Dilationis in D. | [2] Impios in D. and C.

roborari, nisi et suam vindicari de nostra confusione providisset injuriam et servari nostram de sua victoria disciplinam. Sub hac autem occasione delicti plurimi, satisfacere pro modo criminum aliter non valentes, velut in profundo malorum penitus desperassent, nisi occurrisset eis hæc tabula ; nisi per hoc compendium, suis positis pro Christo animabus, consummati brevitate multorum temporum spatia complevissent. Multi enim, invenire locum ubi steterunt pedes Domini cupientes, prius ad bravium sine cursu, vel post ad coronam sine gladio pervenerunt ; Illo suum remunerante militem qui solam in oblatione considerat voluntatem. Nos autem, de omnipotentis Dei misericordia et beatorum Petri et Pauli apostolorum ejus auctoritate confisi, ex illa quam nobis, licet indignis, Deus ligandi atque solvendi contulit potestatem, omnibus, qui laborem istum in propriis personis et sumptibus subierint, vel qui viros idoneos cum suis expensis pro se destina-verint, sed et illis, qui in alienis expensis in propriis personis accesserint, vel qui de bonis suis ad subven-tionem terræ sanctæ congrue ministraverint, aut qui circa prædicta negotia consilium vel auxilium opportu-num impenderint, plenam suorum peccaminum, de quibus veraciter fuerint corde contriti et ore confessi, veniam indulgemus. Statuimus etiam, ut omnes, sive clerici sive laici, post crucem assumptam sub beati Petri ac nostra protectione securi et eorum bona omnia permaneant, necnon sub archiepiscoporum, episcoporum et omnium ecclesiæ prælatorum defensione consistant, donec de ipsorum obitu vel reditu certissime cognosca-tur ; in quo utique termino nullus cruce signatus, sive a Judæis sive a Christianis, ad præstationem usurarum compellatur. Datum Spoleti, secundo nonas Septembris, pontificatus nostri anno octavo."

Assignati sunt autem prædicatores a domino papa in opus crucis per orbem universum fratres scilicet de ordine Minorum ac Prædicatorum, cum magistris in theologia perfectis, qui in opus evangelii profecti præ- dicaverunt, ubique Domino cooperante et sermonem eorum confirmante sequentibus signis ; habuerunt siquidem ex mandato apostolico provinciarum archidiaconos et decanos, qui in locis singulis parochianos, viros et mulieres, convenire fecerunt, ita ut nullus remaneret, sub pœna anathematis, quin eorum prædicationibus interesset.

Miraculum de muliere contracta.

Contigit autem hoc anno, tertio idus Junii, in villa de Clare, ubi magister Rogerus de Lawes, frater quidam de ordine Minorum, pro negotio crucis evangelium in Dominica prædicavit, ut mulier quædam omni membrorum officio jam per triennium destituta, pœnam excommunicationis metuens, parum quod habuit argentum cuidam viro sibi vicino contulit, qui eam in humeris suis ad locum prædicationis portaret ; ubi cum gemens jaceret et lugens quousque vir Dei prædicationem complevisset, motus compassione super gemitibus mulieris, quam lugentem jacere conspexit, accessit ad eam atque causam ad quid illuc venisset inquisivit. Quæ cum diceret, quod metu excommunicationis ad locum prædicationis delata fuisset, præcepit ut iret in domum suam, nesciens quod membris omnibus esset dissoluta. Sed cum adstantes vicini ejus testarentur, quod omnium erat usu membrorum jam elapso triennio privata, interrogabat si crederet quod Deus potens erat ut sibi, si vellet, redderet sanitatem ; cui illa, " Credo, domine." Tunc vir Dei mulierem inter brachia complectens levavit eam fiducialiter et ait, " Sanet te Deus omnipotens, in quem credis." Et, cum mulier ad vocem jubentis se erigeret confidens in Domino, cœperunt ossa ejus et nervi dum surgeret ita subito crepitare, ut visum sit adstantibus, quod omnia ossa ejus in frusta comminuta fuissent ;

et sic mulier sanitati pristinæ restituta abiit in domum suam exultans et magnificans Deum, qui talem servo suo contulit potestatem.

Quod imperator sororem regis Angliæ postulavit.

Eodem anno, mense Februario, venerunt apud Westmonasterium duo Templarii cum militibus et aliis nuntiis solemnibus ab imperatore Frederico ad regem Anglorum missi, ferentes literas ipsius auro bullatas, in quibus postulavit Isabel sororem regis sibi matrimonio copulandam. Venientes autem septimo kalendas Martii ad regem petierunt literarum et suæ postulationis responsum sibi dari, ut regis voluntatem domino imperatori possent celeriter nuntiare. Rex autem Anglorum super dicto negotio sollicitus cum episcopis et regni sui magnatibus cœpit tractare per triduum, qui rem diligenter examinantes in hoc unanimiter consenserunt, ut puella imperatori daretur; et sic tertio kalendas Martii respondens matrimonium petitum concessit. At nuntii cum postulassent, ut sibi liceret puellam videre, misit rex legatos fide dignos pro sorore sua ad turrim Londoniarum, ubi sub vigilanti custodia servabatur; quam reverenter apud Westmonasterium perducentes in præsentia regis, puellam, vicesimum primum ætatis agentem annum, speciosam, flore virginitatis insignitam, indumentis et moribus regiis decenter ornatam, nuntiis imperialibus exhibebant. At illi, cum in virginis inspectione visum aliquandiu recreassent et eam imperiali thoro dignissimam in omnibus judicassent, confirmaverunt matrimonium in animam imperatoris interposito juramento, offerentes ei ex parte ipsius imperatoris annulum sponsalem; quem cum in ejus digito posuissent, pronuntiaverunt eam imperatricem esse Romani imperii, communiter dicentes, "Vivat imperatrix, vivat!" Deinde cum legati ea, quæ facta fuerant, sub omni

festinatione imperatori per fideles internuntios inti-
massent, post Paschalem solennitatem misit archiepiscopum Coloniensem et Lovaniæ ducem cum virorum nobilium multo comitatu in Angliam, qui imperatricem ad ipsum honorifice perducentes matrimonium
jam initiatum et ratum procurarent, ut in cognitione
carnali fieret consummatum.

De ornatu nuptiali imperatricis et nobili apparatu.

Erat autem istarum tantus apparatus nuptiarum,
quod quasi regias excedere divitias videbatur ; nam ad
ipsius imperatricis dignitatem fabricata est corona
opere subtilissimo ex auro purissimo et gemmis pretiosis, in qua sculpti fuerunt reges quatuor Anglorum
martyres et confessores, qui a rege ad suæ sororis
animæ custodiam sunt specialiter assignati. In annu-
lis siquidem et monilibus aureis cum gemmis pretiosis
decenter ornatis, ac cæteris ornamentis lubricis, peplis
sericis et lineis, et rebus consimilibus, quæ oculos in-
tuentium et animos rapere solent in concupiscentiam
mulierum, ita decorata resplenduit, ut quasi impre-
tiabilia viderentur. In indumentis autem festivis, tam
sericis quam laneis vel lineis diversi coloris et imperatrici dignissimis, adeo induta enituit, ut vix sciret
ex multis qui eligeret quibus in sui amorem imperatoris animum inclinaret. Lectus quoque ipsius in
opertoriis et culcitris sericis diversi coloris, cum varia
supellectili et lintheaminibus ex sindone munda para-
tis, tam sumptuosus exstitit, ut sua mollitie in se
quiescentes ad somnum delectabilem invitaret. Vasa
etiam omnia, tam vinaria quam fercularia, ex argento
erant et auro purissimo ; et, quod omnibus super-
fluum videbatur, ollæ omnes coquinæ majores pariter,
minores, ex argento fuere purissimo. Ad quorum
omnium administrationem et custodiam tales deputati
sunt ministri curiales, qui ipsi imperatrici et illius

A.D. 1235. familiæ more regio ministrarent. Talibus autem et
aliis multis puella a rege fratre suffulta honoribus et
dotata muneribus remansit in custodia episcopi Exoniensis et Radulphi filii Nicolai, regis senescalli, et
aliorum virorum nobilium de domestica illius familia,
comitantibus matronis nobilibus et puellis generosis,
qui omnes curialiter eruditi ad imperatricis sufficiebant obsequium et conductum. Et, his in hunc modum dispositis, rex in die sancti Johannis ante portam Latinam apud Westmonasterium tenuit solenne
festum cum archiepiscopo Coloniensi et cæteris nuntiis
imperatoris; et in crastino omnes apud Derteford bur-
gum iter arripiunt, rege comite, cum magno comitum
ac baronum conductu. Equos autem tot ei et tales
rex procuravit variis coloribus distinctos et suaviter
portantes, qui sufficiebant ad imperatricis honorem,
dum sessores suos sine pedum offensione quadam de-
lectabili suavitate ferebant; phalerarum quidem tot
eis erant varietates in sellis deauratis et subtiliter
sculptis, cum frænis deauratis et loris artificiose com-
positis, ut tam equos quam equites mirabiliter decora-
rent. Cumque per Roffensem civitatem ad abbatiam
de Feveresham convenissent, inde apud Cantuariam
profecti ad sanctum Thomam archipræsulem et martyrem orationis gratia pervenerunt; ubi completo de-
votionis obsequio, ad portum Sandwicensem quasi
tria equitum millia convenerunt. Imperatrix autem
et archiepiscopus Coloniensis, cum cæteris viris nobilibus et matronis ad conductum ejus assignatis, quinto
idus Maii naves ingressi velis patentibus sese pelago
commiserunt; nec lachrymæ defuerunt cum frater a
sorore, rex ab imperatrice, discessit.

Quomodo imperatrix apud Coloniam venit.

Navigantibus autem illis, post tres dies et totidem
noctes ostium Rheni fluminis intraverunt, et, completo

unius diei et noctis cursu, apud Anevers applicuerunt, in terra scilicet juri imperiali subjecta. Quibus applicantibus occurrit innumera multitudo nobilium armatorum ad custodiam imperatricis ab imperatore transmissa, quæ diebus ac noctibus circa corpus ejus excubias celebraret; erant enim quidam ex hostibus imperatoris regi Francorum confœderati, ut dicebatur, qui imperatricem rapere moliebantur, ut matrimonium impedirent. Occurrunt etiam presbyteri omnes et clerici ex regionibus circumpositis cum processione solenni campanas pulsantes et cantica lætitiæ modulantes, inter quos siquidem convenerunt omnes artifices, et magistri cujuscumque generis musicæ artis cum suis instrumentis, qui in omni lætitia nuptiali per viam quinque dierum imperatricem apud Coloniam conduxerunt; ubi cognito ipsius adventu, exierunt ab urbe in occursum ejus ad decem millia civium cum floribus et palmis ac festivis indumentis, qui in equis sedentes Hispanicis ad agilem eos cursum urgebant, dum hastas et arundines, quas ferebant in manibus, in alterutrum confregerunt. Talibus igitur imperatrix comitata tripudiis, conduxerunt eam per principales plateas civitatis contra ipsius adventum multipliciter adornatas; sed cum illa cognovissit quod omnes, et præcipue nobiles matronæ quæ in solariis sedentes faciem ejus videre cupiebant, capellum ex capite demisit et peplum, ut universi liberum ipsius haberent aspectum, qui, oculis in ejus inspectione aliquamdiu recreatis, laudaverunt eam multum ex hoc facto, pulchritudinem illius pariter et humilitatem plurimum commendantes. Hospitata est autem imperatrix extra muros civitatis propter tumultum ejus, imperatoris ibi mandatum exspectans.

Quod imperator imperatricem apud Warmesiam desponsavit.

Tempore quo imperatrix apud Coloniam venit, imperator erat bellicis expeditionibus implicatus contra filium suum sibi rebellem, sed pater contra eum tam copiosum conduxit exercitum, ut simul et semel castra decem obsidione vallaret ; in quorum uno fortissimo cum filium obsedisset, ille patris severitatem metuens exivit de castro et, corruens in terram coram ipso, ejus misericordiam imploravit ; sed ille sine misericordia vinculis filium constringi jubens, duxit eum secum apud Warmesiam, ubi cum illum sub arcta custodia commendasset, misit pro imperatrice ut ad eum veniret ibidem, postquam apud Coloniam per sex hebdomadas moram protraxisset. Archiepiscopus autem Coloniensis et episcopus Exoniensis, cum cæteris ad imperatricis conductum assignatis, iter cum ipsa aggredientes ad imperatorem eam in omni pompa ac nuptiali lætitia septem dierum itinere perduxerunt ; quo cum pervenissent, suscepit eos imperator in magna lætitia et honore, quia supra modum sibi placuit inspectio puellæ, quam natura speciali quodam studio decoravit. Desponsavit ergo puellam ibidem solenniter imperator decimo tertio kalendas Augusti, in Dominica ; quæ, si multum ei placuit in specie corporali, multo melius placuit in experientia thori, quam virginali puritate signatam invenit. Nuptiis igitur diebus quatuor continuis magnifice celebratis, episcopus Exoniensis et cæteri, qui cum imperatrice advenerant, ab imperatore licentia impetrata, ad Angliam cum gaudio sunt reversi. Misit ergo imperator regi Anglorum tres leopardos, cum aliis donariis pretiosis, quibus regiones non abundant occidentales ; cui etiam contra regem Francorum consilium promisit et auxilium opportunum.

De generis nobilitate hujus imperatricis.

Erant autem multi in imperio Romano quibus nimis videbatur indignum, quod imperator tam potens et in omnibus divitiis pollens, qui quasi dominus et moderator exstitit totius orbis, sororem duxerit regis Anglorum. Sed cum omnibus sit notissimum, quia major dignitas est esse genere nobilem quam divitem, sciendum est, hujus imperatricis patrem fuisse regem Anglorum Johannem; Henricum regem, qui nunc regnat in Anglia, fratrem; avunculos reges magnificos Henricum et Richardum, ac Britanniæ comitem Gaufridum: hii autem reges generositate illustres dominabantur in Anglia et Hibernia, unde reges fuerunt; in Normannia et Aquitania, unde duces; in Pictavia et Andegavia, unde comites; præter Turonicam et Cenomanniam, Berri et Arverniam, quæ ad eorum proprietatem spectare tenentur. In his quoque regionibus septem archiepiscopos habuerunt, cum regibus Scotiæ et Walliæ, Hiberniæ et Moniæ insulæ, subjectos; atque, præter istos, tot episcopos, totque comites, barones ac milites, quod quasi innumerabiles reputantur. Mater autem hujus imperatricis istarum omnium terrarum regina fuit; et duæ sorores illius, una regina Scotorum, et altera Penbroc comitissa. Amitæ quidem ipsius erant quinque, quarum primam duxit rex Hispaniæ Aldefonsus, de qua nata est Blanca Francorum regina, et ejus filius, qui regnat in Gallia Lodowicus; alteram duxit rex Siciliæ Rogerus; et tertiam dux Saxoniæ Henricus, de qua natu est Otho postea Romanorum imperator, et frater ejus Henricus Saxoniæ dux et rex tandem terræ sanctæ; quartam duxit comes Tholosanus Reimundus, et quintam comes Rotrodus Perticensis. His igitur et consimilibus imperatrix, "atavis edita regibus," patrem, ut dictum est, habuit regem Johannem, qui fuit filius magnifici regis Henrici, qui fuit filius Matildis quondam imperatricis, qua fuit filia regis Anglorum Henrici senioris et Matildis reginæ. Hæc Matildis filia fuit Malcolmi regis Scotorum et sanctæ Margaretæ reginæ. Margareta filia fuit Eadwardi, quam genuerat ex Agatha sorore Henrici Romani imperatoris. Iste Eadwardus filius fuit Eadmundi regis Anglorum, qui Latus-ferreum dicebatur, cujus pater fuit rex Ethelredus, cujus pater rex Eadgarus Pacificus, cujus pater rex Eadmundus, cujus pater rex Eadwardus primus, cujus pater fuit illustris rex Anglorum Alfredus. Hujus genealogia in Anglorum historiis perducitur usque ad Adam primum parentem. Talibus autem imperatrix genitoribus procreata imperialibus nuptiis in omnibus dignissima judicatur.

Huc usque scripsit cronica dominus Rogerus de Wendovre.

Cernis completas . hic nostro tempore metas,
Si plus forte petas . tibi postea nuntiet ætas.

INDEX.

INDEX.

~~~~~~~~~~

A.

Abesia, i. 179.

Abergavenny Castle, i. 104.

Abingdon, H., Abbot of, ordered to ex-communicate the confederated barons by name, ii. 167 ; excommunicates the London clergy and the French invaders, 174, *seq.*

Acerra, Thomas, Count of, ii. 345, *see* Thomas.

Acre, i. 150, 177–8, 180, 189, 191, 195 ; surrender of, 196 ; 199, 212, 216 ; ii. 5, 202–3, 206–7, 228, 261, 263, 265, 326, 351, 365–7, 373–4.

—— Bishop of, i. 141, 178 ; accompanies the crusaders against Damietta, ii. 228 ; baptizes the children taken there, 250 ; dissatisfied with the truce made with the Saracens, 265.

Adam, iii. 114.

Adelais or Alais (Alesia), sister of Philip II. of France, i. 154 ; affianced to Richard, Count of Poitou, 158, 161 ; the match broken off, 184.

Adrian IV., Pope, grants Ireland to Henry II., i. 11 ; makes peace with the King of Sicily, 13 ; dies, 17.

Aelfred (the Great), i. 10 ; iii. 114.

Aethelred II., son of Eadgar, i. 10 ; iii. 114.

Aetheluulf (or Adulf), son of Ecgberht of Wessex, i. 10.

Agatha, sister of the Emperor Henry IV., wife of Eadward son of Eadmund Ironside, iii. 114.

Agathensis, *see* Agde.

Agarenes, the, i. 228 (*see* Glossary).

Agde, Bishop of, joins in the relief of Muret, ii. 91.

Agnania, *see* Anagni.

Agnellus, a Minorite [first minister of the Franciscans in England], carries the proposals of Henry III. to Richard, Earl Marshal, iii. 64.

Agosen (Ansejo), i. 106.

Ailric, a hermit, i. 68.

Ailward, father of S. Godric, i. 65.

Aix (Aachen), i. 272.

Akington (Hackington), i. 137, 142, 171.

Alba, ii. 87.

Alban (S.), apparition of, i. 109.

Albano, P., Bishop of, envoy of Pope Gregory IX. to the Emperor Frederick II., ii. 338 ; one of the examiners of Walter de Heÿnsham, 361.

—— Henry, Bishop of, and legate, preaches a crusade in the Empire, i. 143.

—— Alban, Bishop of, consecrates Savary, Bishop of Bath, i. 221.

—— *see* Pelagius.

Alban's, S., monastery of, its dispute with the see of Lincoln settled, i. 22 ; church of, 39 ; town of, 109 ; ii. 161, 201, 205, 209, 275 ; council at, ii. 82 ; list of abbots of, 112–3 ; visit of Armenian archbishop to, ii. 352 ; ecclesiastical court (respecting a divorce) held at, iii. 19.

—— abbots of :

—— Robert de Gorham, his final concord with the see of Lincoln, i. 22 ; dies, 41.

—— Simon, receives benediction, i. 47 ; translates the relics of S. Amphibalus, 114 ; dies, 129.

—— Warine, Prior, elected, i. 129 ; dies 239.

I.

K.

Lincoln, Bishops of—*cont.*

—— Geoffrey (natural son of Henry II.), Archdeacon of Lincoln, elected, i. 92; takes the castle of Malessart, 101; sets out for Rome, 102; resigns the bishopric, 128; elected Archbishop of York, 161; prohibited by the Archbishop of Canterbury from being consecrated by any but himself, 167; his election confirmed, 177; receives consecration abroad, 193; is maltreated and imprisoned on his return, 194; joins in excommunicating his persecutors, 204; reconciled to his brother, Richard I., 276; stripped of his temporalities by King John, 301; reconciled to him, 302; assists at the burial of the Bishop of Lincoln, 308; withdraws from England, and excommunicates the collectors of the thirteenth in his province, ii. 35; dies, 65.

—— Walter de Constantiis, Archdeacon of Oxford, consecrated, i. 129; enthroned, 130; translated to Rouen, *ib.*; is one of the umpires between the Kings of England and France, 152; invests Richard I. with the sword of Normandy, 161; assists at his coronation, 164; receives a letter from him while in Palestine, 199; appointed one of the guardians of the realm, 204; joins in excommunicating the maltreaters of the Archbishop of York, *ib.*; is summoned to Germany by King Richard, 230; lays Normandy under an interdict, 245; his convention with Richard, 267; invests John with the sword of Normandy, 286.

—— Hugh, Prior of the Carthusians, consecrated, i. 137; his life, miracles, death, and burial, 302, *seqq.*; canonized, ii. 253.

—— William of Blois, precentor of Lincoln, consecrated, i. 319; ii. 14.

—— Hugh, Archdeacon of Wells, and Chancellor of King John, elected, ii. 51; consecrated by Archbishop Langton, and dismissed from his office by the

Lincoln, Bishops of—*cont.*

King, 54; is promised restitution by John, 71-3; returns to England, 81, 102; is present at Runnymede, 118; makes fine for having countenanced the insurgent barons, 225; obtains his castle of Newark on paying for the stores, 227, *seq.*; orders a fasting recluse to be watched, 294; dies, iii. 102.

—— Robert Grosseteste, consecrated, iii. 102.

Lincoln, Robert, Canon of, *v.* Worcester.

—— William, Chancellor of, i. 304.

Lincoln, Adam de, excommunicated, ii. 170.

Lincoln, Thomas de, taken prisoner by King John, ii. 151.

Lisbon (Ulixebona), i. 132, 156-7, 184, 185; ii. 226.

Lisieux [William de Rupière], Bishop of, one of an embassy sent to Rome by King Richard, i. 267.

Lisieux, Archdeacon of, Gilbert de Glanville, i. 136.

L'Isle, Brian de, adheres to King John against the Pope, ii. 60; and against the barons, 117; appointed one of the governors of Yorkshire, 166; present at the siege of Montsorel, 208; marches to the relief of Lincoln, 212; continues to plunder after the proclamation of peace, 227; surrenders the custody of his castles to Henry III., 277; appoints inspectors of the forests, 286.

Lismore, council of, i. 90.

Liuns (Lyon-la-Forêt), forest of, i. 289; castle of, 313.

Lixoviensis, *v.* Lisieux.

Llandaff [Urban], Bishop of, suspended by Becket and the Pope, i. 81.

Llewellyn, King of Wales, ii. 61; besieges Builth Castle, and is put to flight by Henry III., 260; seizes two castles belonging to the Earl of Pembroke, and beheads the garrison, 270; besieges Montgomery Castle, 349; captures William de Braose, 350; and makes a truce with King Henry, *ib.*; hangs

Q.

U.

V.

W.

GLOSSARY.

GLOSSARY.

ACCIDIA (for ACEDIA). Slothfulness.

ADMIRALDUS. An Emir.

ADULTERINUS. Unauthorised, spurious, mock (iii. 50).

ADVOCARE. To avow, to justify in an action at law.

AFFORESTARE. To include lands within the bounds of a forest.

AGARENI. Ishmaelites or Arabs, the presumed descendants of Hagar.

AGISTARE. To take in cattle to pasture within a forest or park, &c.

AGISTATORES. Forestal officers who regulated the number of cattle taken into pasture, &c.

AMPULLOSUS. Swelling, boastful.

ANGARIA. Mental distress, anguish.

APICES. Papal letters.

APPARES. Co-equals.

ASSARTUM. Woodland grubbed for the purpose of cultivation.

ATTACHIARE. To apprehend by a writ or precept; Attachiamentum, an act of apprehension.

AURISIA. Blindness.

BAJULARE. To carry, usually in the hand.

BAJULUS. A minister.

BALISTA. A crossbow.

BALISTARIUS. A crossbowman.

BALLIVA. A bailiwick, the area of an officer's jurisdiction.

BARBECANA. A watch-tower, a bulwark.

BARBOTA. A covered ship of war.

BARCA. A bark or small vessel.

BASILICA. A church.

BRACCARII (for BRACCÆ). Breeches, clothing for the loins.

BRETACHIÆ. Wooden forts, for strengthening castles.

BRUERA. A heath.

BUCCA, BUSSA. A large ship, so called from its resemblance to a box in shape.

BUDELLUS (BEDELLUS). A bedel or officer.

BURGAGIUM. A tenement in a borough; tenure by burgage, a description of socage tenure.

BUSCA. Brushwood.

BYZANTIUS. A golden coin of Constantinople.

CÆLIA, CELIA. Ale.

CALCULUS. A sentence, judgment.

CALUMNIA. A claim.

CAPITE, IN. Tenure in chief, immediately of the Crown.

CAPSELLA. A little chest or coffer.

CARETA. A cart.

CARRETARIUS EQUUS. A cart-horse.

CARUCA. A plough.

CARUCAGIUM. A tax upon arable lands.

CARUCATA. As much land as could be tilled by one plough.

CASALIA. Villages.

CATUS. An engine used in besieging a town.

CERCELLA. A teal.

CEREVISIA, CERVISIA. Ale.

CHELANDRA, CHELENDRA. Vessels of war.

CHEMINAGIUM. A tax for the passage of carts, &c. through a forest.

CICER (for SICERA). Cider.

CINERUM DIES. Ash Wednesday.

CLAUSUM PASCHA. The Sunday after Easter.

O

CLITELLÆ. Pack saddles, bags (i. 205; ii. 265).

CNIPULUS. A dagger or knife.

COGGA, COGO. A small vessel.

COMITATUS. A county; the county court. .

COMMUNA. The commonalty (ii. 132.)

CONTRADA. A district.

COOPERTUM. A covert.

CORNARE. To sound the horn.

CORONA. The priestly tonsure (iii. 91).

COSTA, COSTERA. A coast.

CULVERTAGIUM. Servitude or degradation resulting from the confiscation of feudal tenure.

DALMATICA. A gown.

DEAFFORESTARE. To disafforest, put lands or woods without the boundaries of a forest.

DEFENDERE. To forbid, put into fence.

DEXTRARIUS. A warhorse.

DISFORTIARE. To deforce, keep out of possession.

DOMA. A garret.

DOMINICA DIES. Sunday.

DOMINICA PROXIMA POST CINERES. Sunday next after Ash Wednesday.

DOMINICUM. Demesne, private estate, land retained by the lord of a manor.

DROMONDUS. A large ship of war.

DUCATUS. A duchy; conduct.

ESCAETA, EXCHAETA. An escheat or forfeiture to the Crown or lord of the fee.

ESCAMBIATOR. A money changer.

ESCHIPARE. To equip.

ESTOVERIUM. A provision or allowance.

ESSARTUM, see ASSARTUM.

EXENIUM. A gift. See Xenium.

EXPEDITATIO CANUM. The lawing of dogs by mutilating the feet to prevent their hunting in a forest.

FÆNATIO. The fawning or fence-month of deer.

FEODI-FIRMA. A fee-farm rent, a rent in perpetuity.

FLAGELLUM. A bar for a gate; a whip.

FOCARIA. A housekeeper; also a concubine.

FRUTETUM, FRUTECTUM. A shrubbery.

GALEIA. A galley or small vessel.

GALIO. A description of ship.

GASTRIMARGIA. Gluttony.

GEHENNALIS. Hellish.

GELDUM. A tax or exaction.

GUERRA. War.

GUERRARE. To make war.

GUERRINA. Warlike, hostile.

HARACIUM. A breed or stud of horses.

HAUBERGETUS. A cloth of mixed colours.

HEIRONUS. A heron.

HEREMUS. A desert.

HIDA. A ploughland, carucate.

HUNDREDUM. A hundred or division of a county; the hundred court.

IMBREVIARE. To schedule, enter in a writ or other document.

IMPRISII. Adherents, partizans.

INVADIARE. To pledge or bail.

KIDELLUS. A weir, kettle-net, or other fixed engine for taking fish.

LAGA. A law.

LEUCA. A league.

LIBERATA (for LIBRATA) TERRÆ. As much land as was valued at a pound sterling.

LIBERATIO, LIBERATURA. Livery or delivery of money or provisions, &c.

LICIÆ. The trenches, the lists.

LIGANTIA. Allegiance.

LIGIUS. Loyal, lawful, a liege subject.

LISTA. A border, binding.

LITERÆ DE RATO. Letters confirmatory.

LORICA. A corslet, used figuratively for tenure by military service (ii. 86).

LUCIUS, LUPUS. A pike.

MAHUMERIA, MAHOMERIA. A Mahommedan temple, mosque.

MALEFATATUS. Ill-fated.

MANGONELLUS. An engine for casting stones.

MARABOTINUS. A gold coin, probably of Moorish origin; the maravedi of Spain.

MARCA. A mark, thirteen shillings and fourpence of English money.

MARCHIA. The march or frontier of a neighbouring country.

MARINELLUS. A seaman.

MARLERA. A marl-pit.

MATTA. A mat or rug.

MEIREMIUM. Timber.

MISERICORDIA. An amerciament or fine.

MISSA. The sacrament of the mass.

MONETAGIUM. The privilege of minting; the coinage.

MONETARIUS. A minter or coiner.

OBEDIENTIÆ. Offices prescribed in a monastery.

OCTAVA. The octave or eighth day after a festival.

OPUS PRÆAMBULUM. A previous condition.

ORTILLUS. The claw of a dog's foot; "in ortillos," on tiptoe (ii. 26).

PANNAGIUM. The right to feed swine in a forest; the payment for enjoying such right; the mast or acorns upon which the swine fed.

PATIBULUM. A gallows or scaffold.

PELOTA. The ball of a dog's foot.

PERA. The scrip of a monk or pilgrim.

PETRARIA. A engine for casting stones.

PHILATERNUM. An amulet.

PHYLACTERIA. Reliquaries or caskets in which sacred relics were kept.

PIRATA. A pirate.

POSTERIOLA. A postern-gate.

PRÆPOSITUS. A reeve, bailiff, or constable (iii. 39, 85).

PULVINARIS (for PULVEREUS). Dusty, ashen.

PURPRESTURA. An encroachment or usurpation.

QUIETUM CLAMARE. To quitclaim, release.

RATO, DE. See Literæ.

REGARDUM. A district of a forest under the control of the regarders or inspectors (regardatores).

RELEVATIO, RELEVIUM. A relief, or fine paid by a tenant in capite on taking his inheritance.

RESPECTUM. Respite (ii. 124).

RIPARIA. A river.

RIVERA. A river.

ROSULA. A rosette.

RUPTARII. Hired soldiers (Fr. routiers).

RUSSETTUS. A variety of cloth, probably of a brown colour.

SACELLUS. A travelling bag, or coffer.

SAISINA. Seizin, legal possession.

SAISIRE. To seize.

SARACENA. Saracen coin.

SCACCARIUM. The Exchequer.

SCOTALLUM. An exaction for or contribution to the provision of a forester or bailiff.

SCROFA. An engine for undermining walls.

SCUTAGIUM. Escuage, a tax upon lands held by military service.

SECUNDARIUS. A subordinate.

SERGEANTERIA. A tenure by some personal service.

SEQUELA. The following, i.e. wife and family, of a tenant; military retinue (ii. 146); suit to a mill (i. 269).

SICHA. A dagger.

SOCAGIUM. A tenure by fixed services (originally agricultural) or rents.

SOLARIUM. An upper chamber.

SOLIDATA. A shilling's worth ; the stipend of one shilling per day paid to a soldier (ii. 67).

SPERVARIUS (for ESPERVARIUS). A spar-hawk.

STAPHA. A stirrup.

SUANIMOTUM. The swain-mote or inferior court of a forest held before the verderers.

SUMMAGIUM. A load.

SUMMARIUS. A pack-horse.

TALLIA. A tally, or cleft stick, by means of notches in which accounts were kept ; a reckoning (ii. 40).

TARGIA. A shield ; also a description of boat.

TERRATUS. Mounded with earth.

TETHINGA. A tithing or division of a hundred.

TOLTUM. A toll, exaction.

TORNEAMENTUM. A tournament.

TREBUCULUS, TREBUCHETTUS. Engines for casting stones.

TREUGA, TREUGÆ. A truce.

UTLAGARE. To outlaw.

UTLAGATUS. An outlaw.

VADIUM. A pledge or bail.

VASALLUS, VASSALLUS. A feudal inferior.

VENATIO. Venison; matters relating to the game in a forest.

VETERNUS. Ancient.

VICECOMES. A sheriff.

VIRIDARII. The verderers of a forest ; officers charged with the preservation of the vert.

VIRIDIS, VIRIDE. Vert, matters relating to the pasture of the game in a forest.

VISNETUM. The visne or neighbourhood.

VISUS. A view or survey; visus de franco plegio, a court leet.

VIVARIUM. A stewpond for fish.

WAINAGIUM, WANNAGIUM. Implements used in husbandry.

WAPENTAGIUM. A wapentake or hundred ; a division of a county ; also the Wapentake court.

WARRANTIZARE. To guarantee.

XENIOLA. Little gifts.

XENIUM. A gift, see EXENIUM.

TABLE OF ERRATA.

Table of Errata in Volumes I., II., III. (For the sake of convenience, the list of errata following the Preface in Volume I. is here repeated.)

Vol. I., page 73, note 1, last line, *for* " thunne " *read* " þimne."

  ,,   ,,   73,   ,,   ,,   *for* "thidh" *read* " widh."

  ,,   ,,   115,   ,,   1, *for* ".aliquotens " *read* " aliquotiens."

  ,,   ,,   120, line 1, *for* " evictionem " *read* " evictionum."

  ,,   ,,   139, ,,   32, *for* " Bedewinus " *read* " Bedewinos."

  ,,   ,,   195, note 1, line 3, *for* " Mr." *read* " Dr."

  ,,   ,,   228, line 14, *for* " palitium " *read* " palatium."

  ,,   ,,   241, note 1, *for* " relaxebit " *read* " relaxabit."

  ,,   ,,   242, line 21, add a semi-colon after " transmittat."

  ,,   ,,   246, ,,   13, *for* " Eveshamensis " *read* " Eineshamensis."

  ,,   ,,   250, ,,   26, *for* " de " *read* " de-."

  ,,   ,,   253, last line, *dele* comma after " denso."

  ,,   ,,   254, line 10, *for* " levoribus " *read* " levioribus."

  ,,   ,,   254, ,,   19, *for* " deputatem " *read* " deputatum."

  ,,   ,,   255, ,,   4 from bottom, *for* " ud " *read* " ad."

  ,,   ,,   278, ,,   27, *for* " prœli " *read* " prœlii."

  ,,   ,,   281, ,,   11, *for* " Francoram " *read* " Francorum."

  ,,   ,,   281, ,,   21, *for* " Francoram " *read* " Francorum."

  ,,   ,,   285, note 1, *dele* comma after " Regis."

  ,,   ,,   286, line 4, *for* " Angevaviæ " *read* " Andegaviæ."

  ,,   ,,   289, ,,   1, transpose " 1 " after " sequenti."

  ,,   ,,   305, last line but one, *for* " ap " *read* " ad."

  ,,   ,,   305,   ,,   ,,   *for* " custediam " *read* " custodiam."

  ,,   ,,   310, line 23, *for* " sacerdotam " *read* " sacerdotem."

Vol. II., page 9, last line but one, *for* " videbat " *read* " vivebat."

  ,,   ,,   92, line 4 from bottom, *for* " subintare " *read* " subintrare."

  ,,   ,,   119, ,,   16, *for* " commnnibus " *read* " communibus."

  ,,   ,,   120, ,,   2, *for* " flde " *read* " fide."

  ,,   ,,   127, ,,   22, *for* " sæularibus " *read* " sæcularibus."

  ,,   ,,   133, ,,   5, *for* " quinqne " *read* " quinque."

  ,,   ,,   143, last line, *for* " secundam " *read* " secundum."

  ,,   ,,   147, line 8, *for* " legonibus " *read* " legionibus."

  ,,   ,,   148, ,,   19, *for* " invictus " *read* " invectus."

  ,,   ,,   148, ,,   24, *for* " purturbati " *read* " perturbati."

  ,,   ,,   166, ,,   17, *for* " paturientium " *read* " parturientium."

Vol. II., page 171, line 16, *for* " lacarum " *read* " laicarum."
,,   ,,   186, ,, 7 from bottom, transpose " [3] " after " ullo."
,,   ,,   187, note 3, add " inserted " after " Latæ."
,,   ,,   191, line 13, *for* " haronibus " *read* " baronibus."
,,   ,,   197, note 1, *for* " probum " *read* " probra."
,,   ,,   202, ,, 2, add " C " after " in."
,,   ,,   228, line 20, *for* " Frisco " *read* " Friso."
,,   ,,   234, note 1, *for* " venerobantur " *read* " venerabantur."
,,   ,,   238, last line, *for* " muntitio " *read* " munitio."
,,   ,,   245, line 16, *for* " fructibus " *read* " fruticibus."
,,   ,,   246, ,, 7, *for* " aunum " *read* " annum."
,,   ,,   254, ,, 5, *for* " Sanneia " *read* " Sauveia."
,,   ,,   254, ,, 8, *for* " Sanneia " *read* " Sauveia."
,,   ,,   263, ,, 6 from bottom, *for* " maguates " *read* " magnates."
,,   ,,   267, ,, 9, *for* " eonstantior " *read* " constantior."
,,   ,,   275, ,, 13, at " thesaurum impretiabilem " add footnote " [1] Thesaurum inprincipale in C."
,,   ,,   343, ,, 8, insert space between " referentibus " and " se."
,,   ,,   350, ,, 6 from bottom, insert space between " commovit " and " ad."
,,   ,,   351, ,, 8, insert space between " receperunt " and " illum."
,,   ,,   351, lines 8 and 9, *for* " verun tamen " *read* " veruntamen."
,,   ,,   352, line 17, *for* " continuuos " *read* " continuos."
,,   ,,   354, ,, 7, *for* " inpuit " *read* " inquit."
,,   ,,   382, ,, 15, *for* " facia " *read* " facta."

Vol. III., page 1, line 3, *for* " MCCXXX. " *read* " MCLIV."
,,   ,,   5, ,, 7 from bottom, *for* " nt " *read* " ut."
,,   ,,   6, last line but one, *dele* comma after " confœderatos."
,,   ,,   13, line 1, *for* " Regis " *read* " Reges."
,,   ,,   13, ,, 3, *for* " Britannium " *read* " Britanniam."
,,   ,,   13, ,, 10, *for* " Britannium " *read* " Britanniam."
,,   ,,   39, lines 16 and 17, *for* " præpostis " *read* " præpositis."
,,   ,,   40, line 9 from bottom, add a hyphen to " præ."
,,   ,,   113, line 8 from bottom, *for* " natu " *read* " natus."

Vol. III.   Index, p. 150.   *For* " Leodiensis, see Laodicea," *read* " see Liege."

LONDON : Printed by EYRE and SPOTTISWOODE,
Printers to the Queen's most Excellent Majesty.
For Her Majesty's Stationery Office.
[7120.—750.—5/89.]

CATALOGUE

OF

ENGLISH, SCOTCH, AND IRISH RECORD PUBLICATIONS,

REPORTS OF THE HISTORICAL MANUSCRIPTS COMMISSION,

AND

ANNUAL REPORTS OF THE DEPUTY KEEPER OF THE PUBLIC RECORDS,

Printed for

HER MAJESTY'S STATIONERY OFFICE,

And to be purchased,

Either directly or through any Bookseller, from

EYRE AND SPOTTISWOODE, EAST HARDING STREET, FLEET STREET, E.C., or
ADAM AND CHARLES BLACK, 6, NORTH BRIDGE, EDINBURGH; or
HODGES, FIGGIS, & Co., 104, GRAFTON STREET, DUBLIN

CONTENTS.

ENGLAND.

CALENDARS OF STATE PAPERS, &c.

[IMPERIAL 8vo., boards. *Price* 15s. each Volume or Part.]

As far back as the year 1800, a Committee of the House of Commons recommended that Indexes and Calendars should be made to the Public Records, and thirty-six years afterwards another Committee of the House of Commons reiterated that recommendation in more forcible words; but it was not until the incorporation of the State Paper Office with the Public Record Office that the Master of the Rolls found himself in a position to take the necessary steps for carrying out the wishes of the House of Commons.

On 7 December 1855, he stated to the Lords of the Treasury that although " the Records, State Papers, and Documents in his charge constitute the most " complete and perfect series of their kind in the civilized world," and although " they are of the greatest value in a historical and constitutional point of view, " yet they are comparatively useless to the public, from the want of proper " Calendars and Indexes." Acting upon the recommendations of the Committees of the House of Commons above referred to, he suggested to the Lords of the Treasury that to effect the object he had in view it would be necessary for him to employ a few Persons fully qualified to perform the work which he contemplated.

Their Lordships assented to the necessity of having Calendars prepared and printed, and empowered the Master of the Rolls to take such steps as might be necessary for this purpose.

The following Works have been already published in this Series:—

CALENDARIUM GENEALOGICUM; for the Reigns of Henry III. and Edward I. *Edited by* CHARLES ROBERTS, Esq., Secretary of the Public Record Office, 2 Vols. 1865.

> This is a work of great value for elucidating the early history of our nobility and landed gentry.

CALENDAR OF STATE PAPERS, DOMESTIC SERIES, OF THE REIGNS OF EDWARD VI., MARY, ELIZABETH, and JAMES I., preserved in Her Majesty's Public Record Office. *Edited by* ROBERT LEMON, Esq., F.S.A. (Vols. I. and II.), *and by* MARY ANNE EVERETT GREEN, (Vols. III.-XII.). 1856-1872.

Vol. I.— 1547-1580.	Vol. VII.— Addenda, 1566-1579.
Vol. II.— 1581-1590.	Vol. VIII.—1603-1610.
Vol. III.—1591-1594.	Vol. IX.— 1611-1618.
Vol. IV.—1595-1597.	Vol. X.— 1619-1623.
Vol. V.— 1598-1601.	Vol. XI.— 1623-1625, with
Vol. VI.—1601-1603. with	Addenda, 1603-1625.
Addenda, 1547-1565.	Vol. XII.— Addenda, 1580-1625.

> These Calendars render accessible to investigation a large and important mass of historical materials concerning the Northern Rebellion of 1566-67; the plots of the Catholic fugitives in the Low Countries; numerous designs against Queen Elizabeth and in favour of a Catholic succession; the Gunpowder-plot; the rise and fall of Somerset; the Overbury murder; the disgrace of Sir Edward Coke; the rise of the Duke of Buckingham, and numerous other subjects.

CALENDAR OF STATE PAPERS, DOMESTIC SERIES, OF THE REIGN OF CHARLES I., preserved in Her Majesty's Public Record Office. *Edited by* JOHN BRUCE, Esq., F.S.A., (Vols. I.–XII.); *by* JOHN BRUCE, Esq., F.S.A., and WILLIAM DOUGLAS HAMILTON, Esq., F.S.A., (Vol. XIII.); and *by* WILLIAM DOUGLAS HAMILTON, Esq., F.S.A., (Vols. XIV.–XVII.). 1858–1888.

Vol. I.—	1625–1626.	Vol. XI.—	1637.
Vol. II.—	1627–1628.	Vol. XII.—	1637–1638.
Vol. III.—	1628–1629.	Vol. XIII.—	1638–1639.
Vol. IV.—	1629–1631.	Vol. XIV.—	1639.
Vol. V.—	1631–1633.	Vol. XV.—	1639–1640.
Vol. VI.—	1633–1634.	Vol. XVI.—	1640.
Vol. VII.—	1634–1635.	Vol. XVII.—	1640–41.
Vol. VIII.—1635.		Vol. XVIII.—1641–43.	
Vol. IX.—	1635–1636.	Vol. XIX.—	1644.
Vol. X.—	1636–1637.		

This Calendar presents notices of a large number of original documents of great value to all inquirers relative to the history of the period to which it refers, many hitherto unknown.

CALENDAR OF STATE PAPERS, DOMESTIC SERIES, DURING THE COMMONWEALTH, preserved in Her Majesty's Public Record Office. *Edited by* MARY ANNE EVERETT GREEN. 1875–1885.

Vol. I.—	1649–1649.	Vol. VIII.—1655.	
Vol. II.—	1650.	Vol. IX.—	1655–1656.
Vol. III.—	1651.	Vol. X.—	1656–1657.
Vol. IV.—	1651–1652.	Vol. XI.—	1657–1658.
Vol. V.—	1652–1653.	Vol. XII.—	1658–1659.
Vol. VI.—	1653–1654.	Vol. XIII.—	1659–1660.
Vol. VII.—1654.			

This Calendar is in continuation of those during the reigns from Edward VI. to Charles I.

CALENDAR OF THE COMMITTEE FOR THE ADVANCE OF MONEY, A.D. 1642–1656. *Edited by* MARY ANNE EVERETT GREEN. In three parts. 1888.

CALENDAR OF STATE PAPERS, DOMESTIC SERIES, OF THE REIGN OF CHARLES II., preserved in Her Majesty's Public Record Office. *Edited by* MARY ANNE EVERETT GREEN. 1860–1866.

Vol. I.—	1660–1661.	Vol. V.—	1665–1666.
Vol. II.—	1661–1662.	Vol. VI.—	1666–1667.
Vol. III.—1663–1664.		Vol. VII.—1667.	
Vol. IV.—1664–1665.			

CALENDAR OF HOME OFFICE PAPERS OF THE REIGN OF GEORGE III., preserved in Her Majesty's Public Record Office. Vols. I. and II. *Edited by* JOSEPH REDINGTON, Esq. 1878–1879. Vol. III. *Edited by* RICHARD ARTHUR ROBERTS, Esq., Barrister-at-Law. 1881.

Vol. I.—1760 (25 Oct.)–1765.	Vol. III.—1770–1772.
Vol. II.—1766–1769.	

These are the first three volumes of the modern series of Domestic Papers, commencing with the accession of George III.

CALENDAR OF STATE PAPERS relating to SCOTLAND, preserved in Her Majesty's Public Record Office. *Edited by* MARKHAM JOHN THORPE, Esq., of St. Edmund Hall, Oxford. 1858.

Vol. I., the Scottish Series, of the Reigns of Henry VIII., Edward VI., Mary, and Elizabeth, 1509–1589.

Vol. II., the Scottish Series, of the Reign of Elizabeth, 1589–1603; an Appendix to the Scottish Series, 1543–1592; and the State Papers relating to Mary Queen of Scots.

CALENDAR OF DOCUMENTS relating to IRELAND, in Her Majesty's Public Record Office, London. *Edited by* HENRY SAVAGE SWEETMAN, Esq., B.A., Trinity College, Dublin, Barrister-at-Law (Ireland); *continued by* GUSTAVUS FREDERICK HANDCOCK, Esq. 1875–1886.

Vol. I.— 1171–1251.	Vol. IV.—1293–1301.
Vol. II.— 1252–1284.	Vol. V.— 1302–1307.
Vol. III.—1285–1292.	

CALENDAR OF STATE PAPERS relating to IRELAND, OF THE REIGNS OF HENRY VIII., EDWARD VI., MARY, AND ELIZABETH, preserved in Her Majesty's Public Record Office. *Edited by* HANS CLAUDE HAMILTON, Esq., F.S.A. 1860–1885.

Vol. I.— 1509–1573.	Vol. III.—1586–1588.
Vol. II.—1574–1585.	Vol. IV.— 1588–1592.

CALENDAR OF STATE PAPERS relating to IRELAND, OF THE REIGN OF JAMES I., preserved in Her Majesty's Public Record Office, and elsewhere. *Edited by* the Rev. C. W. RUSSELL, D.D., and JOHN P. PRENDERGAST, Esq., Barrister-at-Law. 1872–1880.

Vol. I.— 1603–1606.	Vol. IV.—1611–1614.
Vol. II.— 1606–1608.	Vol. V.— 1615–1625.
Vol. III.—1608–1610.	

This series is in continuation of the Irish State Papers commencing with the reign of Henry VIII.; but for the reign of James I., the Papers are not confined to those in the Public Record Office, London.

CALENDAR OF STATE PAPERS, COLONIAL SERIES, preserved in Her Majesty's Public Record Office, and elsewhere. *Edited by* W. NOEL SAINSBURY, Esq. 1860–1884.

Vol. I.—America and West Indies, 1574–1660.
Vol. II.—East Indies, China, and Japan, 1513–1616.
Vol. III.—East Indies, China, and Japan 1617–1621.
Vol. IV.—East Indies, China, and Japan, 1622–1624.
Vol. V.—America and West Indies, 1661–1668.
Vol. VI.—East Indies, 1625–1629.

These volumes include an analysis of early Colonial Papers in the Public Record Office, the India Office, and the British Museum.

CALENDAR OF LETTERS AND PAPERS, FOREIGN AND DOMESTIC, OF THE REIGN OF HENRY VIII., preserved in Her Majesty's Public Record Office, the British Museum, &c. *Edited by* J. S. BREWER, M.A., Professor of English Literature, King's College, London (Vols. I.-IV.); and *by* JAMES GAIRDNER, Esq., (Vols. V., VI., VII., VIII., and IX.) 1862–1888.

Vol. I.—1509–1514.	Vol. IV., Part 3.—1529–1530.
Vol. II. (in Two Parts)—1515–1518.	Vol. V.—1531–1532.
	Vol. VI.—1533.
Vol. III. (in Two Parts)—1519–1523.	Vol. VII.—1534.
	Vol. VIII.—1535, to July.
Vol. IV.—Introduction.	Vol. IX.—1535, Aug. to Dec.
Vol. IV., Part 1.—1524–1526.	Vol. X.—1536, Jan. to June.
Vol. IV., Part 2.—1526–1528.	Vol. XI.—1536, July to Dec.

These volumes contain summaries of all State Papers and Correspondence relating to the reign of Henry VIII., in the Public Record Office, of those formerly in the State Paper Office, in the British Museum, the Libraries of Oxford and Cambridge, and other Public Libraries; and of all letters that have appeared in print in the works of Burnet, Strype, and others. Whatever authentic original material exists in England relative to the religious, political, parliamentary, or social history of the country during the reign of Henry VIII., whether despatches of ambassadors, or proceedings of the army, navy, treasury, or ordnance, or records of Parliament, appointments of officers, grants from the Crown, &c., will be found calendared in these volumes.

CALENDAR OF STATE PAPERS, FOREIGN SERIES, OF THE REIGN OF EDWARD VI., preserved in Her Majesty's Public Record Office. 1547–1553. *Edited by* W. R. TURNBULL, Esq., of Lincoln's Inn, Barrister-at-Law, &c., 1861.

CALENDAR OF STATE PAPERS, FOREIGN SERIES, OF THE REIGN OF MARY, preserved in
Her Majesty's Public Record Office. 1553–1558. *Edited by* W. B. TURNBULL,
Esq., of Lincoln's Inn, Barrister-at-Law, &c. 1861.

The two preceding volumes exhibit the negotiations of the English ambassadors
with the courts of the Emperor Charles V. of Germany, of Henry II. of France,
and of Philip II. of Spain. The affairs of several of the minor continental states
also find various incidental illustrations of much interest. The Papers descriptive
of the circumstances which attended the loss of Calais merit a special notice;
while the progress of the wars in the north of France, into which England
was dragged by her union with Spain, is narrated at some length. These
volumes treat only of the relations of England with foreign powers.

CALENDAR OF STATE PAPERS, FOREIGN SERIES, OF THE REIGN OF ELIZABETH,
preserved in Her Majesty's Public Record Office, &c. *Edited by* the Rev.
JOSEPH STEVENSON, M.A., of University College, Durham, (Vols. I.–VII.),
and ALLAN JAMES CROSBY, Esq., M.A., Barrister-at-Law, (Vols. VIII.–XI.)
1863–1880.

Vol. I.— 1558–1559.	Vol. VII.— 1564–1565.
Vol. II.— 1559–1560.	Vol. VIII.—1566–1568.
Vol. III.—1560–1561.	Vol. IX.— 1569–1571.
Vol. IV.—1561–1562.	Vol. X.— 1572–1574.
Vol. V.— 1562.	Vol. XI.— 1575–1577.
Vol. VI.— 1563.	

These volumes contain a Calendar of the Foreign Correspondence during
the early portion of the reign of Elizabeth. They illustrate not only the
external but also the domestic affairs of Foreign Countries during that period.

CALENDAR OF TREASURY PAPERS, preserved in Her Majesty's Public Record Office.
Edited by JOSEPH REDINGTON, Esq. 1868–1889.

Vol. I.— 1557–1696.	Vol. IV.—1708–1714.
Vol. II.— 1697–1702.	Vol. V.— 1714–1719.
Vol. III.—1702–1707.	Vol. VI.—1720–1728.

The above Papers connected with the affairs of the Treasury comprise,
petitions, reports, and other documents relating to services rendered to the State,
grants of money and pensions, appointments to offices, remissions of fines and
duties, &c. They illustrate civil and military events, finance, the administration
in Ireland and the Colonies, &c., and afford information nowhere else recorded.

CALENDAR OF THE CAREW PAPERS, preserved in the Lambeth Library. *Edited by*
J. S. BREWER, M.A., Professor of English Literature, King's College,
London; and WILLIAM BULLEN, Esq. 1867–1873.

Vol. I.— 1515–1574.	Vol. V.—Book of Howth; Mis-
Vol. II.— 1575–1588.	cellaneous.
Vol. III.—1589–1600.	Vol. VI.—1603–1624.
Vol. IV.—1601–1603.	

The Carew Papers relating to Ireland, in the Lambeth Library, are unique
and of great importance to all students of Irish history.

CALENDAR OF LETTERS, DESPATCHES, AND STATE PAPERS, relating to the Negotiations between England and Spain, preserved in the Archives at Simancas,
and elsewhere. *Edited by* G. A. BERGENROTH, (Vols. I. and II.) 1862–1868,
and DON PASCUAL DE GAYANGOS (Vols. III. to V.) 1873–1888.

Vol. I.—Hen. VII.—1485–1509.
Vol. II.—Hen. VIII.—1509–1525.
Supplement to Vol. I. and Vol. II.
Vol. III., Part 1.—Hen. VIII.—1525–1526.
Vol. III., Part 2.—Hen. VIII.—1527–1529.
Vol. IV., Part 1.—Hen. VIII.—1529–1530.
Vol. IV., Part 2.—Hen. VIII.—1531–1533.
Vol. IV., Part 2.—*continued.*—Hen. VIII.—1531–1533.
Vol. V., Part 1.—Hen. VIII.—1534–1536.
Vol. V., Part 2.—Hen. VIII.—1536–1538.

Mr. Bergenroth was engaged in compiling a Calendar of the Papers relating
to England preserved in the archives of Spain. The Supplement contains new

information relating to the private life of Queen Katherine of England; and to the projected marriage of Henry VII. with Queen Juana, widow of King Philip of Castile, and mother of the Emperor Charles V.

Upon the death of Mr. Bergenroth, Don Pascual de Gayangos was appointed to continue the Calendar, and he has been able to add much valuable matter from Brussels and Vienna, with which Mr. Bergenroth was unacquainted.

CALENDAR OF STATE PAPERS AND MANUSCRIPTS, relating to ENGLISH AFFAIRS, preserved in the Archives of Venice, &c. *Edited by* RAWDON BROWN, ESQ 1864–1884.

Vol. I.— 1202–1509.	Vol. V.— 1534–1554.
Vol. II.— 1509–1519.	Vol. VI., Part I.— 1555–1556.
Vol. III.—1520–1526.	Vol. VI., Part II.— 1556–1557.
Vol. IV.—1527–1533.	Vol. VI., Part III.—1557–1558.

Mr. Rawdon Brown's researches have brought to light a number of valuable documents relating to various periods of English history ; his contributions to historical literature are of the most interesting and important character.

SYLLABUS, IN ENGLISH, OF RYMER'S FŒDERA. *By* Sir THOMAS DUFFUS HARDY, D.C.L., Deputy Keeper of the Public Records. Vol. I.—Will. 1.-Edw. III. 1066–1377. Vol. II.—Ric. II.-Chas. II. 1377-1654. Vol. III., Appendix and Index. 1869–1385.

Rymer's "Fœdera," is a collection of miscellaneous documents illustrative of the History of Great Britain and Ireland, from the Norman Conquest to the reign of Charles II. Several editions of the "Fœdera" have been published, and the present Syllabus was undertaken to make the contents of this great national work more generally known.

REPORT OF THE DEPUTY KEEPER OF THE PUBLIC RECORDS AND THE REV. J. S. BREWER TO THE MASTER OF THE ROLLS, upon the Carte and Carew Papers in the Bodleian and Lambeth Libraries. 1864. *Price* 2*s.* 6*d.*

REPORT OF THE DEPUTY KEEPER OF THE PUBLIC RECORDS TO THE MASTER OF THE ROLLS, upon the Documents in the Archives and Public Libraries of Venice. 1866. *Price* 2*s.* 6*d.*

In the Press.

CALENDAR OF STATE PAPERS AND MANUSCRIPTS, relating to ENGLISH AFFAIRS, preserved in the Archives of Venice, &c. Vol. VII.—1559, &c.

CALENDAR OF LETTERS, DESPATCHES, AND STATE PAPERS, relating to the Negotiations between England and Spain, preserved in the Archives at Simancas, and elsewhere. *Edited by* DON PASCUAL DE GAYANGOS. Vol VI.—1539, &c.

CALENDAR OF STATE PAPERS, DOMESTIC SERIES, DURING THE COMMONWEALTH, preserved in Her Majesty's Public Record Office. *Edited by* MARY ANNE EVERETT GREEN. Vol. XV.

CALENDAR OF STATE PAPERS relating to IRELAND, OF THE REIGN OF ELIZABETH, preserved in Her Majesty's Public Record Office. *Edited by* HANS CLAUDE HAMILTON, Esq., F.S A. Vol. V.—1592-1596.

CALENDAR OF STATE PAPERS, COLONIAL SERIES, preserved in Her Majesty's Public Record Office, and elsewhere. *Edited by* W. NOEL SAINSBURY, Esq. Vol. VII.—America and West Indies, 1669, &c.

DESCRIPTIVE CATALOGUE OF ANCIENT DEEDS, preserved in Her Majesty's Public Record Office. Vol. I.

CALENDAR OF STATE PAPERS, DOMESTIC SERIES, OF THE REIGN OF CHARLES I., preserved in Her Majesty's Public Record Office. *Edited by* WILLIAM DOUGLAS HAMILTON, Esq., F.S.A. Vol. XX. 1645, &c.

CALENDAR OF THE PATENT ROLLS, OF THE REIGN OF EDWARD III. *Prepared by Officers of the Public Record Department.*

In Progress.

CALENDAR OF LETTERS AND PAPERS, FOREIGN AND DOMESTIC, OF THE REIGN OF HENRY VIII., preserved in Her Majesty's Public Record Office, the British Museum, &c. *Edited by* JAMES GAIRDNER, Esq. Vol. XII.—1537.

CALENDAR OF STATE PAPERS, COLONIAL SERIES, preserved in Her Majesty's Public Record Office, and elsewhere. *Edited by* W. NOEL SAINSBURY, Esq. Vol. VIII.—East Indies, 1630, &c.

CALENDAR OF TREASURY PAPERS, preserved in Her Majesty's Public Record Office. *Edited by* JOSEPH REDINGTON, Esq. Vol. VII.

CALENDAR OF THE PATENT ROLLS, OF THE REIGN OF EDWARD II.

CALENDAR OF ANCIENT CORRESPONDENCE, Diplomatic Documents, Papal Bulls, and the like, preserved in Her Majesty's Public Record Office. *Edited by* C. T. MARTIN, Esq., B.A., F.S.A.

THE CHRONICLES AND MEMORIALS OF GREAT BRITAIN AND IRELAND DURING THE MIDDLE AGES.

[ROYAL 8vo. *Price* 10s. each Volume or Part.]

On 25 July 1822, the House of Commons presented an address to the Crown, stating that the editions of the works of our ancient historians were inconvenient and defective; that many of their writings still remained in manuscript, and, in some cases, in a single copy only. They added, "that an uniform and con- " venient edition of the whole, published under His Majesty's royal sanction, " would be an undertaking honourable to His Majesty's reign, and conducive to " the advancement of historical and constitutional knowledge; that the House " therefore humbly besought His Majesty, that He would be graciously pleased " to give such directions as His Majesty, in His wisdom, might think fit, for " the publication of a complete edition of the ancient historians of this realm, " and assured His Majesty that whatever expense might be necessary for this " purpose would be made good."

The Master of the Rolls, being very desirous that effect should be given to the resolution of the House of Commons, submitted to Her Majesty's Treasury in 1857 a plan for the publication of the ancient chronicles and memorials of the United Kingdom, and it was adopted accordingly. In selecting these works, it was considered right, in the first instance, to give preference to those of which the manuscripts were unique, or the materials of which would help to fill up blanks in English history for which no satisfactory and authentic information hitherto existed in any accessible form. One great object the Master of the Rolls had in view was to form a *corpus historicum* within reasonable limits, and which should be as complete as possible. In a subject of so vast a range, it was im- portant that the historical student should be able to select such volumes as conformed with his own peculiar tastes and studies, and not be put to the expense of purchasing the whole collection; an inconvenience inseparable from any other plan than that which has been in this instance adopted.

Of the Chronicles and Memorials, the following volumes have been published. They embrace the period from the earliest time of British history down to the end of the reign of Henry VII.

1. THE CHRONICLE OF ENGLAND, by JOHN CAPGRAVE. *Edited by* the Rev. F. C. HINGESTON, M.A., of Exeter College, Oxford. 1858.

   Capgrave was prior of Lynn, in Norfolk, and provincial of the order of the Friars Hermits of England shortly before the year 1464. His Chronicle extends from the creation of the world to the year 1417. As a record of the language spoken in Norfolk (being written in English), it is of considerable value.

2. CHRONICON MONASTERII DE ABINGDON. Vols. I. and II. *Edited by* the Rev. JOSEPH STEVENSON, M.A., of University College, Durham, and Vicar of Leighton Buzzard. 1858.

   This Chronicle traces the history of the great Benedictine monastery of Abingdon in Berkshire, from its foundation by King Ina of Wessex, to the reign of Richard I., shortly after which period the present narrative was drawn up by an inmate of the establishment. The author had access to the title-deeds of the house; and incorporates into his history various charters of the Saxon kings, of great importance as illustrating not only the history of the locality but that of the king- dom. The work is printed for the first time.

3. LIVES OF EDWARD THE CONFESSOR. I.—La Estoire de Seint Aedward le Rei II.—Vita Beati Edvardi Regis et Confessoris. III.—Vita Æduuardi Regis qui apud Westmonasterium requiescit. *Edited by* HENRY RICHARDS LUARD, M.A., Fellow and Assistant Tutor of Trinity College, Cambridge. 1858.

   The first is a poem in Norman French, containing 4,686 lines, addressed to Alianor, Queen of Henry III., probably written in 1245, on the restoration of the church of Westminster. Nothing is known of the author. The second is an anonymous poem, containing 536 lines, written between 1440 and 1450, by command of Henry VI., to whom it is dedicated. It does not throw any new light on the reign of Edward the Confessor, but is valuable as a specimen of the Latin poetry of the time. The third, also by an anonymous author, was apparently written for Queen Edith, between 1066 and 1074, during the pressure of the suffering brought on the Saxons by the Norman conquest. It notices many acts not found in other writers, and some which differ considerably from the usual accounts.

4. MONUMENTA FRANCISCANA. Vol. I.—Thomas de Eccleston de Adventu Fratrum Minorum in Angliam. Adæ de Marisco Epistolæ. Registrum Fratrum Minorum Londoniæ. *Edited by* J. S. BREWER, M.A., Professor of English Literature, King's College, London. Vol. II.—De Adventu Minorum; re-edited, with additions. Chronicle of the Grey Friars. The ancient English version of the Rule of St. Francis. Abbreviatio Statutorum, 1451, &c. *Edited by* RICHARD HOWLETT, Esq., of the Middle Temple, Barrister-at-Law. 1858, 1882.

The first volume contains original materials for the history of the settlement of the order of Saint Francis in England, the letters of Adam de Marisco, and other papers connected with the foundation and diffusion of this great body. None of these have been before printed. The second volume contains materials found, since the first volume was published, among the MSS. of Sir Charles Isham, and in various libraries.

5. FASCICULI ZIZANIORUM MAGISTRI JOHANNIS WYCLIF CUM TRITICO. Ascribed to THOMAS NETTER, of WALDEN, Provincial of the Carmelite Order in England, and Confessor to King Henry the Fifth. *Edited by* the Rev. W W. SHIRLEY, M.A., Tutor and late Fellow of Wadham College, Oxford. 1858.

This work derives its principal value from being the only contemporaneous account of the rise of the Lollards. When written, the disputes of the schoolmen had been extended to the field of theology, and they appear both in the writings of Wycliff and in those of his adversaries. Wycliff's little bundles of tares are not less metaphysical than theological, and the conflict between Nomina-lists and Realists rages side by side with the conflict between the different interpreters of Scripture. The work gives a good idea of the controversies at the end of the 14th and the beginning of the 15th centuries.

6. THE BUIK OF THE CRONICLIS OF SCOTLAND; or, A Metrical Version of the History of Hector Boece; by WILLIAM STEWART. Vols. I., II., and III. *Edited by* W. B. TURNBULL, Esq., of Lincoln's Inn, Barrister-at-Law, 1858.

This is a metrical translation of a Latin Prose Chronicle, written in the first half of the 16th century. The narrative begins with the earliest legends and ends with the death of James I. of Scotland, and the "evil ending of the traitors that slew him." Strict accuracy of statement is not to be looked for; but the stories of the colonization of Spain, Ireland, and Scotland are interesting if not true; and the chronicle reflects the manners, sentiments, and character of the age in which it was composed. The peculiarities of the Scottish dialect are well illustrated in this version, and the student of language will find ample materials for comparison with the English dialects of the same period, and with modern lowland Scotch.

7. JOHANNIS CAPGRAVE LIBER DE ILLUSTRIBUS HENRICIS. *Edited by* the Rev. F. C. HINGESTON, M.A., of Exeter College, Oxford. 1858.

This work is dedicated to Henry VI. of England, who appears to have been, in the author's estimation, the greatest of all the Henries. It is divided into three parts, each having a separate dedication. The first part relates only to the history of the Empire, from the election of Henry I. the Fowler, to the end of the reign of the Emperor Henry VI. The second part is devoted to English history, from the accession of Henry I. in 1100, to 1446, which was the twenty-fourth year of the reign of Henry VI. The third part contains the lives of illustrious men who have borne the name of Henry in various parts of the world. Capgrave was born in 1393, in the reign of Richard II., and lived during the Wars of the Roses, for which period his work is of some value.

8. HISTORIA MONASTERII S. AUGUSTINI CANTUARIENSIS, by THOMAS OF ELMHAM, formerly Monk and Treasurer of that Foundation. *Edited by* CHARLES HARD-WICK, M.A., Fellow of St. Catharine's Hall, and Christian Advocate in the University of Cambridge. 1858.

This history extends from the arrival of St. Augustine in Kent until 1191. Prefixed is a chronology as far as 1418, which shows in outline what was to have been the character of the work when completed. The author was connected with Norfolk, and most probably with Elmham.

9. EULOGIUM (HISTORIARUM SIVE TEMPORIS) : Chronicon ab Orbe condito usque ad Annum Domini 1366 ; a Monacho quodam Malmesbiriensi exaratum. Vols. I., II., and III. *Edited by* F. S. HAYDON, Esq., B.A. 1858–1863.

This is a Latin Chronicle extending from the Creation to the latter part of the reign of Edward III., and written by a monk of the Abbey of Malmesbury, in Wiltshire, about the year 1367. A continuation, carrying the history of England down to the year 1413, was added in the former half of the fifteenth century by an author whose name is not known. The original Chronicle contains a history of the world generally, but more especially of England to the year 1366. The continuation extends the history down to the coronation of Henry V. The Eulogium itself is chiefly valuable as containing a history, by a contemporary, of the period between 1356 and 1366. Among other interesting matter, the Chronicle contains a diary of the Poitiers campaign, evidently furnished by some person who accompanied the army of the Black Prince. The continuation of the Chronicle is also the work of a contemporary, and gives a very interesting account of the reigns of Richard II. and Henry IV.

10. MEMORIALS OF HENRY THE SEVENTH : Bernardi Andreæ Tholosatis Vita Regis Henrici Septimi; necnon alia quædam ad eundem Regem spectantia. *Edited by* JAMES GAIRDNER, Esq. 1858.

The contents of this volume are—(1) a life of Henry VII., by his poet laureate and historio-grapher, Bernard André, of Toulouse, with some compositions in verse, of which he is supposed to have been the author; (2) the journals of Roger Machado during certain embassies on which he was sent by Henry VII. to Spain and Brittany, the first of which had reference to the marriage of the King's son, Arthur, with Catharine of Arragon; (3) two curious reports by envoys sent to Spain in 1505 touching the succession to the Crown of Castile, and a project of marriage between Henry VII. and the Queen of Naples; and (4) an account of Philip of Castile's reception in England in 1506. Other documents of interest are given in an appendix.

11. MEMORIALS OF HENRY THE FIFTH. I.—Vita Henrici Quinti, Roberto Redmanno auctore. II.—Versus Rhythmici in laudem Regis Henrici Quinti. III.—Elmhami Liber Metricus de Henrico V. *Edited by* CHARLES A. COLE, Esq. 1858.

This volume contains three treatises which more or less illustrate the history of the reign of Henry V., viz.: A life by Robert Redman; a Metrical Chronicle by Thomas Elmham, prior of Lenton, a contemporary author; Versus Rhythmici, written apparently by a monk of Westminster Abbey, who was also a contemporary of Henry V. These works are printed for the first time.

12. MUNIMENTA GILDHALLÆ LONDONIENSIS; Liber Albus, Liber Custumarum, et Liber Horn, in archivis Gildhallæ asservati. Vol. I., Liber Albus. Vol. II. (in Two Parts), Liber Custumarum. Vol. III., Translation of the Anglo-Norman Passages in Liber Albus, Glossaries, Appendices, and Index. *Edited by* HENRY THOMAS RILEY, Esq., M.A., Barrister-at-Law. 1859–1862.

The manuscript of the *Liber Albus*, compiled by John Carpenter, Common Clerk of the City of London in the year 1419, gives an account of the laws, regulations, and institutions of that City in the 12th, 13th, 14th, and early part of the 15th centuries. The *Liber Custumarum* was compiled probably by various hands in the early part of the 14th century during the reign of Edward II. The manuscript, a folio volume, is preserved in the Record Room of the City of London, though some portion in its original state, borrowed from the City in the reign of Queen Elizabeth and never returned, forms part of the Cottonian MS. Claudius D. II. in the British Museum. It also gives an account of the laws, regulations, and institutions of the City of London in the 12th, 13th, and early part of the 14th centuries.

13. CHRONICA JOHANNIS DE OXENEDES. *Edited by* Sir HENRY ELLIS, K.H. 1859.

Although this Chronicle tells of the arrival of Hengist and Horsa in England in 449, yet it substantially begins with the reign of King Alfred, and comes down to 1292, where it ends abruptly. The history is particularly valuable for notices of events in the eastern portions of the Kingdom, not to be elsewhere obtained. Some curious facts are mentioned relative to the floods in that part of England, which are confirmed in the Friesland Chronicle of Anthony Heinrich, pastor of the Island of Mohr.

14. A COLLECTION OF POLITICAL POEMS AND SONGS RELATING TO ENGLISH HISTORY, FROM THE ACCESSION OF EDWARD III. TO THE REIGN OF HENRY VIII. Vols. I. and II. *Edited by* THOMAS WRIGHT, Esq., M.A. 1859–1861.

These Poems are perhaps the most interesting of all the historical writings of the period, though they cannot be relied on for accuracy of statement. They are various in character; some are upon religious subjects, some may be called satires, and some give no more than a court scandal; but as a whole they present a very fair picture of society, and of the relations of the different classes to one another. The period comprised is in itself interesting, and brings us through the decline of the feudal system, to the beginning of our modern history. The songs in old English are of considerable value to the philologist.

15. The "OPUS TERTIUM," "OPUS MINUS," &c., of ROGER BACON. *Edited by* J. S. BREWER, M.A., Professor of English Literature, King's College, London. 1859.

This is the celebrated treatise—never before printed—so frequently referred to by the great philosopher in his works. It contains the fullest details we possess of the life and labours of Roger Bacon: also a fragment by the same author, supposed to be unique, the "*Compendium Studii Theologiæ.*"

16. BARTHOLOMÆI DE COTTON, MONACHI NORWICENSIS, HISTORIA ANGLICANA; 449–1298: necnon ejusdem Liber de Achiepiscopis et Episcopis Angliæ. *Edited by* HENRY RICHARDS LUARD, M.A., Fellow and Assistant Tutor of Trinity College, Cambridge. 1859.

The author, a monk of Norwich, has here given us a Chronicle of England from the arrival of the Saxons in 449 to the year 1298, in or about which year it appears that he died. The latter portion of this history (the whole of the reign of Edward I. more especially) is of great value, as the writer was contemporary with the events which he records. An Appendix contains several illustrative documents connected with the previous narrative.

17. BRUT Y TYWYSOGION; or, The Chronicle of the Princes of Wales. *Edited by* the Rev. JOHN WILLIAMS AB ITHEL, M.A. 1860.

This work, also known as "The Chronicle of the Princes of Wales," has been attributed to Caradoc of Llancarvan, who flourished about the middle of the twelfth century. It is written in the ancient Welsh language, begins with the abdication and death of Caedwala at Rome, in the year 681, and continues the history down to the subjugation of Wales by Edward I., about the year 1282.

18. A COLLECTION OF ROYAL AND HISTORICAL LETTERS DURING THE REIGN OF HENRY IV. 1399–1404. *Edited by* the Rev. F. C. HINGESTON, M.A., of Exeter College, Oxford. 1860.

This volume, like all the others in the series containing a miscellaneous selection of letters, is valuable on account of the light it throws upon biographical history, and the familiar view it presents of characters, manners, and events.

19. THE REPRESSOR OF OVER MUCH BLAMING OF THE CLERGY. By REGINALD PECOCK, sometime Bishop of Chichester. Vols. I. and II. *Edited by* CHURCHILL BABINGTON, B.D., Fellow of St. John's College, Cambridge. 1860.

The "Repressor" may be considered the earliest piece of good theological disquisition of which our English prose literature can boast. The author was born about the end of the fourteenth century, consecrated Bishop of St. Asaph in the year 1444, and translated to the see of Chichester in 1450. While Bishop of St. Asaph, he zealously defended his brother prelates from the attacks of those who censured the bishops for their neglect of duty. He maintained that it was no part of a bishop's functions to appear in the pulpit, and that his time might be more profitably spent, and his dignity better maintained, in the performance of works of a higher character. Among those who thought differently were the Lollards, and against their general doctrines the "Repressor" is directed. Pecock took up a position midway between that of the Roman Church and that of the modern Anglican Church; but his work is interesting chiefly because it gives a full account of the views of the Lollards and of the arguments by which they were supported, and because it assists us to ascertain the state of feeling which ultimately led to the Reformation. Apart from religious matters, the light thrown upon contemporaneous history is very small, but the "Repressor" has great value for the philologist, as it tells us what were the characteristics of the language in use among the cultivated Englishmen of the fifteenth century.

20. ANNALES CAMBRIÆ. *Edited by* the Rev. JOHN WILLIAMS AB ITHEL, M.A. 1860.

These annals, which are in Latin, commence in 447, and come down to 1288. The earlier portion appears to be taken from an Irish Chronicle used by Tigernach, and by the compiler of the Annals of Ulster. During its first century it contains scarcely anything relating to Britain, the earliest direct concurrence with English history is relative to the mission of Augustine. Its notices throughout, though brief, are valuable. The annals were probably written at St. Davids, by Blegewryd, Archdeacon of Llandaff, the most learned man in his day in all Cymru.

21. THE WORKS OF GIRALDUS CAMBRENSIS. Vols. I., II., III., and IV *Edited by* J. S. BREWER, M.A., Professor of English Literature, King's College, London. Vols. V., VI., and VII. *Edited by* the Rev. JAMES F. DIMOCK, M.A., Rector of Barnburgh, Yorkshire. 1861–1877.

These volumes contain the historical works of Gerald du Barry, who lived in the reigns of Henry II., Richard I., and John, and attempted to re-establish the independence of Wales by restoring the see of St. Davids to its ancient primacy. His works are of a very miscellaneous nature, both in prose and verse, and are remarkable chiefly for the racy and original anecdotes which they contain relating to contemporaries. He is the only Welsh writer of any importance who has contributed so much to the mediæval literature of this country, or assumed, in consequence of his nationality, so free and independent a tone. His frequent travels in Italy, in France, in Ireland, and in Wales, gave him opportunities for observation which did not generally fall to the lot of mediæval writers in the twelfth and thirteenth centuries, and of these observations Giraldus has made due use. Only extracts from these treatises have been printed before and almost all of them are taken from unique manuscripts.

The Topographia Hibernica (in Vol. V.) is the result of Giraldus' two visits to Ireland. The first in 1183, the second in 1185–6, when he accompanied Prince John into that country. A very interesting portion of this treatise is devoted to the animals of Ireland. It shows that he was a very accurate and acute observer, and his descriptions are given in a way that a scientific naturalist of the present day could hardly improve upon. The Expugnatio Hibernica was written about 1188 and may be regarded rather as a great epic than a sober relation of acts occurring in his own days. Vol. VI. contains the Itinerarium Kambriæ et Descriptio Kambriæ : and Vol. VII., the lives of S. Remigius and S. Hugh.

22. LETTERS AND PAPERS ILLUSTRATIVE OF THE WARS OF THE ENGLISH IN FRANCE DURING THE REIGN OF HENRY THE SIXTH, KING OF ENGLAND. Vol. I., and Vol. II. (in Two Parts). *Edited by* the Rev. JOSEPH STEVENSON, M.A., of University College, Durham, and Vicar of Leighton Buzzard. 1861–1864.

These letters and papers are derived chiefly from originals or contemporary copies extant in the Bibliothèque Impériale, and the Depôt des Archives, in Paris. They illustrate the policy adopted by John Duke of Bedford and his successors during their government of Normandy, and other provinces of France acquired by Henry V. Here may be traced, step by step, the gradual declension of the English power, until we are prepared for its final overthrow.

23. THE ANGLO-SAXON CHRONICLE, ACCORDING TO THE SEVERAL ORIGINAL AUTHORITIES. Vol. I., Original Texts. Vol II., Translation. *Edited and translated by* BENJAMIN THORPE, Esq., Member of the Royal Academy of Sciences at Munich, and of the Society of Netherlandish Literature at Leyden. 1861.

This chronicle, extending from the earliest history of Britain to 1154, is justly the boast of England; no other nation can produce any history, written in its own vernacular, at all approaching it, in antiquity, truthfulness, or extent, the historical books of the Bible alone excepted. There are at present six independent manuscripts of the Saxon Chronicle, ending in different years, and written in different parts of the country. In this edition, the text of each manuscript is printed in columns on the same page, so that the student may see at a glance the various changes which occur in orthography, whether arising from locality or age.

24. LETTERS AND PAPERS ILLUSTRATIVE OF THE REIGNS OF RICHARD III. AND HENRY VII. Vols. I. and II. *Edited by* JAMES GAIRDNER, Esq. 1861–1863.

The papers are derived from the MSS. in Public Record Office, the British Museum, and other repositories. The period to which they refer is unusually destitute of chronicles and other sources of historical information, so that the light obtained from them is of special importance. The principal contents of the volumes are some diplomatic Papers of Richard III.; correspondence between Henry VII. and Ferdinand and Isabella of Spain ; documents relating to Edmund de la Pole Earl of Suffolk ; and a portion of the correspondence of James IV. of Scotland.

25. LETTERS OF BISHOP GROSSETESTE, illustrative of the Social Condition of his Time. *Edited by* HENRY RICHARDS LUARD, M.A., Fellow and Assistant Tutor of Trinity College, Cambridge. 1861.

The Letters of Robert Grosseteste (131 in number) are here collected from various sources, and a large portion of them is printed for the first time. They range in date from about 1210 to 1253, and relate to various matters connected not only with the political history of England during the reign of Henry III. but with its ecclesiastical condition. They refer especially to the diocese of Lincoln, of which Grosseteste wa bishop.

26. DESCRIPTIVE CATALOGUE OF MANUSCRIPTS RELATING TO THE HISTORY OF GREAT BRITAIN AND IRELAND. Vol. I. (in Two Parts); Anterior to the Norman Invasion. Vol. II.; 1066–1200. Vol. III. ; 1200–1327. *By* Sir THOMAS DUFFUS HARDY, D.C.L., Deputy Keeper of the Public Records. 1862–1871.

The object of this work is to publish notices of all known sources of British history, both printed and unprinted, in one continued sequence. The materials, when historical (as distinguished from biographical), are arranged under the year in which the latest event is recorded in the chronicle or history, and not under the period in which its author, real or supposed, flourished. Biographies are enumerated under the year in which the person commemorated died, and not under the year in which the life was written. A brief analysis of each work has been added when deserving it, in which original portions are distinguished from mere compilations. If possible, the sources are indicated from which compilations have been derived. A biographical sketch of the author of each piece has been added, and a brief notice of such British authors as have written on historical subjects.

27. ROYAL AND OTHER HISTORICAL LETTERS ILLUSTRATIVE OF THE REIGN OF HENRY III. Vol. I., 1216–1235. Vol. II., 1236–1272. *Selected and edited by* the Rev. W. W. SHIRLEY, D.D., Regius Professor of Ecclesiastical History, and Canon of Christ Church, Oxford. 1862–1866.

The letters contained in these volumes are derived chiefly from the ancient correspondence formerly in the Tower of London, and now in the Public Record Office. They illustrate the political history of England during the growth of its liberties, and throw considerable light upon the personal history of Simon de Montfort. The affairs of France form the subject of many of them, especially in regard to the province of Gascony. The entire collection consists of nearly 700 documents, the greater portion of which is printed for the first time.

28. CHRONICA MONASTERII S. ALBANI.—1. THOMÆ WALSINGHAM HISTORIA ANGLICANA ; Vol. I., 1272–1381 : Vol. II., 1381–1422. 2. WILLELMI RISHANGER CHRONICA ET ANNALES, 1259–1307. 3. JOHANNIS DE TROKELOWE ET HENRICI DE BLANEFORDE CHRONICA ET ANNALES, 1259–1296 ; 1307–1324 ; 1392–1406. 4. GESTA ABBATUM MONASTERII S. ALBANI, A THOMA WALSINGHAM, REGNANTE RICARDO SECUNDO, EJUSDEM ECCLESIÆ PRÆCENTORE, COMPILATA ; Vol. I., 793–1290 : Vol. II., 1290–1349: Vol. III., 1349–1411. 5. JOHANNIS AMUNDESHAM, MONACHI MONASTERII S. ALBANI, UT VIDETUR, ANNALES ; Vols. I. and II. 6. REGISTRA QUORUNDAM ABBATUM MONASTERII S. ALBANI, QUI SÆCULO XV^{mo} FLORUERE; Vol. I., REGISTRUM ABBATIÆ JOHANNIS WHETHAMSTEDE, ABBATIS MONASTERII SANCTI ALBANI, ITERUM SUSCEPTÆ ; ROBERTO BLAKENEY, CAPELLANO, QUONDAM ADSCRIPTUM : Vol. II., REGISTRA JOHANNIS WHETHAMSTEDE, WILLELMI ALBON, ET WILLELMI WALINGFORDE, ABBATUM MONASTERII SANCTI ALBANI, CUM APPENDICE, CONTINENTE QUASDAM EPISTOLAS, A JOHANNE WHETHAMSTEDE CONSCRIPTAS. 7. YPODIGMA NEUSTRIÆ A THOMA WALSINGHAM, QUONDAM MONACHO MONASTERII S. ALBANI, CONSCRIPTUM. *Edited by* HENRY THOMAS RILEY, Esq., M.A., Cambridge and Oxford; and of the Inner Temple, Barrister-at-Law. 1863–1876.

In the first two volumes is a History of England, from the death of Henry III. to the death of Henry V., by Thomas Walsingham, Precentor of St. Albans.

In the 3rd volume is a Chronicle of English History, attributed to William Rishanger, who lived in the reign of Edward I.: an account of transactions attending the award of the kingdom of Scotland to John Balliol, 1291–1292, also attributed to William Rishanger, but on no sufficient ground: a short Chronicle of English History, 1292 to 1300, by an unknown hand: a short Chronicle Willelmi Rishanger Gesta Edwardi Primi, Regis Angliæ, with Annales Regum Angliæ, probably by the same hand: and fragments of three Chronicles of English History, 1285 to 1307.

In the 4th volume is a Chronicle of English History, 1259 to 1296: Annals of Edward II., 1307 to 1323, by John de Trokelowe, a monk of St. Albans, and a continuation of Trokelowe's Annals, 1323, 1324, by Henry de Blaneforde: a full Chronicle of English History, 1392 to 1406; and an account of the Benefactors of St. Albans, written in the early part of the 15th century.

The 5th, 6th, and 7th volumes contain a history of the Abbots of St. Albans, 793 to 1411, mainly compiled by Thomas Walsingham: with a Continuation, from the closing pages of Parker MS. VII., in the Library of Corpus Christi College, Cambridge.

The 8th and 9th volumes, in continuation of the Annals, contain a Chronicle, probably by John Amundesham, a monk of St. Albans.

The 10th and 11th volumes relate especially to the acts and proceedings of Abbots Whethamstede, Albon, and Wallingford, and may be considered as a memorial of the chief historical and domestic events during those periods.

The 12th volume contains a compendious History of England to the reign of Henry V., and of Normandy in early times, also by Thomas Walsingham, and dedicated to Henry V. The compiler has often substituted other authorities in place of those consulted in the preparation of his larger work.

29. CHRONICON ABBATIÆ EVESHAMENSIS, AUCTORIBUS DOMINICO PRIORE EVE-SHAMIÆ ET THOMA DE MARLEBERGE ABBATE, A FUNDATIONE AD ANNUM 1213, UNA CUM CONTINUATIONE AD ANNUM 1418. *Edited by* the Rev. W. D. MACRAY, Bodleian Library, Oxford. 1863.

The Chronicle of Evesham illustrates the history of that important monastery from its founda-tion by Egwin, about 690, to the year 1418. Its chief feature is an autobiography, which makes us acquainted with the inner daily life of a great abbey, such as but rarely has been recorded. Inter-spersed are many notices of general, personal, and local history which will be read with much interest. This work exists in a single MS., and is for the first time printed.

30. RICARDI DE CIRENCESTRIA SPECULUM HISTORIALE DE GESTIS REGUM ANGLIÆ. Vol. I., 447-871. Vol. II., 872-1066. *Edited by* JOHN E. B. MAYOR, M.A., Fellow of St. John's College, Cambridge. 1863-1869.

The compiler, Richard of Cirencester, was a monk of Westminster, 1355-1400. In 1391 he obtained a licence to make a pilgrimage to Rome. His history, in four books, extends from 447 to 1066. He announces his intention of continuing it, but there is no evidence that he completed any more. This chronicle gives many charters in favour of Westminster Abbey, and a very full account of the lives and miracles of the saints, especially of Edward the Confessor, whose reign occupies the fourth book. A treatise on the Coronation, by William of Sudbury, a monk of Westminster, fills book ii. c. 3. It was on this author that C. J. Bertram fathered his forgery, *De Situ Brittaniæ* in 1747.

31. YEAR BOOKS OF THE REIGN OF EDWARD THE FIRST. Years 20-21, 21-22, 30-31, 32-33, and 33-35 Edw. I.; and 11-12 Edw. III. *Edited and trans-lated by* ALFRED JOHN HORWOOD, Esq., of the Middle Temple Barrister-at-Law. Years 12-13, 13-14, and 14 Edward III. *Edited and translated by* LUKE OWEN PIKE, Esq., M.A., of Lincoln's Inn, Barrister-at-Law. 1863-1886.

The "Year Books" are the earliest of our Law Reports. They contain matter not only of practical utility to lawyers in the present day, but also illustrative of almost every branch of history, while for certain philological purposes they hold a position absolutely unique. The history of the constitution and of the law, of procedure, and of practice, the jurisdiction of the various Courts, and their relation to one another, as well as to the Sovereign and Council, cannot be known without the aid of the Year Books.

32. NARRATIVES OF THE EXPULSION OF THE ENGLISH FROM NORMANDY 1449-1450. —Robertus Blondelli de Reductione Normanniæ : Le Recouvrement de Normendie, par Berry, Hérault du Roy: Conferences between the Ambas-sadors of France and England. *Edited, from MSS. in the Imperial Library at Paris, by* the Rev. JOSEPH STEVENSON, M.A., of University College, Durham. 1863.

This volume contains the narrative of an eye-witness who details with considerable power and minuteness the circumstances which attended the final expulsion of the English from Normandy in 1450. Commencing with the infringement of the truce by the capture of Fougères, and ending with the battle of Formigny and the embarkation of the Duke of Somerset. The period embraced is less than two years.

33. HISTORIA ET CARTULARIUM MONASTERII S. PETRI GLOUCESTRIÆ. Vols. I., II., and III. *Edited by* W. H. HART, Esq., F.S.A., Membre correspondant de la Société des Antiquaires de Normandie. 1863-1867.

This work consists of two parts, the History and the Cartulary of the Monastery of St. Peter, Gloucester. The history furnishes an account of the monastery from its foundation, in the year 681, to the early part of the reign of Richard II., together with a calendar of donations and benefactions. It treats principally of the affairs of the monastery, but occasionally matters of general history are introduced. Its authorship has generally been assigned to Walter Froucester the twentieth abbot, but without any foundation.

34. ALEXANDRI NECKAM DE NATURIS RERUM LIBRI DUO ; with NECKAM'S POEM, DE LAUDIBUS DIVINÆ SAPIENTIÆ. *Edited by* THOMAS WRIGHT, Esq., M.A., 1863.

Neckam was a man who devoted himself to science, such as it was in the twelfth century. In the "De Naturis Rerum" are to be found what may be called the rudiments of many sciences mixed up with much error and ignorance. Neckam was not thought infallible, even by his contemporaries, for Roger Bacon remarks of him, "This Alexander in many things wrote what was "true and useful; but he neither can nor ought by just title to be reckoned among authorities." Neckam, however, had sufficient independence of thought to differ from some of the schoolmen who in his time considered themselves the only judges of literature. He had his own views in morals, and in giving us a glimpse of them, as well as of his other opinions, he throws much light upon the manners, customs, and general tone of thought prevalent in the twelfth century. The poem entitled "De Laudibus Divinæ Sapientiæ" appears to be a metrical paraphrase or abridgment of the "De Naturis Rerum." It is written in the elegiac metre, and it is, as a whole, above the ordinary standard of mediæval Latin.

35. LEECHDOMS, WORTCUNNING, AND STARCRAFT OF EARLY ENGLAND; being a Col-lection of Documents illustrating the History of Science in this Country before the Norman Conquest. Vols. I., II., and III. *Collected and edited*

by the Rev. T. Oswald Cockayne, M.A., of St. John's College, Cambridge, 1864–1866.

This work illustrates not only the history of science, but the history of superstition. In addition to the information bearing directly upon the medical skill and medical faith of the times, there are many passages which incidentally throw light upon the general mode of life and ordinary diet. The volumes are interesting not only in their scientific, but also in their social aspect.

36. Annales Monastici. Vol. I.:—Annales de Margan, 1066–1232; Annales de Theokesberia, 1066–1263; Annales de Burton, 1004–1263. Vol. II.:— Annales Monasterii de Wintonia. 519–1277; Annales Monasterii de Waverleia, 1–1291. Vol. III.:—Annales Prioratus de Dunstaplia, 1–1297. Annales Monasterii de Bermundeseia, 1042–1432. Vol. IV.:—Annales Monasterii de Oseneia, 1016–1347; Chronicon vulgo dictum Chronicon Thomæ Wykes, 1066–1289; Annales Prioratus de Wigornia, 1–1377. Vol. V.:—Index and Glossary. Edited by Henry Richards Luard, M.A., Fellow and Assistant Tutor of Trinity College, and Registrary of the University, Cambridge. 1864–1869.

The present collection of Monastic Annals embraces all the more important chronicles compiled in religious houses in England during the thirteenth century. These distinct works are ten in number. The extreme period which they embrace ranges from the year 1 to 1432, although they refer more especially to the reigns of John, Henry III., and Edward I. Some of these narratives have already appeared in print, but others are printed for the first time.

37. Magna Vita S. Hugonis Episcopi Lincolniensis. From MSS. in the Bodleian Library, Oxford, and the Imperial Library, Paris. Edited by the Rev. James F. Dimock, M.A., Rector of Barnburgh, Yorkshire. 1864.

This work contains a number of very curious and interesting incidents, and being the work of a contemporary, is very valuable, not only as a truthful biography of a celebrated ecclesiastic but as the work of a man, who, from personal knowledge, gives notices of passing events, as well as of individuals who were then taking active part in public affairs. The author, in all probability, was Adam Abbot of Evesham. He was domestic chaplain and private confessor of Bishop Hugh, and in these capacities was admitted to the closest intimacy. Bishop Hugh was Prior of Witham for 11 years before he became Bishop of Lincoln. His consecration took place on the 21st September 1186; he died on the 16th of November 1200; and was canonized in 1220.

38. Chronicles and Memorials of the Reign of Richard the First. Vol. I.:— Itinerarium Peregrinorum et Gesta Regis Ricardi. Vol. II.:—Epistolæ Cantuarienses; the Letters of the Prior and Convent of Christ Church, Canterbury; 1187 to 1199. Edited by William Stubbs, M.A., Vicar of Navestock, Essex, and Lambeth Librarian. 1864–1865.

The authorship of the Chronicle in Vol. I., hitherto ascribed to Geoffrey Vinesauf, is now more correctly ascribed to Richard, Canon of the Holy Trinity of London. The narrative extends from 1187 to 1199; but its chief interest consists in the minute and authentic narrative which it furnishes of the exploits of Richard I., from his departure from England in December 1189 to his death in 1199. The author states in his prologue that he was an eye-witness of much that he records; and various incidental circumstances which occur in the course of the narrative confirm this assertion.

The letters in Vol. II., written between 1187 and 1199, are of value as furnishing authentic materials for the history of the ecclesiastical condition of England during the reign of Richard I. They had their origin in a dispute which arose from the attempts of Baldwin and Hubert, archbishops of Canterbury, to found a college of secular canons, a project which gave great umbrage to the monks of Canterbury, who saw in it a design to supplant them in their function of metropolitan chapter. These letters are printed, for the first time, from a MS. belonging to the archiepiscopal library at Lambeth.

39. Recueil des Croniques et Anchiennes Istories de la Grant Bretaignea present nomme Engleterre, par Jehan de Waurin. Vol. I. Albina to 688. Vol. II., 1399–1422. Vol. III., 1422–1431. Edited by Sir William Hardy, F.S.A. 1864–1879. Vol. IV. 1431–1443. Edited by Sir William Hardy, F.S.A., and Edward L. C. P. Hardy, Esq., F.S.A. 1884.

40. A Collection of the Chronicles and Ancient Histories of Great Britain, now called England, by John de Wavrin. Albina to 688. (Translation of the preceding Vols. I. and II.) Edited and translated by Sir William Hardy, F.S.A., and Edward L. C. P. Hardy, Esq., F.S.A. 1864–1887.

This curious chronicle extends from the fabulous period of history down to the return of Edward IV. to England in the year 1471 after the second deposition of Henry VI. The manuscript from which the text of the work is taken is preserved in the Imperial Library at Paris, and is believed to be the only complete and nearly contemporary copy in existence. It is illustrated with exquisite miniatures, vignettes, and initial letters. It was written towards the end of the fifteenth century, having been expressly executed for Louis de Bruges, Seigneur de la Gruthuyse and Earl of Winchester, from whose cabinet it passed into the library of Louis XII. at Blois.

41. POLYCHRONICON RANULPHI HIGDEN, with Trevisa's Translation. Vols. I. and II. *Edited by* CHURCHILL BABINGTON, B.D., Senior Fellow of St. John's College, Cambridge. Vols. III., IV., V., VI., VII., VIII., and IX. *Edited by* the Rev. JOSEPH RAWSON LUMBY, D.D., Norrisian Professor of Divinity, Vicar of St. Edward's, Fellow of St. Catharine's College, and late Fellow of Magdalene College, Cambridge. 1865–1886.

This is one of the many mediæval chronicles which assume the character of a history of the world. It begins with the creation, and is brought down to the author's own time, the reign of Edward III. Prefixed to the historical portion, is a chapter devoted to geography, in which is given a description of every known land. To say that the Polychronicon was written in the fourteenth century is not to say that it is not free from inaccuracies. It has, however, a value apart from its intrinsic merits. It enables us to form a very fair estimate of the knowledge of history and geography which well-informed readers of the fourteenth and fifteenth centuries possessed, for it was then the standard work on general history.

The two English translations, which are printed with the original Latin, afford interesting illustrations of the gradual change of our language, for one was made in the fourteenth century, the other in the fifteenth. The differences between Trevisa's version and that of the unknown writer are often considerable.

42. LE LIVERE DE REIS DE BRITTANIE E LE LIVERE DE REIS DE ENGLETERE. *Edited by* JOHN GLOVER, M.A., Vicar of Brading, Isle of Wight, formerly Librarian of Trinity College, Cambridge. 1865.

These two treatises, though they cannot rank as independent narratives, are nevertheless valuable as careful abstracts of previous historians, especially "Le Livere de Reis de Engletere." Some various readings are given which are interesting to the philologist as instances of semi-Saxonized French. It is supposed that Peter of Ickham was the supposed author

43. CHRONICA MONASTERII DE MELSA AB ANNO 1150 USQUE AD ANNUM 1406. Vols. I., II., and III. *Edited by* EDWARD AUGUSTUS BOND, Esq., Assistant-Keeper of Manuscripts, and Egerton Librarian, British Museum. 1866–1868.

The Abbey of Meaux was a Cistercian house, and the work of its abbot is both curious and valuable. It is a faithful and often minute record of the establishment of a religious community, of its progress in forming an ample revenue, of its struggles to maintain its acquisitions, and of its relations to the governing institutions of the country. In addition to the private affairs of the monastery, some light is thrown upon the public events of the time, which are however kept distinct, and appear at the end of the history of each abbot's administration. The text has been printed from what is said to be the autograph of the original compiler, Thomas de Burton, the nineteenth abbot.

44. MATTHÆI PARISIENSIS HISTORIA ANGLORUM, SIVE, UT VULGO DICITUR, HISTORIA MINOR. Vols. I., II., and III. 1067–1253. *Edited by* Sir FREDERIC MADDEN, K.H., Keeper of the Manuscript Department of British Museum. 1866–1869.

The exact date at which this work was written is, according to the chronicler, 1250. The history is of considerable value as an illustration of the period during which the author lived, and contains a good summary of the events which followed the Conquest. This minor chronicle is, however, based on another work (also written by Matthew Paris) giving fuller details, which has been called the "Historia Major." The chronicle here published, nevertheless, gives some information not to be found in the greater history.

45. LIBER MONASTERII DE HYDA: A CHRONICLE AND CHARTULARY OF HYDE ABBEY, WINCHESTER, 455–1023. *Edited, from a Manuscript in the Library of the Earl of Macclesfield, by* EDWARD EDWARDS, Esq. 1866.

The "Book of Hyde" is a compilation from much earlier sources which are usually indicated with considerable care and precision. In many cases, however, the Hyde Chronicler appears to correct, to qualify, or to amplify—either from tradition or from sources of information not now discoverable—the statements, which, in substance, he adopts. He also mentions, and frequently quotes from writers whose works are either entirely lost or at present known only by fragments.

There is to be found, in the "Book of Hyde," much information relating to the reign of King Alfred which is not known to exist elsewhere. The volume contains some curious specimens of Anglo-Saxon and Mediæval English.

46. CHRONICON SCOTORUM: A CHRONICLE OF IRISH AFFAIRS, from the EARLIEST TIMES to 1135; and SUPPLEMENT, containing the Events from 1141 to 1150. *Edited, with Translation, by* WILLIAM MAUNSELL HENNESSY, Esq., M.R.I.A. 1866.

There is, in this volume, a legendary account of the peopling of Ireland and of the adventures which befell the various heroes who are said to have been connected with Irish history. The details are, however, very meagre both for this period and for the time when history becomes more authentic. The plan adopted in the chronicle gives the appearance of an accuracy to which the earlier portions of the work cannot have any claim. The succession of events is marked year by year, from A.M. 1599 to A.D. 1150. The principal events narrated in the later portion of the work are, the invasions of foreigners, and the wars of the Irish among themselves. The text has been printed from a MS. preserved in the library of Trinity College, Dublin, written partly in Latin, partly in Irish.

47. THE CHRONICLE OF PIERRE DE LANGTOFT, IN FRENCH VERSE, FROM THE EARLIEST PERIOD TO THE DEATH OF EDWARD I. Vols. I. and II. *Edited by* THOMAS WRIGHT, Esq., M.A. 1866–1868.

It is probable that Pierre de Langtoft was a canon of Bridlington, in Yorkshire, and lived in the reign of Edward I., and during a portion of the reign of Edward II. This chronicle is divided into three parts; in the first, is an abridgment of Geoffrey of Monmouth's "Historia Britonum;" in the second, a history of the Anglo-Saxon and Norman kings, to the death of Henry III.; in the third, a history of the reign of Edward I. The principal object of the work was apparently to show the justice of Edward's Scottish wars. The language is singularly corrupt, and a curious specimen of the French of Yorkshire.

48. THE WAR OF THE GAEDHIL WITH THE GAILL, or THE INVASIONS OF IRELAND BY THE DANES AND OTHER NORSEMEN. *Edited, with a Translation, by* JAMES HENTHORN TODD, D.D., Senior Fellow of Trinity College, and Regius Professor of Hebrew in the University, Dublin. 1867.

The work in its present form, in the editor's opinion, is a comparatively modern version of an undoubtedly ancient original. That it was compiled from contemporary materials has been proved by curious incidental evidence. It is stated in the account given of the battle of Clontarf that the full tide in Dublin Bay on the day of the battle (23 April 1014) coincided with sunrise; and that the returning tide in the evening aided considerably in the defeat of the Danes. The fact has been verified by astronomical calculations, and the inference is that the author of the chronicle, if not an eye-witness, must have derived his information from eye-witnesses. The contents of the work are sufficiently described in its title. The story is told after the manner of the Scandinavian Sagas, with poems and fragments of poems introduced into the prose narrative.

49. GESTA REGIS HENRICI SECUNDI BENEDICTI ABBATIS. CHRONICLE OF THE REIGNS OF HENRY II. AND RICHARD I., 1169–1192, known under the name of BENEDICT OF PETERBOROUGH. Vols. I. and II. *Edited by* WILLIAM STUBBS, M.A., Regius Professor of Modern History, Oxford, and Lambeth Librarian. 1867.

This chronicle of the reigns of Henry II. and Richard I., known commonly under the name of Benedict of Peterborough, is one of the best existing specimens of a class of historical compositions of the first importance to the student.

50. MUNIMENTA ACADEMICA, OR, DOCUMENTS ILLUSTRATIVE OF ACADEMICAL LIFE AND STUDIES AT OXFORD (in Two Parts). *Edited by* the Rev. HENRY ANSTEY, M.A., Vicar of St. Wendron, Cornwall, and lately Vice-Principal of St. Mary Hall, Oxford. 1868.

This work will supply materials for a History of Academical Life and Studies in the University of Oxford during the 13th, 14th, and 15th centuries.

51. CHRONICA MAGISTRI ROGERI DE HOUEDENE. Vols. I., II., III., and IV. *Edited by* WILLIAM STUBBS, M.A., Regius Professor of Modern History, and Fellow of Oriel College, Oxford. 1868–1871.

This work has long been justly celebrated, but not thoroughly understood until Mr. Stubbs' edition. The earlier portion, extending from 732 to 1148, appears to be a copy of a compilation made in Northumbria about 1161, to which Hoveden added little. From 1148 to 1169—a very valuable portion of this work—the matter is derived from another source, to which Hoveden appears to have supplied little, and not always judiciously. From 1170 to 1192 is the portion which corresponds with the Chronicle known under the name of Benedict of Peterborough (*see* No. 49): but it is not a copy, being sometimes an abridgment, at others a paraphrase; occasionally the two works entirely agree; showing that both writers had access to the same materials, but dealt with them differently. From 1192 to 1201 may be said to be wholly Hoveden's work; it is extremely valuable, and an authority of the first importance.

52. WILLELMI MALMESBIRIENSIS MONACHI DE GESTIS PONTIFICUM ANGLORUM DIBBI QUINQUE. *Edited by* N. E. S. A. HAMILTON, Esq., of the Department of Manuscripts, British Museum. 1870.

William of Malmesbury's "Gesta Pontificum" is the principal foundation of English Ecclesiastical Biography, down to the year 1122. The manuscript which has been followed in this Edition is supposed by Mr. Hamilton to be the author's autograph, containing his latest additions and amendments.

53. HISTORIC AND MUNICIPAL DOCUMENTS OF IRELAND, FROM THE ARCHIVES OF THE CITY OF DUBLIN, &c. 1172–1320. *Edited by* JOHN T. GILBERT, Esq., F.S.A., Secretary of the Public Record Office of Ireland. 1870.

A collection of original documents, elucidating mainly the history and condition of the municipal, middle, and trading classes under or in relation with the rule of England in Ireland,—a subject hitherto in almost total obscurity. Extending over the first hundred and fifty years of the Anglo-Norman settlement, the series includes charters, municipal laws and regulations, rolls of names of citizens and members of merchant-guilds, lists of commodities with their rates, correspondence, illustrations of relations between ecclesiastics and laity; together with many documents exhibiting the state of Ireland during the presence there of the Scots under Robert and Edward Bruce.

54. THE ANNALS OF LOCH CE. A CHRONICLE OF IRISH AFFAIRS, FROM 1041 to 1590. Vols. I. and II. *Edited, with a Translation, by* WILLIAM MAUNSELL HENNESSY, Esq., M.R.I.A. 1871.

The original of this chronicle has passed under various names. The title of "Annals of Loch Cé" was given to it by Professor O'Curry, on the ground that it was transcribed for Brian Mac Dermot, an Irish chieftain, who resided on the island in Loch Cé, in the county of Roscommon. It adds much to the materials for the civil and ecclesiastical history of Ireland; and contains many curious references to English and foreign affairs, not noticed in any other chronicle.

55. MONUMENTA JURIDICA. THE BLACK BOOK OF THE ADMIRALTY, WITH APPENDICES. Vols. I., II., III., and IV. *Edited by* SIR TRAVERS TWISS, Q.C., D.C.L. 1871-1876.

This book contains the ancient ordinances and laws relating to the navy, and was probably compiled for the use of the Lord High Admiral of England. Selden calls it the "jewel of the Admiralty Records." Prynne ascribes to the Black Book the same authority in the Admiralty as the Black and Red Books have in the Court of Exchequer, and most English writers on maritime law recognize its importance.

56. MEMORIALS OF THE REIGN OF HENRY VI.:—OFFICIAL CORRESPONDENCE OF THOMAS BEKYNTON, SECRETARY TO HENRY VI., AND BISHOP OF BATH AND WELLS. *Edited, from a MS. in the Archiepiscopal Library at Lambeth, with an Appendix of Illustrative Documents, by* the Rev. GEORGE WILLIAMS, B.D., Vicar of Ringwood, late Fellow of King's College, Cambridge. Vols. I. and II. 1872.

These curious volumes are of a miscellaneous character, and were probably compiled under the immediate direction of Beckynton before he had attained to the Episcopate. They contain many of the Bishop's own letters, and several written by him in the King's name; also letters to himself while Royal Secretary, and others addressed to the King.

57. MATTHÆI PARISIENSIS, MONACHI SANCTI ALBANI, CHRONICA MAJORA. Vol. I. The Creation to A.D. 1066. Vol. II. A.D. 1067 to A.D. 1216. Vol. III. A.D. 1216 to A.D. 1239. Vol. IV. A.D. 1240 to A.D. 1247. Vol. V. A.D. 1248 to A.D. 1259. Vol. VI. Additamenta. Vol. VII. Index. *Edited by* HENRY RICHARDS LUARD, D.D., Fellow of Trinity College, Registrary of the University, and Vicar of Great St. Mary's, Cambridge. 1872-1884.

This work contains the "Chronica Majora" of Matthew Paris, one of the most valuable and frequently consulted of the ancient English Chronicles. It is published from its commencement, for the first time. The editions by Archbishop Parker, and William Watts, severally begin at the Norman Conquest.

58. MEMORIALE FRATRIS WALTERI DE COVENTRIA.—THE HISTORICAL COLLECTIONS OF WALTER OF COVENTRY. Vols. I. and II. *Edited, from the MS. in the Library of Corpus Christi College, Cambridge, by* WILLIAM STUBBS, M.A., Regius Professor of Modern History, and Fellow of Oriel College, Oxford. 1872-1873.

This work, now printed in full for the first time, has long been a desideratum by Historical Scholars. The first portion, however, is not of much importance, being only a compilation from earlier writers. The part relating to the first quarter of the thirteenth century is the most valuable and interesting.

59. THE ANGLO-LATIN SATIRICAL POETS AND EPIGRAMMATISTS OF THE TWELFTH CENTURY. Vols. I. and II. *Collected and edited by* THOMAS WRIGHT, Esq., M.A., Corresponding Member of the National Institute of France (Académie des Inscriptions et Belles-Lettres). 1872.

The Poems contained in these volumes have long been known and appreciated as the best satires of the age in which their authors flourished, and were deservedly popular during the 13th and 14th centuries.

60. MATERIALS FOR A HISTORY OF THE REIGN OF HENRY VII., FROM ORIGINAL DOCUMENTS PRESERVED IN THE PUBLIC RECORD OFFICE. Vols. I. and II. *Edited by* the Rev. WILLIAM CAMPBELL, M.A., one of Her Majesty's Inspectors of Schools. 1873-1877.

These volumes are valuable as illustrating the acts and proceedings of Henry VII. on ascending the throne, and shadow out the policy he afterwards adopted.

61. HISTORICAL PAPERS AND LETTERS FROM THE NORTHERN REGISTERS. *Edited by* JAMES RAINE, M.A., Canon of York, and Secretary of the Surtees Society. 1873.

The documents in this volume illustrate, for the most part, the general history of the north of England, particularly in its relation to Scotland.

62. REGISTRUM PALATINUM DUNELMENSE. THE REGISTER OF RICHARD DE KELLAWE, LORD PALATINE AND BISHOP OF DURHAM; 1311-1316. Vols. I., II., III., and IV. *Edited by* SIR THOMAS DUFFUS HARDY, D.C.L., Deputy Keeper of the Public Records. 1873-1878.

Bishop Kellawe's Register contains the proceedings of his prelacy, both lay and ecclesiastical, and is the earliest Register of the Palatinate of Durham.

63. MEMORIALS OF SAINT DUNSTAN, ARCHBISHOP OF CANTERBURY. *Edited by* WILLIAM STUBBS, M.A., Regius Professor of Modern History, and Fellow of Oriel College, Oxford. 1874.

This volume contains several lives of Archbishop Dunstan, opening various points of Historical and Literary interest.

64. CHRONICON ANGLIÆ, AB ANNO DOMINI 1328 USQUE AD ANNUM 1388, AUCTORE MONACHO QUODAM SANCTI ALBANI. *Edited by* EDWARD MAUNDE THOMPSON, Esq., Barrister-at-Law, and Assistant-Keeper of the Manuscripts in the British Museum. 1874.

This chronicle gives a circumstantial history of the close of the reign of Edward III.

65. THÓMAS SAGA ERKIBYSKUPS. A LIFE OF ARCHBISHOP THOMAS BECKET, IN ICELANDIC. Vols. I. and II. *Edited, with English Translation, Notes, and Glossary* by M. EIRÍKR MAGNÚSSON, M.A., Sub-Librarian of the University Library, Cambridge. 1875-1884.

This work is derived from the Life of Becket written by Benedict of Peterborough, and apparently supplies the missing portions in Benedict's biography.

66. RADULPHI DE COGGESHALL CHRONICON ANGLICANUM *Edited by* the Rev. JOSEPH STEVENSON, M.A. 1875.

This volume contains the "Chronicon Anglicanum," by Ralph of Coggeshall, the "Libellus de Expugnatione Terræ Sanctæ per Saladinum," usually ascribed to the same author, and other pieces of an interesting character.

67. MATERIALS FOR THE HISTORY OF THOMAS BECKET, ARCHBISHOP OF CANTERBURY. Vols. I., II., III., IV., V., and VI. *Edited by* the Rev. JAMES CRAIGIE ROBERTSON, M.A., Canon of Canterbury. 1875-1883. Vol. VII. *Edited by* JOSEPH BRIGSTOCKE SHEPPARD, Esq., LL.D. 1885.

This publication comprises all contemporary materials for the history of Archbishop Thomas Becket. The first volume contains the life of that celebrated man, and the miracles after his death, by William, a monk of Canterbury. The second, the life by Benedict of Peterborough; John of Salisbury; Alan of Tewkesbury; and Edward Grim. The third, the life by William Fitzstephen; and Herbert of Bosham. The fourth, anonymous lives, Quadrilogus, &c. The fifth, sixth, and seventh, the Epistles, and known letters.

68. RADULFI DE DICETO DECANI LUNDONIENSIS OPERA HISTORICA. THE HISTORICAL WORKS OF MASTER RALPH DE DICETO, DEAN OF LONDON. Vols. I. and II. *Edited, from the Original Manuscripts, by* WILLIAM STUBBS, M.A., Regius Professor of Modern History, and Fellow of Oriel College, Oxford. 1876.

The Historical Works of Ralph de Diceto are some of the most valuable materials for British History. The Abbreviationes Chronicorum extend from the Creation to 1147, and the Ymagines Historiarum to 1201.

69. ROLL OF THE PROCEEDINGS OF THE KING'S COUNCIL IN IRELAND, FOR A PORTION OF THE 16TH YEAR OF THE REIGN OF RICHARD II. 1392-93. *Edited by* the Rev. JAMES GRAVES, A.B. 1877.

This Roll throws considerable light on the History of Ireland at a period little known. It seems the only document of the kind extant.

70. HENRICI DE BRACTON DE LEGIBUS ET CONSUETUDINIBUS ANGLIÆ LIBRI QUINQUE IN VARIOS TRACTATUS DISTINCTI. AD DIVERSORUM ET VETUSTISSIMORUM CODICUM COLLATIONEM TYPIS VULGATI. Vols. I., II., III., IV.,V., and VI. *Edited by* SIR TRAVERS TWISS, Q.C., D.C.L. 1878-1883.

This is a new edition of Bracton's celebrated work, collated with MSS. in the British Museum; the Libraries of Lincoln's Inn, Middle Temple, and Gray's Inn; Bodleian Library, Oxford; the Bibliothèque Nationale, Paris; &c.

71. THE HISTORIANS OF THE CHURCH OF YORK, AND ITS ARCHBISHOPS. Vols. I. and II. *Edited by* JAMES RAINE, M.A., Canon of York, and Secretary of the Surtees Society. 1879-1886.

This will form a complete "Corpus Historicum Eboracense," a work very much needed.

72. REGISTRUM MALMESBURIENSE. THE REGISTER OF MALMESBURY ABBEY; PRESERVED IN THE PUBLIC RECORD OFFICE. Vols. I. and II. *Edited by* J. S. BREWER, M.A., Preacher at the Rolls, and Rector of Toppesfield; *and* CHARLES TRICE MARTIN, Esq., B.A. 1879, 1880.

This work illustrates many curious points of history, the growth of society, the distribution of land, the relations of landlord and tenant, national customs, &c.

73. HISTORICAL WORKS OF GERVASE OF CANTERBURY. Vols. I. and II. THE CHRONICLE OF THE REIGNS OF STEPHEN, HENRY II., and RICHARD I., BY GERVASE, THE MONK OF CANTERBURY. *Edited by* WILLIAM STUBBS, D.D.; Canon Residentiary of St. Paul's, London; Regius Professor of Modern History and Fellow of Oriel College, Oxford; &c. 1879, 1880.

The Historical Works of Gervase of Canterbury are of great importance as regards the questions of Church and State, during the period in which he wrote. This work was printed by Twysden, in the "Historiæ Anglicanæ Scriptores X.," more than two centuries ago.

74. HENRICI ARCHIDIACONI HUNTENDUNENSIS HISTORIA ANGLORUM. THE HISTORY OF THE ENGLISH, BY HENRY, ARCHDEACON OF HUNTINGDON, from A.D. 55 to A.D. 1154, in Eight Books. *Edited by* THOMAS ARNOLD, ESQ., M.A., of University College, Oxford. 1879.

Henry of Huntingdon's work was first printed by Sir Henry Savile, in 1596, in his "Scriptores post Bedam," and reprinted at Frankfort in 1601. Both editions are very rare and inaccurate. The first five books of the History were published in 1848 in the "Monumenta Historica Britannica," which is out of print. The present volume contains the whole of the manuscript of Huntingdon's History in eight books, collated with a manuscript lately discovered at Paris.

75. THE HISTORICAL WORKS OF SYMEON OF DURHAM. Vols. I. and II. *Edited by* THOMAS ARNOLD, ESQ., M.A., of University College, Oxford 1882–1885.

The first volume of this edition of the Historical Works of Symeon of Durham, contains the "Historia Dunelmensis Ecclesiæ," and other Works. The second volume contains the "Historia Regum," &c.

76. CHRONICLES OF THE REIGNS OF EDWARD I. AND EDWARD II. Vols. I. and II. *Edited by* WILLIAM STUBBS, D.D., Canon Residentiary of St. Paul's, London; Regius Professor of Modern History, and Fellow of Oriel College, Oxford, &c. 1882, 1883.

The first volume of these Chronicles contains the "Annales Londonienses" and the "Annales Paulini:" the second, I.—Commendatio Lamentabilis in Transitu magni Regis Edwardi. II.—Gesta Edwardi de Carnarvan Auctore Canonico Bridlingtoniensi. III.—Monachi cujusdam Malmesberiensis Vita, Edwardi II. IV.—Vita et Mors Edwardi II. Conscripta a Thoma de la Moore.

77. REGISTRUM EPISTOLARUM FRATRIS JOHANNIS PECKHAM, ARCHIEPISCOPI CANTUARIENSIS. Vols. I., II., and III. *Edited by* CHARLES TRICE MARTIN, ESQ., B.A., F.S.A., 1882–1886.

These Letters are of great value for illustrating English Ecclesiastical History.

78. REGISTER OF S. OSMUND. *Edited by* the Rev. W. H. RICH JONES, M.A., F.S.A., Canon of Salisbury, Vicar of Bradford-on-Avon. Vols. I. and II. 1883, 1884.

This Register, of which a complete copy is here printed for the first time, is among the most ancient of the muniments of the Bishops of Salisbury. It derives its name from containing the statutes, rules, and orders made or compiled by S. Osmund, to be observed in the Cathedral and diocese of Salisbury. The first 19 folios contain the "Consuetudinary," the exposition, as regards ritual, of the "Use of Sarum."

79. CHARTULARY OF THE ABBEY OF RAMSEY. Vols. I. and II. *Edited by* WILLIAM HENRY HART, Esq., F.S.A., and the Rev. PONSONBY ANNESLEY LYONS. 1884, 1886.

This Chartulary of the Ancient Benedictine Monastery of Ramsey, Huntingdonshire, came to the Crown on the Dissolution of Monasteries, was afterwards preserved in the Stone Tower, Westminster Hall, and thence transferred to the Public Record Office.

80. CHARTULARIES OF ST. MARY'S ABBEY, DUBLIN, WITH THE REGISTER OF ITS HOUSE AT DUNBRODY, COUNTY OF WEXFORD, AND ANNALS OF IRELAND, 1162–1370. *Edited by* JOHN THOMAS GILBERT, Esq., F.S.A., M.R.I.A. Vols. I. & II. 1884, 1885.

The Chartularies and register, here printed for the first time, are the only surviving manuscripts of their class in connexion with the Cistercians in Ireland. With them are included accounts of the other establishments of the Cistercian Order in Ireland, together with the earliest body of Anglo-Irish Annals extant.

81. EADMERI HISTORIA NOVORUM IN ANGLIA, ET OPUSCULA DUO DE VITA SANCTI ANSELMI ET QUIBUSDAM MIRACULIS EJUS. *Edited by* the Rev. MARTIN RULE, M.A. 1884.

This volume contains the "Historiæ Novorum in Anglia," of Eadmer; his treatise "De Vita et conversatione Anselmi Archiepiscopi Cantuariensis," and a Tract entitled "Quaedam Parva Descriptio Miraculorum gloriosi Patris Anselmi Cantuariensis."

82. CHRONICLES OF THE REIGNS OF STEPHEN, HENRY II., AND RICHARD I. Vols. I. II., and III., *Edited by* RICHARD HOWLETT, Esq., of the Middle Temple, Barrister-at-law. 1884–1886.

Vol. I. contains Books I.-IV. of the "Historia Rerum Anglicarum" of William of Newburgh.
Vol. II. contains Book V. of that work, the continuation of the same to A.D. 1298, and the "Draco Normannicus" of Etienne de Rouen.
Vol. III. contains the "Gesta Stephani Regis," the Chronicle of Richard of Hexham, the "Relatio de Standardo" of St. Aelred of Rievaulx, the poem of Jordan Fantosme, and the Chronicle of Richard of Devizes.

83. CHRONICLE OF THE ABBEY OF RAMSEY. *Edited by* the Rev. WILLIAM DUNN MACRAY, M.A., F.S.A., Rector of Ducklington, Oxon. 1886.

This Chronicle forms part of the Chartulary of the Abbey of Ramsey, preserved in the Public Record Office (*see* No. 79).

84. CHRONICA ROGERI DE WENDOVER, SIVE FLORES HISTORIARUM. Vols. I., II., and III. *Edited by* HENRY GAY HEWLETT, Esq., Keeper of the Records of the Land Revenue. 1886-1889.

This edition gives that portion only of Roger of Wendover's Chronicle which can be accounted an original authority.

85. THE LETTER BOOKS OF THE MONASTERY OF CHRIST CHURCH, CANTERBURY. *Edited by* JOSEPH BRIGSTOCKE SHEPPARD, ESQ., LL.D. Vols. I. and II., 1887, 1888.

The Letters printed in these volumes were chiefly written between the years 1296 and 1333. Among the most notable writers were Prior Henry of Eastry, Prior Richard Oxenden, and the Archbishops Raynold and Meopham.

86. THE METRICAL CHRONICLE OF ROBERT OF GLOUCESTER. *Edited by* WILLIAM ALDIS WRIGHT, Esq., M.A. Parts I. and II., 1887.

The date of the composition of this Chronicle is placed about the year 1300. The writer appears to have been an eye witness of many events which he describes. The language in which it is written was the dialect of Gloucestershire at that time.

87. CHRONICLE OF ROBERT OF BRUNNE. *Edited by* FREDERICK JAMES FURNIVALL, Esq., M.A., of Trinity Hall, Cambridge, Barrister-at-Law. Parts I and II. 1887.

Robert of Brunne, or Bourne, co. Lincoln, was a member of the Gilbertine Order established at Sempringham. His Chronicle is described by its editor as a work of fiction, a contribution not to English history, but to the history of English.

88. ICELANDIC SAGAS AND OTHER HISTORICAL DOCUMENTS relating to the Settlements and Descents of the Northmen on the British Isles. Vol. I. Orkneyinga Saga, and Magnus Saga. Vol. II. Hakonar Saga, and Magnus Saga. *Edited by* M. GUDBRAND VIGFUSSON, M.A. 1887.

89. THE TRIPARTITE LIFE OF ST. PATRICK, with other documents relating to that Saint. *Edited by* WHITLEY STOKES, Esq., LL.D., D.C.L., Honorary Fellow of Jesus College, Oxford; and Corresponding Member of the Institute of France. Parts I. and II. 1887.

90. WILLELMI MONACHI MALMESBIRIENSIS DE REGUM GESTIS ANGLORUM, LIBRI V.; ET HISTORIÆ NOVELLÆ, LIBRI III. *Edited by* WILLIAM STUBBS, D.D., Bishop of Chester. Vol. I. 1887.

91. LESTORIE DES ENGLES SOLUM GEFFREI GAIMAR. *Edited by* the late Sir THOMAS DUFFUS HARDY, D.C.L., Deputy Keeper of the Public Records; *continued and translated by* CHARLES TRICE MARTIN, Esq., B.A., F.S.A. Vols. I. and II. 1888, 1889,

In the Press.

ICELANDIC SAGAS, AND OTHER HISTORICAL DOCUMENTS relating to the Settlements and Descents of the Northmen on the British Isles. Vols. III.—IV *Translated by* Sir GEORGE WEBBE DASENT, D.C.L.

WILLELMI MONACHI MALMESBIRIENSIS DE REGUM GESTIS ANGLORUM, LIBRI V.; ET HISTORIÆ NOVELLÆ, LIBRI III. *Edited by* WILLIAM STUBBS, D.D., Bishop of Oxford. Vol. II

CHARTULARY OF THE ANCIENT BENEDICTINE ABBEY OF RAMSEY, from the MS. in the Public Record Office. Vol. III. *Edited by* the late WILLIAM HENRY HART, Esq., F.S.A., and the Rev. PONSONBY ANNESLEY LYONS.

CHARTERS AND DOCUMENTS, ILLUSTRATING THE HISTORY OF THE CATHEDRAL AND CITY OF SARUM, 1100-1300; forming an Appendix to the Register of S. Osmund. Vol. III. *Edited by* the late Rev. W. H. RICH JONES, M.A., F.S.A., *and* the Rev. W. D. MACRAY, M.A., F.S.A., Rector of Ducklington.

In the Press—(continued).

FLORES HISTORIARUM, PER MATTHÆUM WESTMONASTERIENSEM COLLECTI. *Edited by* HENRY RICHARDS LUARD, D.D., Fellow of Trinity College, Registrary of the University, and Vicar of Great St. Mary's, Cambridge. Vol. I., II., and III.

RANULF DE GLANVILL; TRACTATUS DE LEGIBUS ET CONSUETUDINIBUS ANGLIÆ, &c. *Edited and translated by* Sir TRAVERS TWISS, Q.C., D.C.L.

CHRONICLE OF ADAM MURIMUTH, with the CHRONICLE OF ROBERT OF AVESBURY. *Edited by* EDWARD MAUNDE THOMPSON, ESQ., Principal Librarian and Secretary of the British Museum.

YEAR BOOKS OF THE REIGN OF EDWARD III. *Edited and translated by* LUKE OWEN PIKE, Esq., M.A., of Lincoln's Inn, Barrister-at-Law.

CHRONICLE OF HENRY KNIGHTON, Canon of Leicester, to the death of RICHARD II. *Edited by* the Rev. JOSEPH RAWSON LUMBY, D.D.

THE LETTER BOOKS OF THE MONASTERY OF CHRIST CHURCH, CANTERBURY. *Edited by* JOSEPH BRIGSTOCKE SHEPPARD, ESQ., LL.D. Vol. III.

ANNALS OR MEMORIALS OF ST. EDMONDSBURY. *Edited by* THOMAS ARNOLD, ESQ., M.A., of University College, Oxford.

RECUEIL DES CRONIQUES ET ANCHIENNES ISTORIES DE LA GRANT BRETAIGNE A PRESENT NOMME ENGLETERRE, par JEHAN DE WAURIN. Vol. V. 1443–1461. *Edited by* the late Sir WILLIAM HARDY, F.S.A., and EDWARD L. C. P. HARDY, Esq., F.S.A., of Lincoln's Inn, Barrister-at-Law.

CHRONICLES OF THE REIGNS OF STEPHEN, HENRY II., AND RICHARD I. Vol. IV. *Edited by* RICHARD HOWLETT, Esq., of the Middle Temple, Barrister-at-Law.

CHARTULARY OF THE ABBEY OF ST. THOMAS THE MARTYR, DUBLIN. *Edited by* JOHN THOMAS GILBERT, Esq., F.S.A., M.I.R.A.

In Progress.

DESCRIPTIVE CATALOGUE OF MANUSCRIPTS RELATING TO THE HISTORY OF GREAT BRITAIN AND IRELAND. Vol. IV.; 1327, &c. *Edited by* the late Sir THOMAS DUFFUS HARDY, D.C.L., Deputy Keeper of the Records, and C. TRICE MARTIN, Esq., B.A., F.S.A.

THE TREATISE "DE PRINCIPUM INSTRUCTIONE," of GIRALDUS CAMBRENSIS; with an Index to the first four volumes of the "Works of Giraldus Cambrensis," edited by the Rev. J. S. Brewer. *Edited by* GEORGE F. WARNER, Esq., of the Department of MSS., British Museum.

THE RED BOOK OF THE EXCHEQUER, preserved in the Public Record Office. *Edited by* WALFORD DAKING SELBY, ESQ., of the Public Record Office.

THE HISTORIANS OF THE CHURCH OF YORK AND ITS ARCHBISHOPS, Vol. III. *Edited by* JAMES RAINE, M.A., Canon of York, and Secretary of the Surtees Society.

PUBLICATIONS OF THE RECORD COMMISSIONERS, &c.

[In boards or cloth.]

ROTULORUM ORIGINALIUM IN CURIÂ SCACCARII ABBREVIATIO. Hen. III.—Edw. III. *Edited by* HENRY PLAYFORD, Esq. 2 Vols. folio (1805—1810). 12s. 6d. each.

CALENDARIUM INQUISITIONUM POST MORTEM SIVE ESCAETARUM. Hen. III.—Ric. III. *Edited by* JOHN CALEY and JOHN BAYLEY, Esqrs. Folio (1821—1828): Vol. 3, 21s.; Vol. 4, 24s.

LIBRORUM MANUSCRIPTORUM BIBLIOTHECÆ HARLEIANÆ CATALOGUS. Vol. 4. *Edited by* the Rev. T. HARTWELL HORNE. Folio (1812), 18s.

ABBREVIATIO PLACITORUM. Richard I.—Edward II. *Edited by* the Right Hon. GEORGE ROSE and W. ILLINGWORTH, Esq. 1 Vol. folio (1811), 18s.

LIBRI CENSUALIS vocati DOMESDAY-BOOK, INDICES. *Edited by* Sir HENRY ELLIS. Folio (1816), (Domesday-Book, Vol. 3). 21s.

LIBRI CENSUALIS vocati DOMESDAY-BOOK, ADDITAMENTA EX CODIC. ANTIQUISS. *Edited by* Sir HENRY ELLIS. Folio (1816), (Domesday-Book, Vol. 4). 21s.

STATUTES OF THE REALM. *Edited by* Sir T. E. TOMLINS, JOHN RAITHBY, JOHN CALEY, and WM. ELLIOTT, Esqrs. Vols. 7, 8, 9, 10, and 11, folio (1819—1828). 31s. 6d. each; Indices, 30s. each.

VALOR ECCLESIASTICUS, temp. Hen. VIII., Auctoritate Regia institutus. *Edited by* JOHN CALEY, Esq., and the Rev. JOSEPH HUNTER. Vols. 3 to 6, folio (1817-1834). 25s. each. The Introduction, separately, 8vo. 2s. 6d.

ROTULI SCOTIÆ IN TURRI LONDINENSI ET IN DOMO CAPITULARI WESTMONASTERIENS ASSERVATI. 19 Edw. I.—Hen. VIII. *Edited by* D. MACPHERSON, J. CALEY, W. ILLINGWORTH, Esqrs., and Rev. T. H. HORNE. Vol. 2. folio (1818). 21s.

FŒDERA, CONVENTIONES, LITTERÆ, &c.; or, RYMER'S FŒDERA, New Edition, folio Vol. 3, Part 2. 1361—1377 (1830): Vol. 4, 1377—1383 (1869). *Edited by* JOHN CALEY and FRED. HOLBROOKE, Esqrs. Vol. 3, Part 2, 21s.; Vol. 4. 6s.

DUCATUS LANCASTRIÆ CALENDARIUM INQUISITIONUM POST MORTEM, &c. Part 3, Calendar to Pleadings, &c., Hen. VII.—13 Eliz. Part 4, Calendar to Pleadings, to end of Eliz. (1827—1834). *Edited by* R. J. HARPER, JOHN CALEY, and WM. MINCHIN, Esqrs. Folio. Part 3 (or Vol. 2), 31s. 6d.; Part 4 (or Vol. 3), 21s.

CALENDARS OF THE PROCEEDINGS IN CHANCERY, ELIZ.; with Examples of Proceedings from Ric. II. *Edited by* JOHN BAYLEY, Esq. Vol. 3 (1832), folio, 21s.

PARLIAMENTARY WRITS AND WRITS OF MILITARY SUMMONS, with Records and Muniments relating to Suit and Service to Parliament, &c. *Edited by* SIR FRANCIS PALGRAVE. (1830—1834.) Folio. Vol. 2, Div. 1, Edw. II., 21s.; Vol. 2, Div. 2, 21s.; Vol. 2, Div. 3, 42s.

ROTULI LITTERARUM CLAUSARUM IN TURRI LONDINENSI ASSERVATI. 2 Vols. folio (1833, 1844). Vol. 1, 1204-1224. Vol. 2, 1224—1227. *Edited by* THOMAS DUFFUS HARDY, Esq. Vol. 1, 63s.; Vol. 2, 18s.

PROCEEDINGS AND ORDINANCES OF THE PRIVY COUNCIL OF ENGLAND. 10 Ric. II.—33 Hen. VIII. *Edited by* Sir NICHOLAS HARRIS NICOLAS. 7 Vols. royal 8vo. (1834—1837). 14s. each.

ROTULI LITTERARUM PATENTIUM IN TURRI LOND. ASSERVATI. 1201—1216. *Edited by* T. DUFFUS HARDY, Esq. 1 Vol. folio (1835), 31s. 6d. The Introduction, separately, 8vo. 9s.

ROTULI CURIÆ REGIS. Rolls and Records of the Court held before the King's Justiciars or Justices. 6 Richard I.—1 John. *Edited by* Sir FRANCIS PALGRAVE. 2 Vols. royal 8vo. (1835). 28s.

ROTULI NORMANNIÆ IN TURRI LOND. ASSERVATI. 1200—1205; 1417—1418. *Edited by* THOMAS DUFFUS HARDY, Esq. 1 Vol. royal 8vo. (1835). 12s. 6d.

ROTULI DE OBLATIS ET FINIBUS IN TURRI LOND. ASSERVATI, temp. Regis Johannis. *Edited by* THOMAS DUFFUS HARDY, Esq. 1 Vol. royal 8vo. (1835). 18s.

EXCERPTA E ROTULIS FINIUM IN TURRI LONDINENSI ASSERVATIS. Henry III.. 1216—1272. *Edited by* CHARLES ROBERTS, Esq. 2 Vols. royal 8vo. (1835, 1836); Vol. 1, 14s.; Vol. 2, 18s.

FINES, SIVE PEDES FINIUM; SIVE FINALES CONCORDIÆ IN CURIÂ DOMINI REGIS. 7 Richard I.—16 John, 1195—1214. *Edited by* the Rev. JOSEPH HUNTER. In Counties. 2 vols. royal 8vo. (1835—1844); Vol. 1, 8s. 6d.; Vol. 2, 2s. 6d.

ANCIENT KALENDARS AND INVENTORIES OF THE TREASURY OF HIS MAJESTY'S EXCHEQUER; with Documents illustrating its History. *Edited by* Sir FRANCIS PALGRAVE. 3 Vols. royal 8vo. (1836). 42s.

DOCUMENTS AND RECORDS illustrating the History of Scotland, and Transactions between Scotland and England; preserved in the Treasury of Her Majesty's Exchequer. *Edited by* Sir FRANCIS PALGRAVE. 1 Vol. royal 8vo. (1837). 18*s.*

ROTULI CHARTARUM IN TURRI LONDINENSI ASSERVATI. 1199—1216. *Edited by* THOMAS DUFFUS HARDY, Esq. 1 Vol. folio (1837). 30*s.*

REPORT OF THE PROCEEDINGS OF THE RECORD COMMISSIONERS, 1831—1837. 1 Vol. fol. (1837). 8*s.*

REGISTRUM vulgariter nuncupatum "The Record of Caernarvon," e codice MS. Harleiano, 696, descriptum. *Edited by* Sir HENRY ELLIS. 1 Vol. folio (1838), 31*s.* 6*d.*

ANCIENT LAWS AND INSTITUTES OF ENGLAND; comprising Laws enacted under the Anglo-Saxon Kings, with Translation of the Saxon; the Laws called Edward the Confessor's; the Laws of William the Conqueror, and those ascribed to Henry I.; Monumenta Ecclesiastica Anglicana, from 7th to 10th century; and Ancient Latin Version of the Anglo-Saxon Laws. *Edited by* BENJAMIN THORPE, Esq. 1 Vol. folio (1840), 40*s.* 2 Vols. royal 8vo., 30*s.*

ANCIENT LAWS AND INSTITUTES OF WALES; comprising Laws supposed to be enacted by Howel the Good, modified by Regulations prior to the Conquest by Edward I.; and anomalous Laws, principally of Institutions which continued in force. With translation. Also, Latin Transcripts, containing Digests of Laws, principally of the Dimetian Code. *Edited by* ANEURIN OWEN, Esq. 1 Vol. folio (1841), 44*s.* 2 vols. royal 8vo., 36*s.*

ROTULI DE LIBERATE AC DE MISIS ET PRÆSTITIS, Regnante Johanne. *Edited by* THOMAS DUFFUS HARDY, Esq. 1 Vol. royal 8vo. (1844). 6*s.*

THE GREAT ROLLS OF THE PIPE, 2, 3, 4 HEN. II., 1155—1158. *Edited by* the Rev. JOSEPH HUNTER. 1 Vol. royal 8vo. (1844). 4*s.* 6*d.*

THE GREAT ROLL OF THE PIPE, 1 RIC. I., 1189—1190. *Edited by* the Rev. JOSEPH HUNTER. 1 Vol. royal 8vo. (1844). 6*s.*

DOCUMENTS ILLUSTRATIVE OF ENGLISH HISTORY in the 13th and 14th centuries, from the Records of the Queen's Remembrancer in the Exchequer. *Edited by* HENRY COLE, Esq. 1 Vol. fcp. folio (1844). 45*s.* 6*d.*

MODUS TENENDI PARLIAMENTUM. An Ancient Treatise on the Mode of holding the Parliament in England. *Edited by* THOMAS DUFFUS HARDY, Esq. 1 Vol. 8vo. (1846). 2*s.* 6*d.*

REGISTRUM MAGNI SIGILLI REG. SCOT. in Archivis Publicis asservatum. 1306—1424. *Edited by* THOMAS THOMSON, Esq. Folio (1814). 10*s.* 6*d.*

ACTS OF THE PARLIAMENTS OF SCOTLAND. Folio (1814—1875). *Edited by* THOMAS THOMSON and COSMO INNES, Esqrs. Vol. 1, 42*s.* Vols. 5 and 6 (in three Parts), 21*s.* each Part; Vols. 4, 7, 8, 9, 10, and 11, 10*s.* 6*d.* each; Vol. 12 (Index), 63*s.* Or, 12 Volumes in 13, 12*l.* 12*s.*

ACTS OF THE LORDS AUDITORS OF CAUSES AND COMPLAINTS (ACTA DOMINORUM AUDITORUM). 1466—1494. *Edited by* THOMAS THOMSON, Esq. Fol. (1839). 10*s.* 6*d.*

ACTS OF THE LORDS OF COUNCIL IN CIVIL CAUSES (ACTA DOMINORUM CONCILII), 1478—1495. *Edited by* THOMAS THOMSON, Esq. Folio (1839). 10*s.* 6*d.*

ISSUE ROLL OF THOMAS DE BRANTINGHAM, Bishop of Exeter, Lord High Treasurer, containing Payments out of the Revenue, 44 Edw. III., 1370. *Edited by* FREDERICK DEVON, Esq. 1 Vol. 4to. (1835), 35*s.* Or, royal 8vo., 25*s.*

ISSUES OF THE EXCHEQUER, James I.; from the Pell Records. *Edited by* FREDERICK DEVON, Esq. 1 Vol. 4to. (1836), 30*s.* Or, royal 8vo., 21*s.*

ISSUES OF THE EXCHEQUER, Henry III.—Henry VI.; from the Pell Records. *Edited by* FREDERICK DEVON, Esq. 1 Vol. 4to. (1837), 40*s.* Or, royal 8vo., 30*s.*

HANDBOOK TO THE PUBLIC RECORDS. *By* F. S. THOMAS, Esq., Secretary of the Public Record Office. 1 Vol. royal 8vo. (1853). 12*s.*

HISTORICAL NOTES RELATIVE TO THE HISTORY OF ENGLAND. Henry VIII.—Anne (1509-1714). A Book of Reference for ascertaining the Dates of Events. *By* F. S. THOMAS, Esq. 3 Vols. 8vo. (1856). 40*s.*

STATE PAPERS, DURING THE REIGN OF HENRY THE EIGHTH : with Indices of Persons and Places. 11 Vols. 4to. (1830—1852), 10*s.* 6*d.* each.
Vol. I.—Domestic Correspondence.
Vols. II. & III.—Correspondence relating to Ireland.
Vols. IV. & V.—Correspondence relating to Scotland.
Vols. VI. to XI.—Correspondence between England and Foreign Courts.

WORKS PUBLISHED IN PHOTOZINCOGRAPHY.

DOMESDAY BOOK, or the GREAT SURVEY OF ENGLAND OF WILLIAM THE CONQUEROR, 1086; fac-simile of the Part relating to each county, separately (with a few exceptions of double counties). Photozincographed, by Her Majesty's Command, at the Ordnance Survey Office, Southampton, Colonel Sir HENRY JAMES, R.E., F.R.S., &c., DIRECTOR-GENERAL of the ORDNANCE SURVEY, under the Superintendence of W. BASEVI SANDERS, Esq., Assistant Keeper of Her Majesty's Records. 35 Parts, imperial quarto and demy quarto (1861-1863), boards. *Price* 8s. to 1l. 3s. each Part, according to size; or, bound in 2 Vols., 20l. (*The edition in two volumes is out of print.*)

This important and unique survey of the greater portion of England* is the oldest and most valuable record in the national archives. It was commenced about the year 1084 and finished in 1086. Its compilation was determined upon at Gloucester by William the Conqueror, in council, in order that he might know what was due to him, in the way of tax, from his subjects, and that each at the same time might know what he had to pay. It was compiled as much for their protection as for the benefit of the sovereign. The nobility and people had been grievously distressed at the time by the king bringing over large numbers of French and Bretons, and quartering them on his subjects, " each " according to the measure of his land," for the purpose of resisting the invasion of Cnut, King of Denmark, which was apprehended. The Commissioners appointed to make the survey were to inquire the name of each place; who held it in the time of King Edward the Confessor; the present possessor; how many hides were in the manor; how many ploughs were in the demesne; how many homagers; how many villeins; how many cottars; how many serving men; how many free tenants; how many tenants in soccage; how much wood, meadow, and pasture; the number of mills and fish ponds; what had been added or taken away from the place; what was the gross value in the time of Edward the Confessor; the present value; and how much each free man or soc-man had, and whether any advance could be made in the value. Thus could be ascertained who held the estate in the time of King Edward; who then held it; its value in the time of the late King; and its value as it stood at the formation of the survey. So minute was the survey, that the writer of the contemporary portion of the Saxon Chronicle records, with some asperity—"So very narrowly he caused it to be " traced out, that there was not a single hide, nor one virgate of land, nor even, " it is shame to tell, though it seemed to him no shame to do, an ox, nor a cow, " nor a swine was left, that was not set down."

Domesday Survey is in two parts or volumes. The first, in folio, contains the counties of Bedford, Berks, Bucks, Cambridge, Chester, and Lancaster, Cornwall, Derby, Devon, Dorset, Gloucester, Hants, Hereford, Herts, Huntingdon, Kent, Leicester and Rutland, Lincoln, Middlesex, Northampton, Nottingham, Oxford, Salop, Somerset, Stafford, Surrey, Sussex, Warwick, Wilts, Worcester, and York. The second volume, in quarto, contains the counties of Essex, Norfolk and Suffolk.

Domesday Book was printed *verbatim et literatim* during the last century, in consequence of an address of the House of Lords to King George III. in 1767. It was not, however, commenced until 1773, and was completed early in 1783. In 1860, Her Majesty's Government, with the concurrence of the Master of the Rolls, determined to apply the art of photozincography to the production of a fac-simile of Domesday Book, under the superintendence of Colonel Sir Henry James, R.E., Director-General of the Ordnance Survey, Southampton. The fac-simile was completed in 1863.

---

* For some reason left unexplained, many parts were left unsurveyed; Northumberland, Cumberland, Westmoreland, and Durham, are not described in the survey; nor does Lancashire appear under its proper name; but Furness, and the northern part of Lancashire, as well as the south of Westmoreland, with a part of Cumberland, are included within the West Riding of Yorkshire. That part of Lancashire which lies between the Ribble and Mersey, and which at the time of the survey comprehended 688 manors, is joined to Cheshire. Part of Rutland is described in the counties of Northampton and Lincoln.

FAC-SIMILES OF NATIONAL MANUSCRIPTS, from WILLIAM THE CONQUEROR to QUEEN ANNE, selected under the direction of the Master of the Rolls, and Photozincographed, by Command of Her Majesty, by Colonel Sir HENRY JAMES, R.E., F.R.S., DIRECTOR-GENERAL of the ORDNANCE SURVEY, and edited by W. BASEVI SANDERS, Assistant Keeper of Her Majesty's Records. *Price,* each Part, with translations and notes, double foolscap folio, 16s.

Part I. (William the Conqueror to Henry VII.). 1865. (*Out of print.*)
Part II. (Henry VIII. and Edward VI.) 1866.
Part III. (Mary and Elizabeth). 1867.
Part IV. (James I. to Anne). 1868.

 The first Part extends from William the Conqueror to Henry VII., and contains autographs of the kings of England, as well as of many other illustrious personages famous in history, and some interesting charters, letters patent, and state papers. The second Part, for the reigns of Henry VIII and Edward VI., consists principally of holograph letters, and autographs of kings, princes, statesmen, and other persons of great historical interest, who lived during those reigns. The third Part contains similar documents for the reigns of Mary and Elizabeth, including a signed bill of Lady Jane Grey. The fourth Part concludes the series, and comprises a number of documents taken from the originals belonging to the Constable of the Tower of London ; also several records illustrative of the Gunpowder Plot, and a woodcut containing portraits of Mary Queen of Scots and James VI., circulated by their adherents in England, 1580–3.

FAC-SIMILES OF ANGLO-SAXON MANUSCRIPTS. Photozincographed, by Command of Her Majesty, upon the recommendation of the Master of the Rolls, by the DIRECTOR-GENERAL of the ORDNANCE SURVEY, Lieut.-General J. CAMERON, R.E., C.B., F.R.S., and edited by W. BASEVI SANDERS, Assistant Keeper of Her Majesty's Records. Part I. *Price* 2l. 10s.

 The Anglo-Saxon MSS. represented in this volume form the earlier portions of the collection of archives belonging to the Dean and Chapter of Canterbury, and consist of a series of 25 charters, deeds, and wills, commencing with a record of proceedings at the first Synodal Council of Clovestho in 742, and terminating with the first part of a tripartite cheirograph, whereby Thurston conveyed to the Church of Canterbury land at Wimbish in Essex, in 1049, the sixth year of the reign of Edward the Confessor.

FAC-SIMILES OF ANGLO-SAXON MANUSCRIPTS. Photozincographed, by Command of Her Majesty, upon the recommendation of the Master of the Rolls, by the DIRECTOR-GENERAL of the ORDNANCE SURVEY, Major-General A. COOKE, R.E., C.B., and collected and edited by W. BASEVI SANDERS, Assistant Keeper of Her Majesty's Records. Part II. *Price* 3l. 10s.

(Also, separately. Edward the Confessor's Charter. *Price* 2s.)

 The originals of the Fac-similes contained in this volume belong to the Deans and Chapters of Westminster, Exeter, Wells, Winchester, and Worcester ; the Marquis of Bath, the Earl of Ilchester, Winchester College, Her Majesty's Public Record Office, Bodleian Library, Somersetshire Archæological and National History Society's Museum in Taunton Castle, and William Salt Library at Stafford. They consist of charters and other documents granted by, or during the reigns of, Baldred, Æthelred, Offa, and Burgred, Kings of Mercia ; Uhtred of the Huiccas, Ceadwalla and Ini of Wessex ; Æthelwulf, Eadward the Elder, Æthelstan, Eadmund the First, Eadred, Eadwig, Eadgar, Eadward the Second, Æthelred the Second, Cnut, Eadward the Confessor, and William the Conqueror, embracing altogether a period of nearly four hundred years.

FAC-SIMILES OF ANGLO-SAXON MANUSCRIPTS. Photozincographed, by Command of Her Majesty, upon the recommendation of the Master of the Rolls, by the DIRECTOR-GENERAL of the ORDNANCE SURVEY, Colonel R. H. STOTHERD, R.E., C.B., and collected and edited by W. BASEVI SANDERS, Assistant Keeper of Her Majesty's Records. Part III. Price 6l. 6s.

 This volume contains fac-similes of the Ashburnham collection of Anglo-Saxon Charters, &c., including King Alfred's Will. The MSS. represented in it, range from A.D. 697 to A.D. 1161, being charters, wills, deeds, and reports of Synodal transactions during the reigns of Kings Wihtred of Kent, Offa, Eardwulf, Coenwulf, Cuthred, Beornwulf, Æthelwulf, Ælfred, Eadward the Elder, Eadmund, Eadred, Queen Eadgifu, and Kings Eadgar, Æthelred the Second, Cnut, Henry the First, and Henry the Second. In addition to these are two belonging to the Marquis of Anglesey, one of them being the Foundation Charter of Burton Abbey by Æthelred the Second with the testament of its great benefactor Wulfric.

Public Record Office,
January 1889.

HISTORICAL MANUSCRIPTS COMMISSION.

REPORTS OF THE ROYAL COMMISSIONERS APPOINTED TO
INQUIRE WHAT PAPERS AND MANUSCRIPTS BELONGING
TO PRIVATE FAMILIES AND INSTITUTIONS ARE EXTANT
WHICH WOULD BE OF UTILITY IN THE ILLUSTRATION OF
HISTORY, CONSTITUTIONAL LAW, SCIENCE, AND GENERAL
LITERATURE.

Date.	—	Size.	Sessional Paper.	Price.
				s. d.

1870 (Reprinted 1874.)	FIRST REPORT, WITH APPENDIX -
	 Contents :—
	   ENGLAND. House of Lords; Cambridge Colleges; Abingdon, and other Corporations, &c.
	   SCOTLAND. Advocates' Library, Glasgow Corporation, &c.
	   IRELAND. Dublin, Cork, and other Corporations, &c.
		f'cap	C. 55	1 6

1871	SECOND REPORT, WITH APPENDIX, AND INDEX TO THE FIRST AND SECOND REPORTS - - - -
	 Contents :—
	   ENGLAND. House of Lords; Cambridge Colleges; Oxford Colleges; Monastery of Dominican Friars at Woodchester, Duke of Bedford, Earl Spencer, &c.
	   SCOTLAND. Aberdeen and St. Andrew's Universities, &c.
	   IRELAND. Marquis of Ormonde; Dr. Lyons, &c.
		,,	C. 441	3 10

1872	THIRD REPORT, WITH APPENDIX AND INDEX - - - - -
	 Contents :—
	   ENGLAND. House of Lords; Cambridge Colleges; Stonyhurst College; Bridgewater and other Corporations; Duke of Northumberland, Marquis of Lansdowne, Marquis of Bath, &c.
	   SCOTLAND. University of Glasgow; Duke of Montrose, &c.
	   IRELAND. Marquis of Ormonde; Black Book of Limerick, &c.
		,,	C. 673	6 0

Date.	—	Size.	Sessional Paper.	Price.
1873	FOURTH REPORT, WITH APPENDIX. PART I. - - - - - Contents :— ENGLAND. House of Lords; Westminster Abbey; Cambridge and Oxford Colleges; Cinque Ports, Hythe, and other Corporations, Marquis of Bath, Earl of Denbigh, &c. SCOTLAND. Duke of Argyll, &c. IRELAND. Trinity College, Dublin; Marquis of Ormonde.	f'cap	C.857	*s. d.* 6 8
,,	DITTO. PART II. INDEX - - -	,,	C. 857 i.	2 6
1876	FIFTH REPORT, WITH APPENDIX. PART I. - Contents :— ENGLAND. House of Lords; Oxford and Cambridge Colleges; Dean and Chapter of Canterbury; Rye, Lydd, and other Corporations, Duke of Sutherland, Marquis of Lansdowne, Reginald Cholmondeley, Esq., &c. SCOTLAND. Earl of Aberdeen, &c.	,,	C. 1432	7 0
,,	DITTO. PART II. INDEX - - -	,,	C.1432 i.	3 6
1877	SIXTH REPORT, WITH APPENDIX. PART I. - Contents :— ENGLAND. House of Lords; Oxford and Cambridge Colleges; Lambeth Palace; Black Book of the Archdeacon of Canterbury; Bridport, Wallingford, and other Corporations; Lord Leconfield, Sir Reginald Graham, Sir Henry Ingilby, &c. SCOTLAND. Duke of Argyll, Earl of Moray, &c. IRELAND. Marquis of Ormonde.	,,	C. 1745	8 6
,,	DITTO. PART II. INDEX - - -	,,	C. 2102	1 10
1879	SEVENTH REPORT, WITH APPENDIX. PART I. - - - - Contents :— House of Lords; County of Somerset; Earl of Egmont, Sir Frederick Graham, Sir Harry Verney, &c.	,,	C. 2340	7 6
	DITTO. PART II. APPENDIX AND INDEX - Contents :— Duke of Athole, Marquis of Ormonde, S. F. Livingstone, Esq., &c.	,,	C.2340 i.	3 6
1881	EIGHTH REPORT, WITH APPENDIX AND INDEX. PART I. - - - Contents :— List of collections examined, 1869–1880. ENGLAND. House of Lords; Duke of Marlborough; Magdalen College, Oxford; Royal College of Physicians; Queen Anne's Bounty Office; Corporations of Chester, Leicester, &c. IRELAND. Marquis of Ormonde, Lord Emly, The O'Conor Don, Trinity College, Dublin, &c.	,,	C. 3040	8 6

Date.	—	Size.	Sessional Paper.	Price.
				s. *d.*
1881	DITTO. PART II. APPENDIX AND INDEX - Contents :— Duke of Manchester.	f'cap	C. 3040 i.	1 9
1881	DITTO. PART III. APPENDIX AND INDEX - Contents :— Earl of Ashburnham.	„	C. 3040 ii.	1 4

1883	NINTH REPORT, WITH APPENDIX AND INDEX. PART I. - - -
	 Contents :—
	    St. Paul's and Canterbury Cathedrals;
	    Eton College ; Carlisle, Yarmouth,
	    Canterbury, and Barnstaple Corpora-
	    tions, &c.
		„	C. 3773	5 2

1884	DITTO. PART II. APPENDIX AND INDEX -
	 Contents :—
	    ENGLAND. House of Lords; Earl of
	    Leicester; C. Pole Gell, Alfred Mor-
	    rison, Esquires, &c.
	    SCOTLAND. Lord Elphinstone, H. C.
	    Maxwell Stuart, Esq., &c.
	    IRELAND. Duke of Leinster, Marquis
	    of Drogheda, &c.
		„	C. 3773 i.	6 3

1884	DITTO. PART III. APPENDIX AND INDEX - - - Contents :— Mrs. Stopford Sackville.	„	C. 3773 ii.	1 7
1883	CALENDAR OF THE MANUSCRIPTS OF THE MARQUIS OF SALISBURY, K.G. (or CECIL MSS.). PART I. - -	8vo.	C. 3777	3 5
1885	TENTH REPORT - - - - This is introductory to the following :—	„	C. 4548	0 3½

1885	(1.) APPENDIX AND INDEX - -
	    The Earl of Eglinton, Sir J. S. Max-
	    well, Bart., and C. S. H. D. Moray,
	    C. F. Weston Underwood, G. W.
	    Digby, Esquires.
		„	C. 4575	3 7

1885	(2.) APPENDIX AND INDEX - -
	    The Family of Gawdy, formerly of
	    Norfolk.
		„	C. 4576 iii.	1 4

1885	(3.) APPENDIX AND INDEX - - Wells Cathedral.	„	C. 4576 ii.	2 0

1885	(4.) APPENDIX AND INDEX - -
	    Earl of Westmorland ; Captain
	    Stewart ; Lord Stafford ; Sir N. W.
	    Throckmorton, Bart., Stonyhurst
	    College ; Sir P. T. Mainwaring,
	    Bart., Misses Boycott. Lord Mun-
	    caster, M.P., Captain J. F. Bagot,
	    Earl of Kilmorey, Earl of Powis,
	    A. Salwey, Z. Lloyd, Esquires, Revs.
	    T. S. Hill, C. R. Manning, and
	    others, the Corporations of Kendal,
	    Bishop's Castle, Wenlock, Bridg-
	    north, Eye, Plymouth, and the
	    County of Essex.
		„	C. 4576	3 6

1885	(5.) APPENDIX AND INDEX - - -
	    The Marquis of Ormonde, Earl of
	    Fingall, Corporations of Galway,
	    Waterford, the Sees of Dublin and
	    of Ossory, the Jesuits in Ireland.
		„	4576 i.	2 10

Date.	—	Size.	Sessional Paper.	Price.
				s. d.
1887	(6.) APPENDIX AND INDEX - - - Marquis of Abergavenny, Lord Braye, G. F. Luttrell, P. P. Bouverie, W. B. Davenport, M.P., R. T. Balfour, Esquires.	8vo.	C. 5242	1 7
1887	ELEVENTH REPORT - - - This is introductory to the following :—	„	C. 5060 vi.	0 3
1887	(1.) APPENDIX AND INDEX - - - H. D. Skrine, Esq., Salvetti Correspondence.	„	C. 5060	1 1
1887	(2.) APPENDIX AND INDEX - - - The House of Lords. 1678–1688.	„	C. 5060 i.	2 0
1887	(3.) APPENDIX AND INDEX - - - The Corporations of Southampton and Lynn.	„	C. 5060 ii.	1 8
1887	(4.) APPENDIX AND INDEX - - - The Marquess Townshend.	„	C. 5060 iii.	2 6
1887	(5.) APPENDIX AND INDEX - - The Earl of Dartmouth.	„	C. 5060 iv.	2 8
1887	(6.) APPENDIX AND INDEX - - - The Duke of Hamilton.	„	C. 5060 v.	1 6
1888	(7.) APPENDIX AND INDEX - - The Duke of Leeds, Lord Hothfield, Mr. le Strange; Mr. A. W. Savile; Corporation of Reading, Inner Temple Library, &c.	„	C. 5060 vii.	2 0
1888	CALENDAR OF THE MANUSCRIPTS OF THE MARQUIS OF SALISBURY, K.G. (OR CECIL MSS.). Part II. - - - -	„	C. 5463	3 5
	TWELFTH REPORT. *In preparation.*			
1888	This will be introductory to the following :— (1.) APPENDIX. - - - - The Earl Cowper, K.G. (Coke MSS., at Melbourne Hall, Derby), Vol. I.	„	C. 5472	2 7
1888	(2.) APPENDIX - - - Ditto. Vol. II.	„	C. 5613	2 5
1888	(3.) APPENDIX AND INDEX - Ditto. Vol. III. *In preparation.*			
1888	(4.) APPENDIX - - - The Duke of Rutland, G.C.B. Vol. I.	„	C. 5614	3 2
	(5.) APPENDIX AND INDEX - Ditto. Vol. II. *In the Press.*			
	(6.) APPENDIX AND INDEX - - Ditto. Vol. III. *In the Press.*			
	(7.) APPENDIX. The House of Lords. 1689, &c. *In the Press.*			
	(8.) APPENDIX. S. H. le Fleming, Esq., of Rydal. *In the Press.*			

Stationery Office,
   May 1889.

ANNUAL REPORTS OF THE DEPUTY KEEPER OF THE PUBLIC RECORDS.

REPORTS Nos. 1–22, IN FOLIO, PUBLISHED BETWEEN 1840 AND 1861, ARE NO LONGER ON SALE. SUBSEQUENT REPORTS ARE IN OCTAVO.

Date.	Number of Report.	Chief Contents of Appendices.	Sessional No.	Price.
				s. d.
1862	23	Subjects of Research by Literary Inquirers, 1852–1861. — Attendances at the various Record Offices, previously to the passing of the Public Record Act.	C. 2970	0 4
1863	24	List of Calendars, Indexes, &c., in the Public Record Office.	C. 3142	0 7½
1864	25	Calendar of Crown Leases, 33–38 Hen. VIII.—Calendar of Bills and Answers, &c., Hen. VIII.-Ph. & Mary, for Cheshire and Flintshire.—List of Lords High Treasurers and Chief Commissioners of the Treasury, from Hen. VII.	C. 3318	0 8
1865	26	List of Plans annexed to Inclosure Awards, 31 Geo. II.-7 Will. IV.—Calendar of Privy Seals, &c., Hen. VI.-Eliz., for Cheshire and Flintshire.—Calendar of Writs of General Livery, &c., for Cheshire, Eliz.-Charles I. — Calendar of Deeds, &c., on the Chester Plea Rolls, Hen. III. and Edw. I.—List of Documents photozincographed, Will. I.-Hen. VII.	C. 3492	0 7
1866	27	List of Awards of Inclosure Commissioners.—References to Charters in the Cartæ Antiquæ and the Confirmation Rolls of Chancery, Ethelbert of Kent-James I.—Calendar of Deeds, &c., on the Chester Plea Rolls, Edw. II.—List of Documents photozincographed, Hen. VIII. and Edw. VI.	C. 3717	1 6
1867	28	Fees in the Public Record Office. — Calendar of Fines, Cheshire and Flintshire, Edw. I.—Calendar of Deeds, &c., on the Chester Plea Rolls, Edw. III.— List of Documents photozincographed,	C. 3839	0 10½

Date.	Number of Report.	Chief Contents of Appendices.	Sessional No.	Price.
				s. d.
		Mary and Eliz., and Scottish, Part I. —Table of Law Terms, from the Norman Conquest to 1 Will IV.		
1868	29	Calendar of Royal Charters.—Calendar of Deeds, &c., on the Chester Plea Rolls, Richard II.-Hen. VII.—Durham Records, Letter and Report.	C. 4012	0 9
1869	30	Duchy of Lancaster Records, Inventory. —Durham Records, Inventory, Indexes to Kellawe's Register. — Calendar of Deeds, &c., on the Chester Plea Rolls, Hen. VIII.—Calendar of Decrees of Court of General Surveyors, 34–38 Hen. VIII.—Calendar of Royal Charters.— State Paper Office, Calendar of Documents relating to the History of, to 1800.—List of Documents photozincographed, Eliz.-Anne.—Tower of London. Index to Documents in custody of the Constable of.—Calendar of Dockets, &c., for Privy Seals, 1634–1711, in the British Museum. Report of the Commissioners on Carte Papers.—Venetian Ciphers.	C. 4165	3 0
1870	31	Duchy of Lancaster Records, Calendar of Royal Charters, Will. II.-Ric. II.— Durham Records, Calendar of Chancery Enrolments; Cursitor's Records.—List of Officers of Palatinate of Chester, in Cheshire and Flintshire, and North Wales.—List of Sheriffs of England, 31 Hen. I. to 4 Edw. III.—List of Documents photozincographed, Scottish, Part II.	[C. 187]	2 3
1871	32	Part I.—Report of the Commissioners on Carte Papers. — Calendarium Genealogicum, 1 & 2 Edw. II.—Durham Records, Calendar of Cursitor's Records, Chancery Enrolments.—Duchy of Lancaster Records, Calendar of Rolls of the Chancery of the County Palatine.	[C. 374]	2 2
1871	--	Part II.—Charities; Calendar of Trust Deeds enrolled on the Close Rolls of Chancery, subsequent to 9 Geo. II. c. xxxvi.	[C. 374] I.	5 6
1872	33	Duchy of Lancaster Records, Calendar of Rolls of the Chancery of the County Palatine.—Durham Records, Calendar of the Cursitor's Records, Chancery Enrolments.—Report on the Shaftesbury Papers.—Venetian Transcripts.— Greek copies of the Athanasian Creed.	[C. 620]	1 10
1873	34	Parliamentary Petitions; Index to the Petitions to the King in Council. —	[C. 728]	1 9

Date.	Number of Report.	Chief Contents of Appendices.	Sessional No.	Price.
				s. d.
		Durham Records, Calendar of the Cursitor's Records, Chancery Enrolments.— List of Documents photozincographed. Scottish, Part III.—Supplementary Report on the Shaftesbury Papers.		
1874	35	Duchy of Lancaster Records, Calendar of Ancient Charters or Grants.—Palatinate of Lancaster; Inventory and Lists of Documents transferred to the Public Record Office. — Durham Records, Calendar of Cursitor's Records, Chancery Enrolments.—List of Documents photozincographed, Irish, Part I.—Second Supplementary Report on the Shaftesbury Papers.	[C. 1043]	1 6
1875	36	Durham Records, Calendar of the Cursitor's Records, Chancery Enrolments.—Duchy of Lancaster Records; Calendar of Ancient Charters or Grants.—List of Documents photozincographed; Irish, Part II.—M. Armand Baschet's Report upon Documents in French Archives relating to British History.—Calendar of Recognizance Rolls of the Palatinate of Chester, to end of reign of Hen. IV.	[C. 1301]	4 4
1876	37	Part I.—Durham Records, Calendar of the Cursitor's Records, Chancery Enrolments.—Duchy of Lancaster Records, Calendar of Ancient Rolls of the Chancery of the County Palatine.—M. Baschet's list of French Ambassadors, &c., in England, 1509–1714.	[C. 1544]	1 2
1876	—	Part II.—Calendar of Recognizance Rolls of the Palatinate of Chester; Hen. V.-Hen. VII.	[C. 1544] I.	4 4
1877	38	Exchequer Records, Catalogue of Special Commissions, 1 Eliz. to 10 Vict., Calendar of Depositions taken by Commission, 1 Eliz. to end of James I.—List of Representative Peers for Scotland and Ireland.	[C. 1747]	4 3
1878	39	Calendar of Recognizance Rolls of the Palatinate of Chester, 1 Hen. VIII.-11 Geo. IV. — Exchequer Records, Calendar of Depositions taken by Commission, Charles I.—Duchy of Lancaster Records; Calendar of Lancashire Inquisitions post Mortem, &c.—Third Supplementary Report on the Shaftesbury Papers.—Anglo-Saxon Charters photozincographed.—M. Baschet's List of Despatches of French Ambassadors to England, 1509–1714.	[C. 2123]	4 6

Date.	Number of Report.	Chief Contents of Appendices.	Sessional No.	Price.
				s. d.
1879	40	Calendar of Depositions taken by Commission, Commonwealth–James II.—Miscellaneous Records of Queen's Remembrancer in the Exchequer.—Durham Records, Calendar of the Cursitor's Records, Chancery Enrolments.—Duchy of Lancaster Records, Calendar of Patent Rolls, 5 Ric. II.-21 Hen. VII.—Rules and Regulations respecting the public use of the Records.	[C. 2377]	3 0
1880	41	Calendar of Depositions taken by Commission, William and Mary to George I.—Calendar of Norman Rolls, Hen. V., Part I.—Anglo-Saxon Charters photozincographed.—Report from Rome.—List of Calendars, Indexes, &c. in the Public Record Office on 31st December 1879.	[C. 2658]	4 8
1881	42	Calendar of Depositions taken by Commission, George II.—Calendar of Norman Rolls, Hen. V., Part II. and Glossary.—Calendar of Patent Rolls, 1 Edw. I.—Anglo-Saxon Charters photozincographed.—Transcripts from Paris.	[C. 2972]	4 0
1882	43	Calendar of Privy Seals, &c., 1–7 Charles I.—Duchy of Lancaster Records, Inventory of Court Rolls, Hen. III.-Geo. IV., Calendar of Privy Seals, Ric. II.—Calendar of Patent Rolls, 2 Edw. I.—Anglo-Saxon Charters photozincographed.—Fourth Supplementary Report on the Shaftesbury Papers.—Transcripts from Paris.—Report on Libraries in Sweden.—Report on Papers relating to English History in the State Archives, Stockholm.—Report on Canadian Archives.	[C. 3425]	3 10
1883	44	Calendar of Patent Rolls, 3 Edw. I.—Durham Records, Cursitor's Records, Inquisitions post Mortem, &c.—Calendar of French Rolls, 1-10 Hen. V.—Anglo-Saxon Charters photozincographed.—Report from Venice.—Transcripts from Paris.—Report from Rome.	[C. 3771]	3 6
1884	45	Duchy of Lancaster Records, Inventory of Ministers' and Receivers' Accounts, Edw. I.-Geo. III.—Durham Records, Cursitor's Records, Inquisitions post Mortem, &c.—Treasury of the Receipt of the Exchequer, Calendar of Diplomatic Documents. — Anglo-Saxon Charters photozincographed. — Transcripts from Paris. — Reports from Rome and Stockholm. — Report on	[C. 4425]	4 3

Date.	Number of Report.	Chief Contents of Appendices.	Sessional No.	Price.
				s. d.
		Archives of Denmark, &c.—Transcripts from Venice. — Calendar of Patent Rolls, 4 Edw. I.		
1885	46	Presentations to Offices on the Patent Rolls, Charles II. — Anglo-Saxon Charters, &c., photozincographed.—Transcripts from Paris.—Reports from Rome.—Second Report on Archives of Denmark, &c. — Calendar of Patent Rolls, 5 Edw. I.—Catalogue of Venetian Manuscripts bequeathed by Mr. Rawdon Brown to the Public Record Office.	[C. 4746]	2 10
1886	47	Transcripts from Paris.—Reports from Rome.—Third Report on Archives of Denmark, &c.—List of Creations of Peers and Baronets, 1483–1646.—Calendar of Patent Rolls, 6 Edw. I.	[C. 4888]	2 2
1887	48	Calendar of Patent Rolls, 7 Edw. I.—Calendar of French Rolls, Henry VI.—Calendar of Privy Seals, &c., 8–11 Charles I. — Calendar of Diplomatic Documents.—Schedules of Valueless Documents.	[C. 5234]	3 0
1888	49	Calendar of Patent Rolls, 8 Edw. I.—Calendar of Early Chancery Proceedings.—Index to Leases and Pensions (Augmentation Office).—Calendar of Star Chamber Proceedings.	[C. 5596]	3 0
1889	50	Calendar of Patent Rolls, 9 Edw. I.—In the Press.		
		Indexes to Printed Reports, viz. : Reports 1–22 (1840–1861) - „ 23–39 (1862–1878) -	— —	4 0 2 0

Public Record Office,
    May 1889.

SCOTLAND.

CATALOGUE OF SCOTCH RECORD PUBLICATIONS

PUBLISHED UNDER THE DIRECTION OF

THE LORD CLERK REGISTER OF SCOTLAND.

[OTHER WORKS RELATING TO SCOTLAND WILL BE FOUND AMONG THE PUBLICATIONS OF THE RECORD COMMISSIONERS, *see* pp. 26–28.]

1. CHRONICLES OF THE PICTS AND SCOTS, AND OTHER EARLY MEMORIALS OF SCOTTISH HISTORY. Royal 8vo., half bound (1867). *Edited by* WILLIAM F. SKENE, LL.D. *Price* 10s. *Out of print.*

2. LEDGER OF ANDREW HALYBURTON, CONSERVATOR OF THE PRIVILEGES OF THE SCOTCH NATION IN THE NETHERLANDS (1492–1503); TOGETHER WITH THE BOOKS OF CUSTOMS AND VALUATION OF MERCHANDISES IN SCOTLAND. *Edited by* COSMO INNES. Royal 8vo., half bound (1867). *Price* 10s.

3. DOCUMENTS ILLUSTRATIVE OF THE HISTORY OF SCOTLAND FROM THE DEATH OF KING ALEXANDER THE THIRD TO THE ACCESSION OF ROBERT BRUCE, from original and authentic copies in London, Paris, Brussels, Lille, and Ghent. In 2 Vols. royal 8vo., half bound (1870). *Edited by* Rev. JOSEPH STEVENSON. *Price* 10s. *each.*

4. ACCOUNTS OF THE LORD HIGH TREASURER OF SCOTLAND. Vol. 1, A.D. 1473–1498. *Edited by* THOMAS DICKSON. 1877. *Price* 10s.

5. REGISTER OF THE PRIVY COUNCIL OF SCOTLAND. *Edited and arranged by* J. H. BURTON, LL.D. Vol. 1, 1545–1569. Vol. 2, 1569–1578. Vol. 3, A.D. 1578–1585. Vol. 4, A.D. 1585–1592. Vol. 5, 1592–1599. Vol. 6, 1599–1604. Vol. 7, 1604–1607. Vol. 8, 1607–1610. Vol. 9 in progress. *Edited by* DAVID MASSON, LL.D. 1877–1887. *Price* 15s. *each.*

6. ROTULI SCACCARII REGUM SCOTORUM. THE EXCHEQUER ROLLS OF SCOTLAND Vol. 1, A.D. 1264–1359. Vol. 2, A.D. 1359–1379. *Edited by* JOHN STUART, LL.D., and GEORGE BURNETT, Lyon King of Arms. 1878–1880. Vol. 3, A.D. 1379–1406. Vol. 4, A.D. 1406–1436 (1880). Vol. 5, A.D. 1437–1454 (1882). Vol. 6, 1455–1460 (1883). Vol. 7, 1460–1469 (1884). Vol. 8, A.D. 1470–1479 (1885). Vol. 9, 1480–1487. Addenda, 1437–1487 (1886). Vol. 10, 1488–1496 (1887). Vol. 11, 1497–1591 (1888). Vol. 12 in progress. *Edited by* GEORGE BURNETT. *Price* 10s. *each.*

7. CALENDAR OF DOCUMENTS RELATING TO SCOTLAND. *Edited by* JOSEPH BAIN. Vol. 1 (1881). Vol. II. 1272–1307 (1884). Vol. III. 1307–1357 (1887). Vol. IV., 1357–1509 (1888). *Price* 15s. *each.*

8. REGISTER OF THE GREAT SEAL OF SCOTLAND. A.D. 1424–1513 (1882). A.D. 1513–1546 (1883). A.D. 1546–1580 (1886). A.D. 1580–1593 (1888). *Edited by* JAMES BALFOUR PAUL and J. M. THOMSON. *Price* 15s. *each.*

FAC-SIMILES OF THE NATIONAL MSS. OF SCOTLAND. (*Out of print.*) Parts I., II., and III. *Price* 21s. *each.*

Stationery Office,
November 1888.

IRELAND.

CATALOGUE OF IRISH RECORD PUBLICATIONS.

1. CALENDAR OF THE PATENT AND CLOSE ROLLS OF CHANCERY IN IRELAND. HENRY VIII., EDWARD VI., MARY, AND ELIZABETH, AND FOR THE 1ST TO THE 7TH YEAR OF CHARLES I. *Edited by* JAMES MORRIN, Royal 8vo. (1861-3). Vols. 1, 2, and 3. *Price* 11s. each.

2. ANCIENT LAWS AND INSTITUTES OF IRELAND.
   Senchus Mor. (1865-1880.) Vols. 1, 2, 3, and 4. *Price* 10s. each.
   Vol. 5 in progress.

4. Abstracts of the Irish Patent Rolls of James I. Unbound. *Price* 25s.
   Abstracts of the Irish Patent Rolls of James I. With Supplement. *Price* 35s.

5. ULSTER, ANNALS OF. Otherwise Annals of Senat; a Chronicle of Irish Affairs from A.D. 431 to A.D. 1540. With a translation and Notes. Vol. 1, A.D. 431-1056. 600 pp. Half morocco. *Price* 10s.

FAC-SIMILES OF NATIONAL MANUSCRIPTS OF IRELAND, FROM THE EARLIEST EXTANT SPECIMENS TO A.D. 1719. *Edited by* JOHN T. GILBERT, F.S.A., M.R.I.A. *Part* 1 *is out of print.* Parts II. and III. *Price* 42s. each. *Part IV.* 1. *Price* 5l. 5s. *Part IV.* 2. *Price* 4l. 10s.

This work forms a comprehensive Palæographic Series for Ireland. It furnishes characteristic specimens of the documents which have come down from each of the classes which, in past ages, formed principal elements in the population of Ireland, or exercised an influence in her affairs. With these reproductions are combined fac-similes of writings connected with eminent personages or transactions of importance in the annals of the country to the early part of the eighteenth century.

The specimens have been reproduced as nearly as possible in accordance with the originals, in dimensions, colouring, and general appearance. Characteristic examples of styles of writing and caligraphic ornamentation are, so far as practicable, associated with subjects of historic and linguistic interest. Descriptions of the various manuscripts are given by the Editor in the Introduction. The contents of the specimens are fully elucidated and printed in the original languages, opposite to the Fac-similes—line for line—without contractions—thus facilitating reference and aiding effectively those interested in palæographic studies.

In the work are also printed in full, for the first time, many original and important historical documents.

Part I. commences with the earliest Irish MSS. extant.
Part II.: From the Twelfth Century to A.D. 1299.
Part III.: From A.D. 1300 to end of reign of Henry VIII.
Part IV. 1.: From reign of Edward VI. to that of James I.
In Part IV. 2.—the work is carried down to the early part of the eighteenth century, with Index to the entire publication.

ACCOUNT OF FAC-SIMILES OF NATIONAL MANUSCRIPTS OF IRELAND. IN ONE VOLUME; 8vo., WITH INDEX. *Price* 10s. Parts I. and II. together. *Price* 2s. 6d. Part II. *Price* 1s. 6d. Part III. *Price* 1s. Part IV. 1. *Price* 2s. Part IV. 2. *Price* 2s. 6d.

Stationery Office,
November 1888.

ANNUAL REPORTS OF THE DEPUTY KEEPER OF THE PUBLIC RECORDS, IRELAND.

Date.	Number of Report.	Chief Contents of Appendices.	Sessional No.	Price.
				s. d.
1869	1	Contents of the principal Record Repositories of Ireland in 1864.—Notices of Records transferred from Chancery Offices.—Irish State Papers presented by Philadelphia Library Company.	C. 4157	2 3
1870	2	Notices of Records transferred from Chancery, Queen's Bench, and Exchequer Offices.— Index to Original Deeds received from Master Litton's Office.	[C. 137]	1 0
1871	3	Notices of Records transferred from Queen's Bench, Common Pleas, and Exchequer Offices.—Report on J. F. Ferguson's MSS. —Exchequer Indices, &c.	[C. 329]	2 0
1872	4	Records of Probate Registries -	[C. 515]	0 2½
1873	5	Notices of Records from Queen's Bench Calendar of Fines and Recoveries of the Palatinate of Tipperary, 1664–1715.—Index to Reports to date.	[C. 760]	0 8
1874	6	Notices of Records transferred from Chancery, Queen's Bench, and Common Pleas Offices. —Report respecting " Facsimiles of National MSS. of Ireland."--List of Chancery Pleadings (1662–1690) and Calendar to Chancery Rolls (1662–1713) of Palatinate of Tipperary.	[C. 963]	0 7½
1875	7	Notices of Records from Exchequer and Admiralty Offices.—Calendar and Index to Fiants of Henry VIII.	[C. 1175]	0 7
1876	8	Calendar and Index to Fiants of Edward VI.	[C. 1469]	1 3
1877	9	Index to the Liber Munerum Publicorum Hiberniæ.—Calendar and Index to Fiants of Philip and Mary.	[C. 1702]	0 8
1878	10	Schedule of Parochial Registers deposited.— Index to Deputy Keeper's 6th, 7th, 8th, 9th, and 10th Reports.	[C. 2034]	0 3½
1879	11	Calendar to Fiants of Elizabeth (1558–1570)	[C. 2311]	1 4
1880	12	Calendar to Fiants of Elizabeth, continued (1570–1576).—Schedule of Parish Registers of Ireland.	[C. 2583]	1 3

Date.	Number of Report.	Chief Contents of Appendices.	Sessional No.	Price.
				s. *d.*
1881	13	Calendar to Fiants of Elizabeth, continued (1576–1583).	[C. 2929]	1 5
1882	14	Report of Keeper of State Papers containing Catalogue of Commonwealth Books transferred from Bermingham Tower.	[C. 3215]	0 6½
1883	15	Calendar to Fiants of Elizabeth, continued (1583–1586).—Index to Deputy Keeper's 11th, 12th, 13th, 14th, and 15th Reports.	[C. 3676]	1 0
1884	16	Calendar to Fiants of Elizabeth, continued (1586–1595).	[C. 4062]	1 6
1885	17	Report on Iron Chest of attainders following after 1641 and 1688.—Queen's Bench Calendar to Fiants of Elizabeth, continued (1596–1601).	[C. 4487]	1 6
1886	18	Calendar to Fiants of Elizabeth, continued (1601–1603).—Memorandum on Statements (1702) and Declarations (1713–14) of Huguenot Pensioners.—Schedule of present places of Custody of Parish Registers.	[C. 4755]	1 1
1887	19	Notice of Records of Incumbered and Landed Estates Courts.—Report of Keeper of State Papers, containing Table of Abstracts of Decrees of Innocence (1663), with Index.	[C. 5185]	0 6
1888	20	Calendar to Christ Church Deeds in Novum Registrum. 1174–1684. Index to Deputy Keeper's 16th, 17th, 18th, 19th, and 20th Reports.	C. 5535	0 8½

Public Record Office of Ireland.
November 1888.

For EU product safety concerns, contact us at Calle de José Abascal, 56–1°,
28003 Madrid, Spain or eugpsr@cambridge.org.

www.ingramcontent.com/pod-product-compliance
Ingram Content Group UK Ltd.
Pitfield, Milton Keynes, MK11 3LW, UK
UKHW040619240426
470322UK00010B/206